歷史往往以進步的名義倒退

一個知識邊緣人的思想自白

邵建 著

目　次

輯一

跪之懺悔、無辜負疚和我是同謀

　　似乎得從這幅圖片說起。這是香港中文大學中國文化研究所辦的一份刊物，《二十一世紀》（1999 年 6 月號），該期第三十和三十一頁「百年中國」欄目的底圖是一幅攝影，它場面宏大，氣勢不凡，但落入人們眼簾的，居然是清一色的屁股。只見穿著各色褲子的屁股，從上到下，從左到右，一排又一排，遠遠近近，又密密麻麻。這些錯落有致的屁股動作整齊，朝天開放，不但密布整個畫面，而且由於是後視特寫，因而形成這樣的定格：只見屁股不見人。人呢？原來人頭的海拔統統在屁股以下。屁股和人頭似這般倒過來的「高開低走」，其姿態分明就是「跪」了。因此，不妨把這幅照片名為「百跪圖」──誰有興趣大略數一下，那些一律朝天的屁股足有幾百，並且攝影的取景只是局部，遺落在鏡頭之外的場面更是大有臀在。一幅由幾百隻屁股──況且還有更多只作為補充的畫面──自然對我的視覺形成了強烈的衝擊，甚至，我的眼睛離開它，它們依然在我眼前晃動。我在想，作者從何找到這樣奇崛的場面，那些屁股到底在幹什麼？

　　當然不是屁股在幹什麼，而是人在幹什麼。人在跪著，但跪並非問題的終結，人緣何而跪？答案可能很多，也可以說就一個，即「拜」。中國人下跪，大凡是為了拜，所以叫「跪拜」。至於所拜者何，那就因人而異了。此刻，可能是為了一個共同目的而集體跪拜，也可能是借助同一儀式卻各有所拜。但不管拜的是什麼，以跪的方式去獲取，肯定是令人不堪的──當然，有人不這麼以為。因此，對於跪，我在態度上向來不恭。俗諺「男兒

膝下有黃金」，跪不得也。更何況，像上述那種跪，不但屈膝，
而且還把人的脊樑整個彎下去、彎下去，這分明是一種向動物回
歸的姿態，實在有辱人的尊嚴。人所以為人，就因為它的脊樑是
豎著的。豎著的脊樑乃靈長類中的唯一，是進化、還是造化，我
不知道，但我知道這一豎就把人與動物判為兩界。記得有國外一
位學者論爭人與動物的區別，力反勞動說，認為動物如果不勞
動，牠就存活不下去。因此，在勞動之外他自己另立了一個奇怪
的標準，即人與動物的區別在於或人之所以為人在於——人能夠
仰面朝天地睡覺（而動物卻絕對不能）。姑且不論這是否可以成
為人與動物的根本不同，但如果僅僅作為一種現象劃分，它倒很
別致甚至也很有趣地將人與動物分了開來。但，這位學者可知，
人所以能仰面朝天地將自己放下來，首先是因為人的脊樑是豎著
的，而動物所以不能像人這樣睡覺，也正因為它從來就沒有站直
過。站起來與跪下去，這是身體的兩種姿態，但同時又蘊含著兩
種不同的人格——人的和非人的。昔孟子有言「視大人則藐之，
勿視其巍巍然也」。此話到了今人嘴裏，那便是，你所以覺得某
人偉大，那是因為你自己在跪著，因此，站起來吧！是的，站起
來！面對眼前這幅不明所以的「百跪圖」，我在震驚的同時，也
想作出這樣的斷喝。

　　然而，喝醒的卻是我自己，因為與此同時，我便意識到了自
己的武斷和形而上學。我怎麼能如此將「站」與「跪」作這麼簡
單的二元對立？雖然我族同胞善跪，甚至有著賈桂似的奴性，但
跪的含義卻非僅限於賈桂一途，它未必不可能有著另外一種意義
上的人的自覺。如果人是在對人性的某種體悟和反省上自覺地跪
了下去，那麼，他跪下去時便是站著了。站的本義就是用豎著的
脊樑支撐著人的思考。反之，他尚缺這顆思考的大腦時，他站
著，尤其是被別人宣稱為站起來時，這種站不但是徒然的，並且
未必不是跪的另　形式（主子叫賈桂站起來，與跪有什麼不

同）。當站與跪因其各自的內涵而僅僅成為一種形式表述時，我就不能再向其上那樣把它們解釋為兩種凝固的對立人格了。我必須這樣更正，正像有的站未必是人的一樣，而有的跪則可以是人的。因為我想起了勃蘭特。

　　還是在多年以前就讀過一則 70 年代的報導，我至今還能憶味當時的感動。那是 70 年代初，當時的西德總理勃蘭特造訪波蘭，當他在主人的陪同下前去憑弔二戰期間被納粹屠殺的猶太人的陵墓時，在幾百萬無辜的亡靈前，他實在控制不住自己，站立的身軀出人意料地跪了下去。他的舉止使整個在場的人，無論主賓，都吃驚不已，但又不知所措，因為這不是出於事前的安排。安排是有的，如獻花、默哀、鞠躬，但這都是禮儀性的，勃蘭特顯然超出了禮儀之外。他居然不顧自己的總理身份──此時的他一舉一動都代表著他的國家──卻在異國的領土上、也是在睽睽的眾目下突如其來地跪了下去。整個場面暴出窒息般的靜寂。沒有人過去攙扶，也許人們還未從驚訝中回過神來，當然首先回過神來的肯定是記者，優秀的職業感提醒他們這是千載難遇的鏡頭。於是，全世界都為勃蘭特下跪的鏡頭所動容。90 年代初，我是在看過報導的若干年後又無意碰上了一幅有關的照片，報紙上的照片當然是模糊不清，我看不清他的神情，儘管我很想看清。但我卻能記得那個場面的格局，勃蘭特跪之於前，一眾人立之於後。尤其讓我至今未忘的是，跪著的勃蘭特，他的脊樑是挺直的，也就是說，他是以人的形狀跪下去的，並且跪出了一種內深的人性。因此，這一跪反而使他作為人的形象高大起來。相信我，如果你有幸目睹那幅照片，你也會覺得那跪著的身形分明高大於身邊站著的所有的人。

　　我所以把這幾乎是頌讚性的筆墨對準勃蘭特，並非因為他是一國總理，而是因為他是一個人。我相信，他的下跪與總理無關，他與其是以總理的身份，毋寧是以人的身份。面對無數亡去

的冤魂，他很難不為自己的民族和同胞曾經有過的歷史而負疚，因此，他選擇了下跪，或者說，他無可選擇地以下跪的方式表達了自己的懺悔，跪的懺悔。我以為，這是人類下跪行為中最可貴的一份人文內涵。而我所以對之激賞，也許是出於我的某種誤解或偏見。我始終以為，和基督語境中的懺悔習慣相比，吾族吾民恰恰乏於這種屬於自贖的內省行為。因此，同樣是跪，國人更多是為了拜。但，出於功利而跪，和出於懺悔而跪，是大不一樣的。後者跪下去依然是個人，前者卻無論如何跪不出一個人樣。有「百跪圖」為證，儘管那上面有好幾百號人，而人卻成了屁股———人類永遠甩不掉的動物特徵。但願不至於有人認為我這樣說是「月亮都是外國的圓」，但僅僅在這個問題上，我不得不說，「月亮卻是外國的亮」（不同的生態環境所致）。不是嗎？在基督文化傳統中，人生來就是有罪的，因此，原罪使基督徒們需要不斷地向上帝懺悔。吾土不然，吾土的文化傳統中沒有宗教的成份，它對人性的體認非但不是罪的，而且是善的，所謂「人皆可以為堯舜」可以證諸。既為堯舜，自然也就不需要什麼懺悔，再說，又向誰懺悔呢？這裏我無意比較兩種文化的價值優劣，我只是想說，面對基督這樣一種異質文化，如果我們試圖有所鑒取的話，那麼，懺悔應該是其中極為重要的一宗。不因為別的，就因為人性中有著難以避免的惡。知惡而不悔惡，惡何如哉。然而，吾民的策略更多的是蔽惡。一個文革，多少人成了打手，可是，文革過後，人人又都成了受害。於是，從電腦中看到的一段文字電一般擊中了我，它說「當災難來臨時，只有跪下來順服的沒有站起來抗爭的；當一個災難過去後，只有站起來控訴的沒有跪下來懺悔的。這大概也是我們民族的一個特點吧。」該站起來時，我們卻跪著，該跪下來時，我們卻站著———這肯定是我所見到的關於我們這個民族跪與站之錯舛最愷切的剖白。

　　然而，還有比這更可怕的。懺悔，如果視其為消彌人性之惡的某種解毒，或者是對人性的一種提醒。那麼，不懂懺悔，很有可能為惡而不知其惡，甚至，以惡為美，且目己為堯舜，也未可知。這並不是妄言。96 年以來，回顧文革 30 周年，當年的一些紅衛兵不是發出一種很強勁的聲音「青春無悔」嗎？這不僅是針對自己當年所受到的磨難，而且它也是用來解釋自己在文革中的所作所為。於前者，我可以不聞不問，畢竟那只牽涉到他們自己。於後者，我就很難不問不聞，因為，他們當年的作為必然涉及那些無辜的受害，包括我。在那段由他們曾經參與的罪惡的歷史面前，他們不但沒有懺悔，卻這樣抗辯，「我要說，在紅衛兵一代人身上發生的很多事情，其動機其潛力其源泉完全是正常的乃至是美好崇高的。……使我們追隨毛澤東的最根本的原因畢竟不是醜陋、不是私利、更不是恐怖。一個紅衛兵的忠誠和英雄的靈魂，其外在表現是愚昧、盲從、打架、兇暴，可是在他的內心中是正義的烈火、友誼的信念、斯巴達克思的幽靈，是壯美的精神境界和不屈不撓的追求。」是非居然可以這樣顛倒，「愚昧、盲從、打架、兇暴」居然可以這樣奇蹟般的化惡為美。那麼，我相信，即使是衝鋒隊的屠戮，恐怕也不難於找到類似的理由了。面對這段文字我無法不想到老舍、儲安平以及許許多多知識份子被紅衛兵毆鬥毒打的場面，同時也無法不想到少年時切身經歷紅衛兵抄家時的野蠻情景。我只能說，如果他們當年的作為是美的，那麼就是我們活該；如果我們當年是受害，那麼他們今天至少應該表示起碼的懺悔──這是人性的底線了。然而，那自聖般的堂皇修辭啊！似乎受害人當年承受苦難，今天還得向他們反躬致敬。也許在某種意義上，惡不是不可以容忍的，但難以下嚥的是用美來包裝惡，就像我本人未必不可以容忍妓女，但卻受不了她把自己說成是「獻身」。

　　這是一種比較，一個紅衛兵作出了有違人性的事，並造成了相應的後果，但他卻訴諸自己那美好的動機，於是他就不必為他所作的一切（包括後果）負責，因為動機可以證明他無辜。但那個勃蘭特呢？是他參與了對猶太人的屠殺嗎？或者，他有過這樣的動機？沒有，都沒有。可是，他卻下跪了。兩相比較，明明與紅衛兵有關的，但經過一番修辭轉換，有關變成了無關；明明與勃蘭特無關的，經由他這麼一跪，無關卻變成了有關。那麼，到底是有關還是無關？我揣度著勃蘭特的內心，想起了吾土的一則典故，「吾雖不殺伯仁，伯仁由我而死」。也許，恕我寡陋，這是懺悔意識匱乏的文化傳統中極為罕見的懺悔閃光了，儘管只那麼一下。但我很想用它與當今的老紅衛兵們共勉，而且更想將這一漢語辭條贈與那個基督徒（？）勃蘭特，它與他是多麼地吻合。同時我還禁不住為我們祖先偶然達到的這樣高度自責的懺悔境界（甚至包括它的表述）而感動。然而當我不放心地去翻書，看看自己的記憶是否有誤時，我失望了。它不像我想像的那樣閃光，同樣，也並不那麼適合勃蘭特。典故的主人公是晉時的王導，王導的堂兄謀反時以舊怨殺了王導的朋友伯仁。殺前他曾將此打算告之王導，但王導卻曖昧地不作表態。事後，王導得知伯仁曾在朝廷上多次為自己辯護時，良知感撼，痛哭流涕之下，故出上言。顯然，我的失望是，如果沒有伯仁辯護於前，王導能否有愧於心其後？答案看樣子是否定的，否則當初就該援之以手。在嚴格的意義上，伯仁之死，王導非但無辜，而且還是同謀。但王導是，勃蘭特卻不是。他既沒有參與屠殺猶太人，猶太人亦非由他而死。相反，二戰期間他本人還是反納粹的地下抵抗組織的成員。在任何意義上，勃蘭特都與那場大屠殺無關，他不必有任何意義上的自譴。可是，正如世人所見，他下跪了，跪成一個特寫，那筆直的身軀和低垂的頭不妨是示給我們的問號：勃蘭特為什麼下跪？無辜負疚。當我在自己的文化傳統中未能圓滿地解釋

這個問題時（恕我無能），依然是基督文化給了我啟示，似乎它能夠使我有效地破譯出這舉世一跪之後更內深的人性密碼。慚愧的是，我對「無辜負疚」並不熟悉，比如我不知道它是否有一個相應的典故，而這個典故是否深藏在《舊約》或者《新約》某個紙頁發黃的地方。我只是三年前在報紙上的一篇短文中匆匆地接觸過它，但這四個字定格一樣讓我難忘，以至在這篇文章的寫作中，不期然而然就躍上了我的鍵盤。那麼，什麼是無辜負疚呢？既然我不能找出書證，不妨就發表自己的理解。在這之前，我想引用劉小楓博士一本書中的一位天主教徒的懺悔，她說「負疚是個人對自己生命的欠缺的道德承負。負疚出於如果我當初……，那麼就……的假設心願，一種修改自己的生命痕跡的願望。如果不是因為一個人心中有與自己實際有過的生活不同的生活想像，就不會有這樣的心願，也就不會有負疚。」顯然，這裏說的負疚還不是無辜負疚。事實上，說這話的主人公曾因膽怯而未能救助一個有可能受到納粹迫害的小女孩，此後她便固執地認為是自己使一個生命受過傷。儘管那個女孩最後並未落入納粹之手，但，她在她那近乎嚴苛的理解中，那個受傷的生命與自己有關。無辜負疚不然，它的直接前提卻是與己無關。把無關的變成有關，乃是自延其「罪」，它所蘊含的哲學毋寧是，在人類生存的終極層面上，個人並不是個人，而是人類。正如榮格所說「我們已不再是個人，而是全體，整個人類的聲音在我們心中迴響」。因此，他人受難，我亦有份，他人有罪，我亦擔當。在這裏，他不僅是他，而且是我的又一個生命。詩人西川曾有一短文，命題為「個我、他我、一切我」，我曾在自己的文章中表示過我對這種個人中心主義——這是知識份子通常有的毛病——的異議，但在此刻的語境中，我很願意反向援引這個受啟於《草葉集》中惠特曼思想的句子。個我從來就不是單純的，他我是個我的疊加，因此，在最寬泛的人道意義上，每一個個我應該自覺有一種「一切我」

的擔待（而非支配「一切我」的權力）。惠特曼說「我包容一切」，邏輯上也就包容他人的罪過（但卻不要去包容他人的功績），這樣，有誰還能說他所發生的一切與我無關呢。直接層面上的無關，轉至人類自省的內深層面上卻是有關。在有關與無關之間，準確的說法則是人類在其生存上的「息息相關」。正是出於人類在自己生活中的這種相關性，所以，中國的士大夫不以物喜，不以己悲，把酒臨風，憂天下之憂而憂，而在基督語境中，這種人文風骨似乎更有所延進，罪天下之罪而自罪。

　　我以基督文化中的無辜負疚以及我對它的理解來詮釋勃蘭特的跪，到此應該收筆了，否則我自己就以為涉嫌成了這位前西德總理的頌讚，而這是讓我十分難堪的，它有違我作為一個知識份子的執筆原則。一個站在體制之外以批判為務的知識份子寧可把讚辭獻給女性，也不會留給官員，儘管正如我說過，我是把勃蘭特作為一個人來剖析，他的下跪，與總理無干。然而，現在，我依然需要走出這個「彼得堡」，因為，就無辜負疚這一體現了人性某種品質的基督精神而言，勃蘭特是個案但不是孤例。這裏，我很想敘述一下前俄國的猶太裔哲學家弗蘭克，一位真正的知識份子，早期馬克思主義的信徒，後來成了東正教的傳播者。從他的身上可以使人感知無辜負疚精神的另一側面。同時，我覺得，弗蘭克早年的經歷和中國的紅衛兵理想主義者們比較接近，因而在性質上兩者更容易構成比較──如何面對自己早年的理想與激情。同時在我的潛意識裏，也暗暗地希望中國的紅衛兵們能夠從這位同路人的身上獲致某種反思，當然如果他們願意的話。這是劉小楓博士主編的「二十世紀俄國新精神哲學」系列中的一本書──《俄國知識人與精神偶像》，弗蘭克正是在這個由中國人彙編的集子中對他早年所信奉的各種精神偶像作出了深入的批判，其批判本身已使人耳目一新，更令人感佩的是他的批判鋒芒竟直指自己，他把真誠的自我批判融入他的懺悔，這種別具弗式色彩

的批判性懺悔便使無辜負疚在走向人性之深的同時又泛出極為可貴的思想亮色。

　　「二十五年前，在俄國青年的一定圈子裏充滿對獻身革命的普遍崇拜。青年大學生無一例外地分為兩組：或者是無原則的追求名利地位者和酒鬼──『貴族闊少爺』，或者是獻身於進步和拯救人民的『有理想的人』，也就是革命英雄。」弗蘭克屬於哪一組呢？不言而喻。但並非所有的人都是弗蘭克。「在莫斯科的這樣一個『無辜』的大學生『革命』小組裏，有一個俄化的德裔貴族出身的青年，性情溫和，沉默寡言，很有教養。當小組被捕以後，……這位青年卻出乎大家的意料，在監獄裏自殺了，而且是用極其殘忍的方式，以證明極度的精神失望：先是吞食了大量碎玻璃，然後往自己床上灑了煤油點火自焚。」臨死之前，這位青年承認「使他痛苦的是自己不能成為真正的革命者，自己對這一事業的內在反感，對普通的平靜生活的不可克服的願望。」饒是如此，但當時正處於革命狂熱狀態中的弗蘭克還是忽略了這個青年自殺的真正原因，並將其諉諸敵人。他說「他的死使我們震驚，但是我們把罪過歸於可恨的『君主專制』制度；我們照例在他的葬禮之後舉行了反政府的遊行，使我們的革命美德意識得以安慰。」事情本來可以到此結束，事實上也結束了，弗蘭克後來也脫離了革命，並被蘇維埃驅逐出了俄羅斯，從此便浪跡國外，以至終老。可是若干年以後，弗蘭克「回想起此事」，這時才「感到自己對這個無辜的犧牲負有責任」。他這樣懺悔「我感到自己是那些為了革命而在特殊狀態下發生的殺人和惡行的道義上的同夥。因為正是我們這些理想的犧牲者，用自己追求革命的思想榜樣和革命英雄主義的道德強迫，宣判了這個無辜的年輕靈魂的死刑；我們強行給他加上了他所不情願的獻身革命的無情苛求，儘管我們沒有發現這一點。」弗蘭克當時沒有發現，可是後來發現了，就像那個自殺的青年是無辜的，其實弗蘭克也是無辜

的，但他卻作出了負疚的反省──此可謂俄文版的「吾雖不殺伯
仁，伯仁由我而死」，但它毫無王導式的個人利害關係在內。相
形之下，中國的紅衛兵對其受害應該是負有一定責任的，正如弗
蘭克對那個青年並沒有責任一樣；遺憾的是，他們卻什麼也沒有
發現。當時沒有發現，爾後也沒有發現，甚至直到今天。如果說
普通的人性比高貴的理想更重要，那麼，到底是什麼遮蔽了他們
本應發現並且也不難於發現的雙眼？

　　在無數猶太人的亡靈前，勃蘭特長跪無言；而面對一個人的
死亡，弗蘭克卻自懺如劍。兩人一個用行動，一個用語言，從不
同的側面給無辜負疚注入了沉重的人道內涵。但，僅此而已嗎？
所謂「逝者長已矣」，可是活著的人還要繼續活下去，而非「存
者且偷生」。那麼，如何活？如何才能不偷生？這是個問題。負
疚是「一種修改自己的生命痕跡的願望」，懺悔既是告慰亡去的
靈魂，也是自新人類生命的禱告。因為他人的死，已使人類的生
存亦即我的生存產生了病變。當南美原始森林中的蝴蝶煽動一下
翅膀，非洲大陸的草原上便降下一場漫天大雨，大自然尚有此不
可思議的「蝴蝶效應」，況乎地球在「村化」中原本就息息相關
的人呢？此前，對無辜負疚的理解更多是落實在人道的或道德的
層次上，看來是不很夠的，在這個層次上，它僅僅是一個有關人
類「良知」的問題。可是，它為什麼不同時也是有關人類自身
「生存」的問題呢？在生存論的層次上，懺悔的意義可以重估，
它未必不意味著生者對自己所面臨的生活的一種責任。因為幾百
萬猶太人的鮮血並未滌盡人世間普遍的惡，奧斯維辛之後，還有
古拉格、文革、波爾布特、太陽王朝……，血流成河的世紀啊，
歷史沒有終結。人類的每一次被屠戮，都是我自己的死亡。當死
亡的陰影依然在眼前晃動的時候，懺悔就不僅僅是自責，它也是
人類一種發自本能的惕惕然的自警。1936 年，帶有法西斯性質的
西班牙內戰爆發後，分明寫過《永別了，武器》以示自己反戰立

場的海明威為什麼又重執武器回到馬德里？這從他的另一長篇《喪鐘為誰而鳴》——正是反映西班牙內戰的小說——的扉頁中可以找到答案。全書的扉頁是一段意味雋永的題辭，它錄自 16 世紀英國宗教詩人約翰·堂恩的佈道辭，這段文字這樣敘述了他人之死與我在生存上的關係，「誰都不是一座島嶼，自成一體；每個人都是廣袤大陸的一部分。如果海浪沖刷掉一個土塊，歐洲就少了一點；如果一個海角，如果你朋友或你自己的莊園被沖掉，也是如此。任何人的死亡都使我受到損失，因為我包孕在人類之中。所以別去打聽喪鐘為誰而鳴，它為你敲響。」這樣的句子讀來是夠讓人驚心的，它顯然驚動了海明威。我不知道勃蘭特和弗蘭克在懺悔時心裏是否有著這樣的鐘聲，但我寧可相信是這樣。無辜負疚並非無緣無故，它在潛意識裏是祈禱人類在今後的生存中不要再聽到這可怕的鐘聲。

　　遺憾的是，這樣的鐘聲並非因人感到可怕而絕跡，相反，只要人類自身還存在，鐘聲就是一種註定。現在我的耳邊就未必沒有這樣的鐘聲，而且，1999，這樣的鐘聲不止一次於無聲處響起，想想這個世界和我的身邊所發生的一切吧！而這一切儘管不需要我直接負責，但未必不需要我懺悔，如果我願意這樣要求自己的話。因為，面對罪惡，假如我沒有盡到一個人的責任，那麼，我也就無形中傷害了自己。這是一則印度小說的大意，我很願意在此援引。一位音樂家死在大劇院的門口，但他的靈魂卻遲遲不肯回歸天國。因為他看到這一點，只要世界上還有一個人因饑餓而死亡，每個人就都有死亡的可能。正如世界上還有一個奴隸，那麼，每個人都有可能成為奴隸。因為讓人餓死、成為奴隸的制度還存在。所以，他說「我不能死」——這也是小說的題目。這位音樂家的話可以引申，只要你身邊還有一個人受迫害，那麼，你也在劫難逃。也許再行敘述一個反彈琵琶的故事是饒有意味的，它發生在遙遠的太平洋東岸，源於美國的一部電視劇。

斯考基是美國芝加哥的一個猶太人居住區，但芝加哥也是美國納粹總部所在地。作為一個結社自由的國家，只要守法，組黨和信仰是公民自己的自由。因此，美國有共產黨，也有納粹黨。猶太人與納粹黨自然是對頭。但這一次，納粹要到斯考基去遊行，宣揚他們的主義。猶太人告上法院，要求禁止遊行。於是雙方在法庭上展開了論辯。令人驚異的是，為納粹辯護其遊行權利的律師，居然是個猶太人。因此，這位律師理所當然地被猶太社區罵為叛徒。然而，他這樣說，他的長輩也被納粹殺害過，他當然痛恨納粹。可是，為什麼當時納粹能夠殺死那麼多猶太人，因為猶太人是少數，而少數人的權利得不到保障。今天，在美國，納粹也是少數，他們的主張固然荒唐，但是，主張是一回事，而他們的權利卻是另一回事。我為之辯護的不是他們的主張，而是他們的權利。遊行正是這樣的權利之一，這是憲法所保障的。如果我們剝奪了他們的權利，就等於踐踏了憲法，也等於把我們自己的權利置於不被保護之地。那麼，總有一天，我們猶太人會自食其果，再次遭到迫害。結果，納粹的遊行如期舉行，而猶太人卻諒解了這位律師。

這樣一個陌生的美國故事肯定會讓我的很多同胞感到不可思議，我讀它的感佩是，人類終於學會從苦難的生存中接受其教訓。這位律師在某種意義上未必不是為自己和自己的族類辯護，他根據的正是人類生存的相關原則。在美國的憲政語境中，對「國家社會主義」即納粹的信仰，如果只是在自己的信仰層面而非有傷別人的行為層面上，它是一種權利。但由於納粹的臭名昭著，它也只能是極少數，誰會相信它呢？問題是，極少數也有它自己的應有的權利，如果多數以多凌少，這就是不義。這位律師不是為納粹，而是為這種不義挺身而出，因為他知道，這次不義是針對別人，下次不義就可能輪到自己。因此，為了自己，也要抵抗不義。這是血的教訓，當年，面對納粹的迫害與罪惡，不正

是很多人認為與己無關，以至最終釀成巨大的災變嗎？這是當年一位宗教領袖在納粹集中營的懺悔，現在它被銘刻在美國猶太人大屠殺紀念館門前的石碑上，我無緣親睹，但卻讀到它所流傳的不同版本，這裏不妨摘錄其一，「在左派人士被鎮壓時，我們說與我們無關。在工會被鎮壓時，我們說與我們無關。在其他猶太人被鎮壓時，我們還說與我們無關。現在，我們自己遭到了鎮壓，但已沒有人為我們說話了。」何其痛切的懺悔，但悔之晚矣，人已經陷落集中營。以前所有的無關，殘酷地變成了有關，有誰能夠擺脫這致命的有關呢？喪鐘終於為自己敲響。讀及這段文字，真正地心手俱顫。它是說給每一個人聽的，每一個人都會碰到類似的情況。面對不義乃至迫害卻認為與己無關，那麼，猶太人的昨天總有一天就會成為我們的明天。因此，在激烈的薩特看來，當別人承受不義、迫害與暴力，一個人如果是旁觀而不予抗議，那就不是一個懺悔的問題，更不是什麼無辜，而是罪人，要送上道德法庭。他曾經憤怒地抨擊一位知識份子沒有投入支持黑人反種族歧視的抵抗行為，指責他「犯了謀殺黑人的罪惡」，甚至，「那些被員警、被制度所殺死的黑豹黨徒好像就是他扣動扳機的」。薩特果然不同凡響，但惜「其責人也重與周」，與恕道不吻。如果這樣的道德槍口反轉過來，對準自己，那麼，至少是我，願意引頸。因為，1999，因其表達上的無奈，與我無關而我又面對與目睹的不義，是那樣的違反人權和人性，但，我卻無奈地沉默著、苟且著，直至現在。甚至就是眼下的自譴文字，依然像魯迅所說的那樣「抽骨頭」。當然，我未必不可以自寬，在不可說的空間中，沉默是無奈，沉默也是冷戰和不合作。但，至少此刻，我並不想使用任何藉口。知識份子原本就是以話語表示自己的立場和擔當，我立場何在、擔當如何？回答只是一個字「恥」。它刺目地提醒我，1999，我是同謀！

　　跪下去吧，邵建，為你那不義的沉默。

基督會再次降臨？或，答案在風中飄

　　為新世紀作夢對我來說可能是個難題，因為，我不知道「世紀」一詞到底有什麼意義。時間本是人為，無所謂有，還是無。計其有，也只是為了行事和記事的方便。可是人硬給它塞進那麼多附加值，讓它虛幻地膨脹起來，用以嚇唬自己，也使自己興奮。這一點，只要看看所謂新世紀到來時媒體們那些誇張的動作，便可瞥見端倪。受媒體感染，元旦到臨之夜，無數人一夜不眠，興奮以待，說是「千年等一回」。等什麼呢？不就是那個什麼也不是的時間嗎？哪一天又缺了。因此，我是在睡眠中度過了天天一回的「千年一回」，且一夜無夢。

　　以無夢者來做一個有關新世紀的夢，恐怕已非年齡。夢者，眠之幻也。我不是不想做夢，而是怕幻醒了無路可走。甚至，在沒做之前就已知夢後狀形，那又何必以幻自慰。所以，看報刊上那些「辭舊世紀，迎新千禧」之類的標題，一律視為口彩。不過，看多了人們把過多的願望許諾給這個世紀、許諾給這二千年，不禁莞爾而想：這世紀果然就是「新」的？未來果然便是「好」的？我們如此寄望於未來，這和我們的時間觀有關，而它卻未必沒有問題。當然，正如我知道，我們的時間觀一向是有問題的。比如，春秋時代，先人們通常認為現在很糟，而過去卻很好。所以孔丘要「克己復禮」，回復到西周「郁郁乎文哉」的禮制狀態中去。無疑，在孔丘的意念中，過去總是好的，而且像釀酒，越是過去越好。西周好於春秋，堯舜又好於西周。這是一種典型的「歷史烏托邦」，時間在它那裏是以過去為其價值參照。

它的流風遺韻就是魯迅筆下的「九斤老太」，一天到晚嘴裏念叨著「一代不如一代」。然而，海運以來，國人佔主流地位的時間觀已經和它完全相反了。人們不再說過去如何如何，而是說未來怎樣怎樣。一切都寄託給未來了，為什麼？因為未來是新的。不信可以看一看上世紀初五四等前賢對 20 世紀的矚望吧，多麼意氣風發、充滿希望啊！「歷史烏托邦」一轉身就變成了「未來烏托邦」，時間載著美好的願望與夢想流向未來。

　　我肯定不是歷史烏托邦者，正如我不會是未來烏托邦者一樣。中國人在時間觀上發生這樣一個方向性的逆轉，我以為是染其西方「現代」思想──尤其是達爾文「進化論」的緣故。試想，西元一千年之夕的北宋，國人會對他們的下一世紀充滿我們今天這樣的希望嗎？肯定不會。這不是因為那時還沒有西元紀年，而是他們還沒有「現代」這樣的觀念。「現代」是什麼？就是我上文所說的由我們自己造出來用以嚇唬我們，同時也使我們興奮的一尊「時間之神」。現代不只是一個時間的標量，另外還有價值上的含義，比如「進步」。西方近代啟蒙思潮中的「現代」概念和後來達爾文的「進化論」是前後因應的，甚至，後者還從生物學科的角度為「現代」這一話語注入了科學上的合理性。既然現代等同於進步，那麼，時間就是一道進化之流，現在進步於過去，未來也必然更進步於現在。所以就不難理解人們為什麼熱衷向未來的新世紀作夢和許願了。

　　然而，這樣的願望是不是一廂情願呢？至少，我對這種一味進步的時間觀以及由此帶來的美好的夢想抱有根本的懷疑。因為以「進化論」為底子的現代時間觀是一種線性時間觀，它對時間的理解是「直」的。果喻以水，那麼，時間之流就是一往而前，一去不返，所謂「萬劫不復」即其義也。問題是，時間果真如此？至少我以為還存在著另一種不同的理解，亦即一種「圓」的、輪迴的時間觀。這種時間觀尼采曾經表述過，昆德拉在他的

《生命中不能承受之輕》的開頭也對尼采的表述探討過，它叫「永劫輪迴」；亦喻以水，那麼時間就像黃河，並非一瀉滔滔，而是九曲迴腸。或像鐘點——這更能說明問題——起點總是輪迴到終點的位置上。當然，這種時間觀，美國有一首民歌叫做《花兒到哪裡去了》表白得更好。我不妨把它縮略如下「花兒到哪裡去了／花兒被漂亮的姑娘們摘去了／漂亮的姑娘們到哪裡去了／姑娘們被大兵帶到軍營裡去了／軍營裡的大兵到哪裡去了／大兵們都到墳墓裏去了／那些墳墓到哪裡去了／墳墓上早就開滿鮮花了」。從花兒始，到花兒終，這裏的時間，既是歷時的，又是輪迴的。民歌以答問方式饒有意趣的一路寫來，最後一句就是「詩眼」了，它不經意地也是出人意料地繞回到了開頭，從而把時間給圓了起來。可以想見的是，開頭之後的一切都會重演如昨。

　　出於對這樣一種時間觀的體認，我無法認為現代就意味著進步，難道你能說後來的花就一定比以前的開得漂亮？同樣，我也不認為進步就意味著更好，毋寧說，它意味著將帶來更多的問題，至少，它是以同樣的乃至更大的退步作為代價。以這樣一種認知，面對新世紀，果如要我說些「告別」和「迎接」之類的希望，我實在無力。現在新世紀不是已經開始，它究竟「新」在哪裡？就像上個世紀之初，人們也渴盼並祝福 20 世紀是個嶄新的世紀，實際上呢？實際上它卻是個最令人恐怖也最令人詛咒的世紀。果如說「新」，那麼，新就新在它的殺人記錄遠遠超過了人類有史以來的總和，而且往往還正是以「進步」的名義。在進步的名義下，人性迅速地倒退著，以文明的方式撲回人際相食的史前。世紀末的回望總比世紀初的夢想更接近世紀的真實吧！你無法不認同英國史學家霍布斯鮑姆對 20 世紀所作的總結，他那本《極端的年代》便是他對 20 世紀的一種本質性的把握。對此我只想改它一個字，叫做「極權的年代」。作為上個世紀人類所孳生的最大的惡，兩種極權交替流貫了一百年，一個姓「右」，一個

姓「左」。右的極權以戰爭的方式進行種族清洗，左的極權以鎮
壓的手段作肉體消滅。好端端的地球一會變成「奧斯維辛」，一
會又變成「古拉格」。人們彷彿生活在奧威爾的《動物莊園》
中，毫無保障的生命動輒就成了屠戮的對象。面對這樣一個世
紀，我不知道，它到底「現代」在哪？又如何「進步」？

　　如果說 20 世紀就這樣在人們以理想始又以失望終的歎息中走
完了，那麼，美國的福山迫不及待地聲稱「歷史的終結」就不免
讓人啼笑。其實時間像個轉盤，歷史也未必不是在原來的軌道上
繼續。從右的方面來說，奧地利不是讓右翼勢力組成執政府了
嗎？而左的方面，東方的「古拉格」又何曾完全退出過歷史舞
台，我分明還能感受到它的粗重的呼吸。那麼，我是否還有必要
像上個世紀初的前人，高喊什麼「終結」，呼籲什麼「開始」，
再許願什麼「進步」？不敢，也不想。我相信，設若我一把鬍子
能活到本世紀末，那肯定失望大於夢想，如果我確曾有過夢想的
話。因為，20 世紀那罪惡的一切並未過去，它所存在的問題也並
未從根本上解決。不但如此，那問題的根子還很深，還要到它以
前的時間中去挖。這樣，我與其寄理想於未來，不如將目光投之
於過去，看看到底是什麼原因導致了 20 世紀人類空前的災難，人
類到底在哪裡出了問題，21 世紀的我們又應當如何儘量避免——
這或許也是一種對新世紀的希望吧，但不知道是不是夢想。

　　那麼，就讓我把身子轉過來，面向那輪迴的時間之流。當人
們都以迎接的姿態走向未來時，我更願意做一個逆行者。如果說
20 世紀的一切，肯定沒我最喜歡的，卻分明有我最憎惡的，那就
是「極權」。我所以不會夢、沒有夢、或只有一種夢——惡夢，
蓋因其到現在我還未進入早晨，更遑論「新」。羅素在評論盧梭
時說過一句話涉及到極權主義，他認為「希特勒是盧梭的一個結
果」。這句話我能理解，但進一步認為，不僅希特勒的右翼極權
通往盧梭，而且左翼極權以「公意」的名義距離盧梭更近。這個

問題我不在這裏論證，不是場合。並且我亦並非要盧梭為 20 世紀的極權囂張負責，只是想追索一下 20 世紀所發生的一切那更深廣的歷史原由。同時，這裏也更多是把「盧梭」運作為一個符號，一個啟蒙時代的符號，他不是當時法國啟蒙運動的三巨頭之一嗎？那麼，由啟蒙運動包括前此的文藝復興所揭開的「現代」序幕對 20 世紀乃至我們今天到底意味著什麼呢？

那同樣是一個充滿希望和相信進步的時代，而歷史果然就按照進步的觀念走到了 20 世紀和今天，一切都那麼符合邏輯，並沒有什麼意外。請看看當時人們的希望和讚美吧！莎士比亞應該是有代表性的。他把人類頌讚為「宇宙之精華，萬物之靈長」，把人們所面臨的世界由衷地感歎為「美麗的新世界」，誇它「竟有如此妙人」。不用說，這樣的讚美不屬於中世紀，而屬於現代。這兩者之間最大的不同，即現代意味著時間上的進步。所有的讚詞其實都是獻給進步的，並且人們虔誠地相信，不斷的進步會給人們帶來不斷的福音。因此，從那時到現在，人們似乎都有理由慶幸自己生逢上了一個「最好的時代」。

現代，果然是一個最好的時代嗎？在某種意義上，我願意這樣說。換一種角度，還可以恰恰相反。這是狄更斯對他所處的那個時代的評價，推而廣之，也是對所謂現代，包括對我們當下的評價。他說「這是最好的時代，這是最壞的時代。這是理性的時代，這是迷茫的時代。這是信念的時代，這是懷疑的時代。這是希望之春，這是失望之冬。人們擁有一切，人們一無所有。人們由此登入天堂，人們由此墮入地獄。」弔詭嗎？是的，但弔詭的並非這些句子，而是作為「現代」的這個時代本身。這是最好的時代，果如從生產力進步的角度，此言不虛。但正是進步對大自然造成了無以復加的破壞，在這個意義上，它難道不是最壞的時代。現代的精神標誌無疑是理性，當它戰勝了中世紀的神性的時候，神性的時代便為理性的時代所取代。然而，理性又把自己變

成了一種新的神性，它膽妄地認為自己無往而不能，足以排定人類和宇宙的一切，這是不是理性的迷茫。對此，如果你只從問題的前一面去看，那麼，你看到的就是希望之春，而我果如從後一面去看，就沒法不說這是失望之冬。是的，當人們依憑進步的理性擁有地球上的一切時，卻忽然發現它的資源已被耗盡，那麼擁有之時，豈非一無所有之日。正像一個吸食海洛因的人處在亢奮狀態，你說他是在天堂，還是地獄？

狄更斯對我們這個時代的解析是精彩的，但他留給我們的選擇卻是難堪的。因為你無法在其中作非此即彼的選擇，你不可能只選擇最好，而不要最壞。當你選擇最好時，最壞則同時成為你的被選擇。這裏，最好和最壞不是兩樣東西，而是一樣。天下沒有白吃的午餐，後者就是前者的代價或成本。明白了這一點，就註定了未來烏托邦的破產。那麼，是不是索性放棄現代、放棄進步、放棄選擇、放棄夢想呢？並非不可以，如果有人願意的話。但，他則必然承受另外一層意義上的代價和成本。因為，歷史烏托邦同樣不存在。這樣人類就陷入了真正的兩難，進也不是，退也不是，進亦一是非，退亦一是非。進步神話由此打破，希望的福音也變得如此渺然。

進步觀念是啟蒙的產物，20 世紀的悲劇和它未必不構成某種因果。正是進步給我們許諾了美麗的未來和美麗的新世界。它的美麗在於，那時物質生產力是極大的豐富，人呢，可以隨心所欲地做著一切，比如上午打魚、下午放牧、晚上讀書。由於產品足以滿足人們的需要，不但沒有貧富之別，而且，覺悟很高的人總是按照自己的需要被分配到他所需要的一切。這裏的烏托邦色彩非常明顯，但正是出於人類理性的絕對自信，他自信自己能夠洞悉歷史行進的規律，把握人類的發展方向，並能向天氣預報一樣準確地預測世界的明天。因而烏托邦從夢想變成了科學，並且又從科學變成了人們追求這種美麗夢想的行為。那麼，能不能不追

求呢？不可以。拒絕進步就是反動。儘管先秦時的老子早就說過「反者道之動」，但那時沒有進步之說因而沒關係。現代則不行，進步已成為人們唯一的也是最高的意識形態，反動就意味著逆歷史潮流而動（恰恰是一種線性歷史觀）。不是有人有口無心地哼什麼「天下潮流，浩浩蕩蕩，順之者昌，逆之者亡」嗎？不准反動，只准進步，進步就這樣形成了以自己的名義出現的專制。而以激進的面目出現並企圖超越歷史而追趕這種進步的，就是 20 世紀左的極權。20 世紀可謂人類歷史上最進步的世紀，看看地球上有多少人虔誠地拜倒在這種進步的圖騰下吧！果如對進步的迷信和對上帝的迷信不相上下的時候，那麼，現代是不是另一種形式的中世紀呢？設若從這一點來看，歷史到底又進步在什麼地方呢？

我反對進步？不。我既不反對它，也不讚頌它。我只是分析人類作出的任何一種選擇，它所需要付出的代價是什麼、它所面臨的困境又是什麼。一個知識份子不應當是這樣一種形象，他用一連串美好的辭彙，什麼進步、理想、未來、道德、真、善、美等進行歷史煽情、編織歷史的腳本，從而讓自己扮演一個先師和導演。這實際上是在用自己的願望形塑別人的意志。看看 20 世紀左右兩種極權，哪一個不是頂戴著這些迷人的辭彙同時又犯下令人髮指的罪行（當然，右翼極權還有民族、種族之類的詞，它們現下正迅速東移）。問題是，極權的施暴並非僅僅以這些詞為藉口，它們恰恰就是這些詞的虔信者，不但把這些詞絕對化，而且自以為是在執行這些詞所體現的意志。比如 20 世紀的最後一個紅色殺手，波爾布特就義不容辭地打發了一百多萬人為這些美麗的詞去殉葬。我不知道他殺人時心裏是否還有一種悲壯感乃至崇高，可能還有一絲傲岸的孤獨吧！當他後來接收審訊時，面對法庭指控，他居然叫別人看看他的眼睛——那雙不無誠摯的眼睛，問：他是否像個殺人犯？讀至此，無以言。他的確不像一個殺人

犯，他只是個殺人狂。因此，面對這些由無數人的無辜鮮血染紅的詞，我感到，一個知識份子的工作毋寧是這樣：對不容置疑性進行質疑，把不言而喻的問題重新問題化。掰開那些辭彙的美麗的花瓣，看看它們的根到底插在哪裡，至少也要指出它們的另一面是什麼，比如就像魯迅指出花瓣美麗的另一面是生殖機關，目的卻專在受精。

現在，我碰上的詞就是「進步」了。進步不但是「現代」的核心（現代只是它的外殼，沒有進步，現代就毫無意義），而且還是從西元兩千年到三千年的宏偉主題，亦是我們對新世紀的夢想之源。那麼，到底什麼是進步呢？從以上那個烏托邦給我們描繪的遠景可以知道，進步就是不斷的發展生產力，以致使它能夠滿足人類的一切需要。因此，今天，一提起進步，就意味著指數、意味著效率、意味著增長、意味著財富、意味著生產總值。並且，它還有了一個流行的術語，叫「發展主義」，更有了一個響亮的口號，叫「發展就是硬道理」。我當然沒有道理反對發展，但我卻未必沒有反對發展亦即揭示發展另一面的道理，儘管它是個軟的。記得一次聊天時觸及到發展問題。發展需要借鑑，於是一位教授說到了「南美模式」，另一位則說「東亞模式」，直聽得我心裏發涼。兩種模式不外乎一種本質，都是威權主義。其不同者，一個文專制，一個軍政府。以威權的方式推動發展，發展沒商量，它就具有了強制性和排他性。當它成為一種極值標準後，一切都得給它讓道。為了發展，可以犧牲自由、犧牲權利、犧牲選擇，因為發展就是唯一的選擇。在這樣的邏輯面前，將會產生什麼呢？我不必說了。但有一點可以肯定，這樣的發展在一定程度上是非常奏效的，比如北韓，那麼貧困的底子，不就迅速發展出新式的核武器了嗎？可是有誰給它算一算它所付出的代價。因此，我和那兩位教授朋友有所不同：發展不是唯一的，自由比發展並非不更重要。

　　當然，有人會給我上課，只要發展了，一切都在裏面了，比如自由呀權利呀，等等。可是這話我聽得實在太多，從小就被灌輸：只要怎樣怎樣，就如何如何。其實，這是一種類似線性時間觀的歷史一元論，把歷史的發展繫於一個維度，比如生產力的維度。它的邏輯，只要生產上去了，麵包會有的，一切都會有的。烏托邦就是這樣為我們許諾。可是，情況並非如此簡單。古希臘的生產力比之今天，無疑落後，但雅典的自由卻未必後於兩種極權宰製下的 20 世紀。歷史的發展常常不對稱，它並非一榮俱榮，一損俱損。榮損得失之間，需要的就是多元選擇。任何人都不能以發展這一線包打天下、又涵蓋一切。

　　並且，現代發展觀向我們展示的只是它所許諾的美好的一面，可是與之俱來的發展的異化問題不知是被忽略了，還是藏在了抽屜裏。20 世紀科學發展的矚目成就比如核武器，從它誕生那一天起，人類的頭上就多了一柄由自己製造出來，然後又對準自己的達摩克利斯懸劍，你不知道它什麼時候會掉下來。由這柄劍所表徵的異化告訴我們，物雖制於人，亦反過來制人。它一旦被製造出來，就不再以人的意志為轉移了。當年上帝想毀滅人類辦不到的，核武器卻幫人類自己給辦到了。這是發展的劫數，也是進步的宿命。當人類享受著原子能帶來的各種益處時，能不面對它足以毀滅地球若干次的威脅。在「益處／威脅」的二位一體面前，你說，是最好，還是最壞。是進步，還是退步？

　　當人類的一隻腿邁進「現代」的大門，就再沒有停下來喘過一口氣，啟蒙開啟了人的理性，也開啟了人的欲望。當神性制約著人性的時候，欲望往往在黑暗中蠢動。當理性將神性祛魅之後，受抑的欲望隨之張開了饕餮的巨口，理性反而成了它的工具。這個所羅門瓶子裏的魔鬼，一旦放了出來，就再也收不回去了。我並非譴責欲望，它僅僅是一種自然，正如它之不可壓抑，亦不可任其放縱，否則，受到傷害的還是我們自己。然而，欲望

有其自我放縱的本能，以它作為底子的需要就像一個漏斗，永無滿足的止境。因此，以為物質充分豐富就能滿足人的需要的那種烏托邦，它至少忽略了物質發展有一個極限的問題，而人的欲望卻是沒有極限的。一邊是無度的欲望極度地膨脹，一邊是有限的能源無限地耗竭。人類越是往前走，這兩者反差就越大，最終它是否會撕裂人類呢？也許擔心並非杞人憂天。

　　因此，面對到臨的 21 世紀，我不是以欣喜，而是以憂慮，不是去做夢，而是面對問題。問題困擾著我，困境糾纏著我，它束縛了我面向未來的想像之翅，不過，我寧可回過頭去反思。反思「現代」、反思「進步」、反思「發展」、反思「競爭」。反思並不意味著取消，而是重新選擇。正是在這個意義上，21 世紀對我而言，方才存在著一條「希望小徑」。「希望小徑」是羅馬俱樂部的負責人對人類 21 世紀的展望，它比較低調，但卻符合我的心境。我希望當我們說起進步發展之類的概念時，不再只意味著統計學上的拋物線，它面對的應該是人類社會生活的整體，比如人的權利不應以發展的名義而被剝奪。而自由也不應視為進步的手段，它本身就是一種值得尊重的價值。我希望人類的極權狀態徹底從地球上根除，並且讓它萬劫不復。我希望競爭的口號，不要再成為地球上的人類競相攫取那所剩無幾的資源，並且以幾何級的速度比試著排放污染，上帝並沒有為我們準備兩座地球。我希望人類的欲望能夠處於一種健康的狀態，而不是像現在呈現出病態的瘋狂，好像一列剎不住的車，猛烈地衝撞著我們的身心。我希望我們能夠找到一種調節我們生活的價值理性。同時，我也希望我的希望不再僅僅是希望。然而……

　　然而人們依然充滿著希望、充滿著樂觀，而且興奮，在這新的世紀，在這新的千禧。千禧？是的，我們何時學會了用西方基督教的語言來表達時間，過去是西元，現在是千禧，這是不是全球化的最新個例？在基督語境中，千禧是一個「千年王國」，一

個「太平盛世」，一個「未來的黃金時代」。因為，基督將再次
降臨人間做王統治，人間的惡勢力將再次受到它的管束，福音也
將再次傳遍全世界。這些，都是西元之初聖徒約翰對我們作出的
許諾。第一個千年過去了，第二個千年也過去了，第三個千年之
初，東升的陽光下，我捧著《新約》，讀著《啟示錄》，「我又
看見了一個新天新地，因為先前的土地已經過去了，海也不再有
了。我又看見了新城耶路撒冷由神那裏從天而降……」，真是一
個「嶄新的世界」和「理性之境」，多麼像文藝復興時莎翁的語
言，又多麼像我們今天對新世紀的夢想。時間的確是輪迴的，人
們多麼樂於重複這一切。可是，我這個非基督徒，面對著眩目的
陽光，似乎並不能看清什麼。恍惚之際，不禁仰天：「基督」是
否會再次降臨？遙遠的時空中，傳來了 60 年代美國搖滾歌手鮑
勃・狄倫的聲音——「答案在風中飄」。

寬恕？寬恕！寬恕……

——西蒙・威森塔爾的懸問

　　面對西蒙・威森塔爾（Simon Wiesenthal）這一陌生的名字，我想，應該作一簡單的介紹。

　　西蒙・威森塔爾，1908 年生於奧匈帝國，後畢業於布拉格的一所大學。二戰期間，作為猶太人，他被囚入集中營達五年之久。戰爭結束時，他和妻子兩家人共有八十九名親戚死於納粹之手。戰後，威森塔爾加入了美國追查戰犯委員會，1946 年，他又和其他 30 名集中營倖存者共同創立了猶太歷史文獻中心。該中心旨在調查和追蹤納粹戰犯，它先後把 1100 多名納粹移交法庭審判。除了投入「中心」的事務外，威森塔爾的另一工作就是著述，圍繞大屠殺，他已經出版了幾本廣為人知的書，比如《兇手就在我們中間》、《正義而不是復仇》、《希望之航》、《讓每天記住每天》等，這些書均已被翻譯成多種文字。當然，影響最大的一本書則是他於 1976 年出版的《寬恕？！》。正如該書序言所說：當時美國的許多大學、中學和討論班開始把納粹對猶太人的大屠殺問題列入課程表，由於《寬恕？！》鼓勵大家對該問題進行討論，所以不久它就在教學中被廣泛採用。不僅如此，由於該書問題的切己性和尖銳性，惹動當時許多神學家、政治領袖、道德領袖和知識份子作家對這個問題作出回應。這個回應一直綿延了二十年仍欲罷不能，於是，1996 年，《寬恕？！》又出了它的新版本。

今天，我想做的，就是把這種回應綿延到自己身上，亦即當我把威森塔爾的問題擺在我自己的面前時，我很想知道，我的回應是什麼、能是什麼、當是什麼以及為什麼；儘管我也知道，由於這個問題的難度，我很可能力有不逮。

那麼，這是個什麼樣的問題呢？

1944 年，不，1995 年。

在轉述發生於 1944 年「我生命中那段憂傷的故事」──這是威森塔爾問題的敘事背景──之前，請允許我迂迴地走一下題，把時光撥到五十年後的 90 年代，述及一下與寬恕有關但卻屬於寬容方面的問題。也就是說，當《寬恕？！》一書 1996 年在美國出第二版時，太平洋對岸的中國知識界也正在討論類似的問題：寬容。但，寬容的討論並非彼岸寬恕問題的「本土化」，當年討論寬容問題的知識份子也許至今還不知道威森塔爾其人其事，至少是在當時（恕我冒失，我的根據是他們的文字從未涉及此人此書，但也許我錯了）。並且，寬容與寬恕由於所指不同，也不在一個層次。因此，中國知識份子完全是在他們的生活語境中提出寬容並加以討論的，它沒有什麼後殖民意義上的西方知識資源（儘管提及房龍），相反，討論更多汲取的倒是屬於本土的精神資源，比如中國二十世紀的思想重鎮──魯迅。

那場發生在一家著名讀書類報紙上的有關寬容的討論事實上是被魯迅定了調，其中最重要的一篇文章──它出自一位著名作家之手──題目赫然就是〈拒絕寬容〉。「在那個口吃老教授的兒媳跪著死去，在我可愛的導師吐血而去，在那大山裏的地理教師孤單地倒於雪地……這樣的時刻，是談『寬容』的時候嗎？」「那些言必稱『寬容』的人還是先學會『仇恨』吧」，「不會仇恨的人怎麼會『寬容』呢？」「我絕不『寬容』。相反，我要學習那位偉大的老人。『一個都不饒恕』」（我手上魯迅的本子是

「寬恕」）。當作者這樣告白時，魯迅作為這篇文章乃至這場討論的思想資源已經顯示得清清楚楚。

今天的我打量幾年前的討論，當然多有遺憾。很多問題哪怕就是在以上這篇短文的寥寥引語中都被搞混了。「這樣的時刻是談寬容的時候嗎」？難道談寬容還有什麼時限嗎？儘管那個兒媳跪著死去、那個導師吐血而去、那個地理教師孤單地倒於雪地，但，這樣的排比句卻讓我不明所以，因為我無法知道其中的真正原因。進而言，無論原因為何，寬容與它無關。在時間上，寬容是無條件的，它不應當有任何時限。因為有人類就會有悲劇，有悲劇就會有死亡，這種情況將伴隨人類永遠；如果因此而不談寬容的話，那麼，我們也就沒有時間談寬容了。至於學會仇恨再來談寬容，這種「仇恨倫理學」的宣稱，讓我觸目驚心。把仇恨作為寬容的前提，我不知道他的根據是什麼，雖然作者排比了一連串的仇恨，雖然作者認為「仇恨有多深愛就有多深」，但寬容並非為了愛。並且，我倒是擔心，果如一個人的身上燃燒著仇恨的火焰，他（她）的心中是否還會有寬容（包括愛）的空間？更重要的是，寬容與仇恨根本不是一個範疇，它們面對的是截然不同的問題，為什麼作者會把它們置於一個語境中呢？我的判斷是，作者誤解了寬容。這在下面的一點上表現得更加明顯：題目說的是寬容，行文談的是寬恕。兩者不加計較，混而為一，所以，魯迅「一個都不寬恕」的遺風，直接就演發為「拒絕寬容」的表態。儘管寬容與寬恕有著天然的聯繫，一個連寬容都談不上的人，更不會有寬恕可言（這也就是我在談寬恕問題時，首先要到寬容上繞一圈的原因）。但，差別在於，寬容與寬恕並不在一個層面。寬恕面對的是行為，寬容面對的則是也僅僅是觀念。

在思與言及其表達的觀念層面上，我是一個寬容論者。像「拒絕寬容」、「一個都不寬恕」之類的話語，我想，不是我能否說出口的問題，而是我有什麼資格這樣說。因為這首先牽涉到

一個權利理論的問題。無論你愛誰恨誰，他和她都有表達自己想法、看法、認識和觀念的權利（哪怕不同，乃至對立），這種權利我認同為人的自然權利，誰也不能剝奪。那麼，拒絕寬容假如成為一種文化習慣，它究竟意味著什麼呢？不言而喻，它只能意味拒絕權利、拒絕自己所恨的人說話的權利，因為拒絕者無法容納。即使可以相信拒絕者的拒絕真正是出於一種正義，但在寬容立場看來，也不能以正義的名義拒絕非正義的表達，當然，非正義如果僅僅是一種話語表達的話。因為，正義與非正義有時並非像楚河漢界那麼清晰，並且在一個文化相對主義的時代，不同的人可能會有不同的正義觀和不同的正義方式。比如，正如以上所舉的書名，威森塔爾主張「正義而不是復仇」，但到了格瓦拉那裏，就斬釘截鐵為「正義就是復仇」。按照「拒絕理論」，這兩種話語其中有一種是不能容身的，那麼，到底是哪一種呢？我不相信哪一個正義者有唯一決斷的權力。在這裏，唯一可行的，就是兩者都有說話的權利，這就是寬容，也是正義──公正之義，並且是不計時間的（宣布什麼時候可以寬容或不寬容，就像宣布什麼時候可以戒嚴或不戒嚴一樣）。由此看來，寬容不是別的，它僅僅意味著一種中立，即不含任何價值尺度的中立。它不先在地判斷什麼是香花毒草，而是贊成它們可以一道開放。如果只容許正義的香花而拒絕非正義的毒草，那麼，我提出的問題是：罌粟是香花還是毒草？如果是毒草，它卻可以治病；如果是香花，它又可以致命。「香」與「毒」其實是出於不同價值尺度所作出的不同解釋，這種解釋權屬於所有的人，而寬容就是容許所有的人（愛者恨者）表達自己對任何問題的解釋和理解，哪怕是真正錯誤的。相反，拒絕寬容倒是在認識論上陷入了一種誤區，即認為自己掌控了真理，並且絕對。因此，作為一個寬容論者，我非但不敢「拒絕寬容」；在權利論上，更惕惕於心的是潘恩的話：「寬容並非不寬容的反對，卻是不寬容的假冒」。

　　1944 年，「我生命中那段憂傷的故事」。這到底是個什麼故事呢？集中營裏的威森塔爾照例每天為德國人幹活。這一天，他在休息的當兒，一個護士向他走來，問他是不是猶太人。當獲得肯定的回答後，護士示意跟她走。進了一幢大樓之後，來到一個房間。房間裏除了一張白色小床和一張小桌，別無長物。護士俯在床邊和床上的人嘀咕了幾句，然後就出去了，只剩下威森塔爾和他，而他是一個傷勢沉重的德國士兵，年僅二十一歲。當護士出去後，床上的士兵讓威森塔爾靠近，並拉住他的手表示：自己馬上就要死了。「我知道」，士兵說「這麼個時候，成千上萬的人都在死去。到處都有死亡。死亡既不罕見也不特別。我註定要死掉。可是有一些經歷老折磨著我，我實在想把它們講出來。否則我死也不得安寧。」原來，這位瀕死的士兵是請那位護士去找一個猶太人來聽自己死亡前的訴說，護士碰巧遇上了威森塔爾，此刻他註定就成了個聽訴者。

　　「我叫卡爾……我志願加入了黨衛隊。當然，你聽到黨衛隊這個詞兒……」「我必須把一些可怕的事情告訴你……一些非人的事。這是一年前發生的事……」「我犯下罪行已經有一年了。我必須給誰講一講這事，或許這樣能好一些。」「戰爭爆發了，我志願入了伍，當然是進了黨衛隊。我們部隊中遠不止我一人這麼做；過半兒的人是志願入伍的——不加絲毫思索，就好像是要去跳舞或遠行。」

　　這個士兵到了波蘭，經歷了戰爭，也經歷了殘酷。這次執行的是這樣一個任務，把幾百個猶太人趕進一個三層樓閣，並運來一卡車油桶搬進屋子。鎖上門之後，一挺機槍對準了房門。「我們被告知一切就緒，」接到命令，「要我們打開手榴彈保險栓，從窗戶把手榴彈扔進屋去。」「我們聽到裏邊人的慘叫聲，看到火苗一層一層地舔食著他們……我們端起來福槍，準備射擊任何從火海裏邊逃出來的人。」「我看到二樓的窗戶後邊，有一個人

挾著一個小孩兒。這人的衣服正在燃燒。他身邊兒站著一位婦女，毫無疑問是孩子的母親。他空出的一隻手緊捂著孩子的眼睛……隨即他跳到了街上。緊隨其後，孩子的母親也跳到了街上。隨後，其他窗戶也有很多渾身著火的人跳了出來……」「我們開始射擊……！」「子彈一排一排打了出去……」

說到這裏，這位瀕死的人用手捂著繃帶覆蓋著的眼睛，似乎想從腦海中擦去這些畫面。但這個畫面永遠也擦不去了，白天、夜間、乃至奄奄一息的現在，「我知道我給你講的那些事是非常可怕的。在我等待死亡的漫長黑夜裏，一次又一次地，我希望把這事講給一個猶太人聽，希望能得到他的寬恕。」「我知道我請求你的寬恕是一個過奢的願望，但是如果沒有你的回答，我不可能安心地死去。」「要是沒有悔罪……我就不能死。我一定得懺悔。但是該怎樣懺悔呢？只講一堆沒有應答的空話……？」

正如威森塔爾自己所說：「毫無疑問，他是指我的沉默不言。可是我能說什麼呢？這兒是一個瀕死的人，一個不想成為兇手的兇手，一個在可怕的意識形態指導下成為兇手的人。他在向我這樣一個人悔罪，而這個傾聽悔罪的人可能明天又會死於和他一樣的兇手手下。」所以，威森塔爾保持沉默，自始至終只是充當了一個聽者。儘管那個士兵的口吻裏充滿了祈求，但「最後我下定了決心，一言未發，離開了房間。」

當晚，那個士兵死去。

這真是一個非常特殊而又動人的倫理故事。但，作為敘事背景，真正引發出的問題是故事的後續：即我是否該滿足這個瀕死士兵的心願。威森塔爾自己並非拿得準這個問題，回來後，他和三個猶太同伴談起過，他們一致認為威森塔爾做得對。後來，威森塔爾又和集中營裏一個和他不同教的波蘭人談過這個問題，依然不甚了了。但自此以後，威森塔爾和那個士兵一樣，頭腦裏老是一幅畫面——「那個頭上纏滿繃帶的黨衛隊員」。「我已經斷

絕了一個臨終的人最後的希望。我在這位瀕死的納粹身邊保持沉默是對還是錯？這是一個非常不好處理的道德問題。這個問題曾經衝擊著我的心靈。」1976 年，威森塔爾終於把纏繞了自己三十年仍然沒有確切答案的問題訴諸文字，交給了讀者。他在結束寫作時，這樣問道：「親愛的讀者，你剛剛讀完了我生命中這段令人憂傷的悲劇故事，你是否可以將心比心，設身處地地從我這個角度問一問你自己這樣一個嚴酷的問題：『我要是遇到這樣的事情，我會怎麼做？』」

姑且把它稱為「威森塔爾問題」吧！這個問題的實質是：寬恕，還是不？

2001 年，冬日之午。面對電腦，一個中國知識份子也在思考如何回應西蒙‧威森塔爾的懸問：「我要是遇到這樣的事情，我會怎麼做」。儘管這個問題對我而言已經是文本性質的了，因為我不會有威森塔爾那種陷身處地的語境感，而僅僅是虛擬性地設身處地則無濟於事；但我依然感到困惑。我說過，我是個寬容論者，從寬容到寬恕，是一種可能，但並非必然。寬容面對的畢竟是觀念，觀念頂多是「是非」問題；寬恕不然，它所面對的是行為，並且往往是犯罪行為。「非」尚可解釋；「罪」，比如無辜濫殺，則沒有任何解釋的餘地。尤其是法西斯那種種族滅絕的大屠殺，它已經使得「寬恕死於集中營」——這並非沒有道理。那麼，從寬容到寬恕，還是止於寬容而不寬恕，對我來說，還是一個頗費斟酌的問題。

果如檢點一下自己的文化背景，發現頗費斟酌也不無道理。中國傳統文化中只有寬容一說，卻不存在寬恕。這可以證諸文言裏有「寬容」詞（如《莊子‧天下》的「常寬容於物」和《韓詩外傳》中的「德行寬容」等），但卻沒有「寬恕」詞。至少在原始儒家比如孔子那裏，是沒有什麼「恕」可言的，甚至，「恕」根本就不是我們今天所理解的意思。恕者，度己量人之謂也。當

孔子的弟子子貢問：「有一言而可以終身行之者乎？」孔子回答
說：「其恕乎，己所不欲，勿施於人」。可見，恕道最初也就是
將心比心的意思，它沒有寬諒的含義。當然先秦時表示寬諒之意
的詞是有的，如「宥」。《易・解卦》曰：「君子以赦過宥
罪」，孔穎達疏為：「宥謂寬宥，罪謂故犯，過輕則赦，罪重則
宥，皆解緩之義也。」那麼，這是否我們今天的寬恕呢？依然有
區別。因為原初意義上的「君子」不是個道德概念，而是一種身
份。就其身份而言，這裏的君子是指統治階層。寬也好，宥也
罷，它之大度，都是在一種上治下從的等級關係中體現出來（此
可參證《書・仲虺之誥》「克寬克仁，彰信兆民」），並非指人
與人的平行關係，比如威森塔爾和那個士兵。就人與人的平行關
係而言，我以為，原始儒家至少是不太主張恕以待人的。有人問
孔子：「以德報怨，何如」時，孔子卻反問：「何以報德」？潛
台詞是，別人有怨於你，你卻報之以德；那麼，別人有德於你，
你又該拿什麼報答呢？因此，孔子委婉地說了八個字：「以直報
怨，以德報德」。那麼，什麼是「直」？魯迅有過解釋：「『犯
而不校』是恕道，『以眼還眼以牙還牙』是直道」。魯迅強調的
是一個直來直去的「還」，這是符合孔子本意的，再參孔子的後
半句，這「直」只能是以怨還怨了。這一點，到了《禮記・表
記》裏，假託孔子之口的表述就相當直接：「以德報德，則民有
所勸；以怨報怨，則民有所懲」。當然，以德報怨後來也被納入
了儒家譜系，同是《禮記・表記》，其中也有「以德報怨，則寬
身之仁也」的陳述，並亦假託孔子之口。但顯然，同一語境中，
一個人是不會說如此自相矛盾的話的。退一步言，即使承認所謂
以德報怨，包括什麼「犯而不校」、「勿念舊惡」等，其寬恕所
恕一般還是在對方給自己造成傷害的過失層次，而非罪，比如藺
相如之於廉頗的「我見相如必辱之」。

　　在上這一段言述無非表明漢語言文化中是缺乏一種叫作「寬恕」的倫理傳統的，但我此刻對「威森塔爾問題」的猶豫，原因主要還不在於我所在的文化背景。實際上，我並不是個文化傳統主義者，就對傳統文化的態度而言，我毋寧是魯迅式的。不僅如此，我的比較狹小的氣度亦對魯迅的「一個都不寬恕」抱有本能的認同，儘管我現在認為這句話多少表徵了一種精神人格上的缺陷，但這樣的缺陷除了天然的原因外，更與其早年的人生經歷有關。這裏，我說的是我自己。1966 年到 1968 年，我父母的家先後被抄過兩次，不僅如此，父親被關押八個月之久，母親亦被掛牌批鬥。少年時的記憶陰影是一輩子抹不去的，至少是我（我所以這樣說，是因為我發現很多人已經忘了。不能忘啊！親愛的朋友，忘了它就來了。造成文革的體制背景並沒有根本性的變化，所以，我寫作）。我多少還能記得第一次被紅衛兵抄家時的情景。家中一片狼藉，家人惶然壁立。我是在外面玩耍而得知，拼命擂開院門，衝進屋裏，卻被一把揉在牆角。父親關押時，家妹送飯，每一次飯菜都要翻個底朝天，哪怕是個荷包蛋，也要戳通，看看是否藏有密條之類的在內。那是一段非人所能的歲月，每念及此，總憤怒得肝顫。直到八十年代，抄家者猶有其在位者，坦率地說，碎他的念頭也曾存過，儘管不會付之於行。這時（其實是那時），誰要和我說寬恕，我想，我會輕蔑以鼻。

　　藺相如為什麼寬恕了廉頗？「以先國家之急而後私仇也」。但如果沒有強秦加兵於趙的國家之急，那麼辱的私仇是否還計較呢？我不知道。我所知道的僅僅是，我正在逐步地認同寬恕並試著寬恕。使我發生這種轉變的，就其精神資源而言，它恐怕是來自叫做耶穌的基督文化背景。中國文化中沒有對罪的寬恕傳統，印度文化我不瞭解，包括伊斯蘭文化。那麼，寬恕一說是否僅僅來自於基督文化？在基督語境中，寬恕是一種必然。它首先表現為神對人的寬恕。因為人人都有其原罪，是神寬諒了人類，並派

耶穌下凡拯救。耶穌以被釘十字架作為「贖價」,從而使人類獲得了「救贖」。現在我理不通的是,我們通常所說的寬恕是世俗意義上的,亦即人對人的原諒,而非神對人。莫非原諒者可以代表神?又,既然神都寬恕了我們,我們為什麼不彼此寬恕?抑或,人的原罪都可以寬諒,何況後天的罪?我的解釋帶有懸疑性,這是因為在本體論上,我對基督文化依然是隔膜的。事實上,至今為止,我仍然是個不可救藥的無神論者,我大概永遠也不會弄個真主、基督、佛陀什麼的裝在頭腦裏供著。我頭腦裏存在的是問題,而不是信仰,哪怕這問題永遠無解。但,我要說的是,這並不妨礙我從《聖經》傳統中汲取我所需要的精神支援(非本體論意義上的)。

　　「那時彼得進前來,對耶穌說:『主啊,我弟兄得罪我,我當饒恕他幾次呢?到七次可以嗎?』耶穌說:『我對你說:不是到七次,乃是到七十個七次」(《新約‧馬太福音》)。初讀這「七十個七次」的典故,我並未心動,因為它更像說教,不痛不癢。而說教在中國倫理中並不缺乏,我就是在一種說教的時代氛圍中長大,以致到現在依然反感一切說教,哪怕它是正確的。

　　「釘他十字架!釘他十字架!」使我有所觸動的是耶穌受刑前,他分明受到了虐待:戲弄、蒙眼、辱罵、毆打。最後眾人一齊喊著:「釘他十字架!」可是,當他被眾人送上十字架後,卻說:「父啊,赦免他們!因為他們所做的,他們不曉得」(《新約‧路加福音》)。他們不曉得自己在做什麼,這句話讓我沉吟許久,我一邊試圖想像耶穌說話的神情,那一定充滿悲憫;一邊體驗著它的份量,這份量可是用自己的生命墊底。如果說「七十個七次」不免流於說教,那麼,這番話可算是寬恕的現身說法了(「父啊,赦免他們」,此語可否表徵我上面所說的:人對人的寬恕就是神對人的寬恕?)

　　進一步使我感動的是中世紀有關耶穌的一個流傳，它不見錄於新舊約，僅是傳說。傳說中使徒們再聚天堂，重賀最後的晚餐。有一個位置一直在空著，這時，猶大穿門進來，基督迎了上去，吻了吻他，說：「我們一直在等你」。天吶！驚呼歎自心底，感動無以復加。彷彿猶大什麼都沒做過，僅僅是個遲到者。何等的胸襟！果然如雨果所說：比大地大的是天空，比天空大的是海洋，比海洋大的是胸懷！多希望哪一位畫家重畫一次最後的晚餐，把這動人的畫面定格，題目不妨就叫「基督之吻」。

　　愛是一種倫理學，也是一種道德情感。基督文化中的寬恕，大抵是建立在愛的基礎上。如果不是愛，又何以會說「我們一直在等你」——這語氣多親切。不禁想到前面我所提及的「拒絕理論」。作者在拒絕的姿態中把恨愛因果化了，會恨才會愛，才會寬容。但在基督身上，只有愛沒有恨。其實一旦有恨，也就談不上寬恕了。寬恕與恨無關，正如愛恨亦非因果。當然，不贊成拒絕理論，亦不等於無條件接受寬恕。到目前為止，寬恕，尤其是基督的，雖然深深打動了我，但要我去擁抱當年到我家的抄家者，我還是做不到，也不想做到。因為我不想做聖人。耶穌畢竟道成肉身，而我卻是吃五穀的。況且，純粹在愛的層面談寬恕，尤其這種愛以耶穌為表率，已經昇華為一種崇高的道德情操，它使我感到難以切近。我說過，我不喜歡說教，就像不喜歡說崇高，但凡事情到了道德崇高的份上，想不說教也難。

　　此刻，寬恕離我不近不遠。

　　「曾經有三位前美軍士兵站在華盛頓的越戰紀念碑前，其中一個問道：『你已經寬恕了那些抓你做俘虜的人嗎？』第二個士兵回答：『我永遠不會寬恕他們。』第三個士兵評論說：『這樣，你仍然是一個囚徒！』」

　　這個故事來自諾貝爾和平獎獲得者、南非開普頓前大主教圖圖（Desmond Tutu）的新著《沒有寬恕就沒有未來》，我是從瑞

典Ｍ女士的介紹文章中看到它。這個故事迅即讓我不相干地想到了北宋二程兄弟的那個典故「座中無妓，心中有妓」。顯然，那位士兵不是心中有妓，而是心中有獄。什麼獄？心獄。囚的是誰？自己。自己把自己囚在自己的心獄裏而不能自拔，這實際上是說，不寬恕別人就是不放過自己。這個非神學背景的傳說沒有像耶穌那樣崇高，但最終讓我很自然地擁抱了寬恕。寬恕在我身上開光了！這個人從此有福了！我從這個故事中找到了一種切己感，它不是神學的、也不是道德論的，在沒有任何聖潔光輝的籠罩下，它從生存論上給我以最平常和最樸素的啟迪。耶穌的寬恕一味捨己，我永遠做不到，但那個士兵的寬恕恰恰是捨己的，如果我不去做的話，受傷害的肯定不是別人。事實上，我已經受到了自己的傷害，我不是每念及此就「憤怒得肝顫」嗎？它不是給我的生存帶來了負影響嗎？

　　1936 年是魯迅人生中的最後一年。《且介亭雜文末編》是魯迅生前寫作的最後一本雜文集。〈死〉是這本雜文集中雖不是最後但卻帶有最後意味的一篇（倒數第三篇），它離魯迅的去世也就一個月左右了。這時的魯迅分明聽到了死神的叩門聲，所以以「死」命題，寫下了自己對死的感知，也寫下了自己的遺囑。遺囑之後，緊接著是這樣一段表旌心跡的文字：「此外自然還有，現在忘記了。只還記得在發熱時，又曾想到歐洲人臨死時，往往有一種儀式，是請別人寬恕，自己也寬恕了別人。我的怨敵可謂多矣，倘有新式的人問起我來，怎麼回答呢？我想了一想，決定的是：讓他們怨恨去，我也一個都不寬恕。」人之將死，其言也真。這一段性情文字，尤其最後一句，不僅足見魯迅之為人，甚至是魯迅為自己寫下的墓誌銘。至於它如何為後人包括那種「拒絕理論」視作一種精神人格的座右，這我不管顧，我只想從生存論的角度，看看這種拒不化釋的怨恨和不寬恕對先生造成了多大的傷害。魯迅的怨敵大都是論敵，價值觀的不同導致了他們的衝

突。誰是誰非──比如魯迅與梁實秋關於文學階級性與人性的論爭，今天其實可以再解釋（而真正的解釋則是兩者都有合理性並有缺陷）。問題是，觀點上的是非頂多屬於寬容的層面而非寬恕，為什麼不能寬容和寬恕呢？唯己獨對？就這麼自信？但又何以見得真理永遠在握？至於「同一陣營放來的冷箭」的確令人齒冷，但不可寬恕的前提是罪惡累累，先生的怨敵果真一至於此？道不同而已。先生是否放大了自己的憤怒？這的確也是一種精神人格，但這種心理給魯迅的生存帶來了揮之不去的陰影，先生「一個都不寬恕」，這「一個」首先就是他自己。請看魯迅去世後他母親的告白，所謂知子莫若母：「大先生所以死得這麼早，都是因為太勞苦，又好生氣。他罵人雖然罵得很厲害，但是都是人家去惹他的。他在未寫罵人的文章以前，自己已氣得死去活來。」

　　人能禁得起多少次死去活來的折磨呢？

　　先生殤矣！吾亦傷矣！

　　「威森塔爾問題」終於在生存論的層面上讓我對它作出了回答。寬恕，還是不，我選擇是。在那樣一個語境中，面對一個無助而又瀕死的人，哪怕他生前有過罪惡，只要他現在由衷地懺悔。拒絕一個懺悔者的懺悔，有似於讓一個犯罪的人再去犯罪。而罪惡的存在，卻傷害我們每一個人的生存。

　　我無緣讀到圖圖的《沒有寬恕就沒有未來》，這個題目就是立足生存來談寬恕的。從M女士的文字介紹中，我得知種族隔離制度取消後的南非成立了一個叫作「真相與和解委員會」的組織，圖圖出任這個委員會的主席。該組織的工作就是揭露前南非種族隔離時期的種種迫害和罪惡，它把一個個犯罪者的犯罪行為公之於眾，但不是為了繩之以法，而是在犯罪者真誠懺悔的前提下，從法律上予以赦免，目的是為了達至黑白種族之間的和解。南非種族制度統治下的白人之於黑人，有類於當年的德國人之於

猶太人，前者之所犯乃是一種叫作「反人類」的罪行。反人類的
行為不是魯迅怨敵那種「不良」的道德過失和人格缺陷，而是地
地道道的罪，且令人髮指。二戰結束後，猶太人本著「以眼還
眼，以牙還牙」的猶太教義，為一個罪犯不惜窮追五十年，直到
送上法庭為止。西蒙・威森塔爾參加的「追查戰犯委員會」和他
組織的「猶太歷史文獻中心」所作的不就是這份工作嗎？但南非
人是否可以簡單地效仿猶太人？圖圖說，「如果使用紐倫堡模
式，那麼，治癒南非民族的創傷將成為不可能。因為，如果那些
被確認為失敗者的白人都被審判懲罰，讓他們參與南非的重建就
會非常困難。那些決定紐倫堡審判的同盟國成員，在審判完畢後
收拾行李回家走人就是了，而南非人──無論白人還是黑人，都
必須在一個國家共同生活下去」。怎麼辦？以非紐倫堡的方式尋
求和解──白人與黑人、壓迫者與被壓迫的和解。但這需要作為
受壓迫一方的黑人能夠接受犯罪白人的真誠的懺悔（當然，「赦
免不是無條件的，首先是犯罪者自己必須申請特殊的赦免，再由
一個獨立的專家小組按照他們嚴格的尺度，決定是否批准某人的
赦免申請」）。這個工作的難度顯而易見，它因此成為「真相與
和解委員會」的工作重心，而在圖圖大主教的主持下，委員會的
工作成效也是顯而易見的。

　　圖圖的言動無疑是對我回答「威森塔爾問題」的一種肯定性
支持。南非黑人對肆虐過他們的白人的寬恕，和威森塔爾（如
果）對那個黨衛隊員的寬恕，庶幾一個性質。

　　但……

　　當我再往下讀時，我便不這麼看了。那些神學家、政治領
袖、道德領袖和知識份子作家對「威森塔爾問題」的回應讓我感
到這個問題的複雜。「威森塔爾問題」並不僅僅是個寬恕的問
題，至少它還牽涉到寬恕的主體。也就是說，姑且不考慮那個黨
衛隊員是否應該得到寬恕，威森塔爾有寬恕他的權利或資格嗎？

寬恕與第三者無關，它只能發生在害與被害之間。我可以寬恕抄過我家的人，可是別人沒有這份權利。威森塔爾不是這個黨衛隊員的直接受害，因此，不存在他是否寬恕的問題；並且他也沒有得到那些受害人的委託，這樣，他又缺乏寬恕的資格。設若他擅自替代那些死在大火中和子彈下的猶太人表示寬恕，而那些猶太人偏偏又沒有打算這樣，那麼他就已經侵權了。

　　這的確是個問題，我甚至有理由把這問題延伸到圖圖負責的「真相與和解委員會」。那些受到白人迫害的黑人是有權利不接受對方的懺悔並把他們送上法庭的，非寬恕意義上的「以直報怨」不是沒有它的價值，至少它符合「等利害交換」的社會公正原則。罪，可以贖，也可以罰。罪與贖關乎道德（宗教），罪與罰則取決法律。是法律了斷、還是道德解決，這應當由受害本人決定，這是他（她）的權利。然而現在的情況是，圖圖的工作代替了受害者的決定，委員會替他（她）決定了。儘管可以承認寬恕對於南非前途的重要性，它不僅具有相當的政治意義，同時也是一種相當有效的政治策略。可是，當寬恕在政治需要的層面上被貫徹時，這豈不意味著政治的需要高於權利的需要？不妨作這樣的假設：假如一個白人將一個黑人虐待致殘，現在這名黑人不願意寬恕，但委員會卻根據白人的懺悔而赦免了他。那麼，這位黑人的正當權利是否遭到了剝奪？其實，在我看來，委員會的工作只能是籲請寬恕，但它同時又把寬恕變成了法律意義上的赦免權力，問題是，所有的刑事赦免都經過了具體受害的同意？如果沒有，「真相與和解委員會」的寬恕權力是不是傷害了黑人們不寬恕的權利？果如，這樣的寬恕是不是背離了寬恕本來的意義而成為寬恕的異化？

　　問題還可以繼續。在對「威森塔爾問題」說不的回答中，赫伯特‧馬爾庫塞認為：「這樣地寬恕犯罪正是犯下了這種寬恕本身想減輕的罪惡。」未必沒有道理。如果說道德過失和人格缺陷

之類的行為可以寬恕，那麼，反人類罪，特別是那種有預謀的、喪心病狂的，也可以寬恕嗎？極其言，希特勒如果懺悔，是否也要寬恕？寬恕果然能夠解決犯罪，一本《聖經》就夠了，何必要法？更何況，寬恕是在罪惡之後，而我正被罪惡包圍。當我面對世界上種種侵犯人權的劣行，它甚至發生在自己的最近，這時談寬恕，是否有點奢侈？

的確，有些罪不能寬恕。像以國家名義和政權形式出現的反人類罪、反人性罪，如希特勒的種族滅絕、米洛舍維奇（包括卡拉季奇）的種族清洗、連同波爾布特的紅色屠戮、智利前總統皮諾切特導致的人口失蹤、韓國前總統全斗煥、盧泰愚的光州事件乃至類似的統治者對本國民眾的大開殺戒……，這樣的罪行因其對人類乃至人類文明的毀滅性傷害，必須得到最嚴厲的指控和懲罰，絕不能以寬恕的名義赦免。人性中是有惡存在，但希特勒等已經不是一般的惡，而是惡魔的化身。寬恕惡魔，本身就是縱容之罪。在這個意義上，我非常認同七十年代以來國際上興起的一種叫作「非免責」（End of Impunity）的新人權運動。非免責就是不豁免人權侵犯者和迫害者的法律責任，它源自當年南美國家的極權受害者，其主要工作是調查極權統治時期統治者迫害民眾的個案並刑求參與者的法律罪責（對皮諾切特的司法控告即此性質）。這項工作儘管是滯後性的，但它畢竟是在追索遲到的正義，並且對當下的罪惡也可能形成一定的遏制，它使人權犯罪者有所戒懼——秋後可以算帳。

寬恕是一種價值，但不是唯一的價值。耶穌可以寬恕出賣他的猶大，但沒有權利寬恕沒有危害他但卻危害了人類的希特勒。因此，寬恕與否，還有一個「群己權界」的問題。害己而寬恕，屬於私域，權在個我。而害群者，尤其是反人類性質的，我不但無權寬恕（因為這個問題已經屬於公共領域），相反，參與追究，反而是在承擔公共的正義。這裏，我再一次感到自己無法靠

近耶穌，他把寬恕本體論化了。就像不能像魯迅那樣拒絕寬恕，同樣也不能像耶穌一概寬恕。

那麼，「威森塔爾問題」呢？現在它的難度是，威森塔爾面對的恰恰是一個反人類的犯罪者，所不同在於，他不是一個策劃者、組織者，而僅僅是一個被動的執行者（和主動執行又有區別），但畢竟是執行了（他本可以抬高槍口），想想他舉槍點射的情景吧！再想想那些猶太人如何倒在血泊中。那麼，能寬恕嗎？儘管他的懺悔是真誠的，並且奄奄一息。當時，威森塔爾不自覺地選擇了沉默，他只能沉默。但沉默有兩解，可以是默許，也可以是拒絕。考其情景，兩種成份在威森塔爾心中是交織的，恐怕當時也沒有比這更合適的選擇了。然而，事後，當威森塔爾反覆訴諸自己的理智時，他仍然難以走出當時「默許／拒絕」的兩難。因為，每一種選擇都有一定的合理性和它的不合理性。當然，像這種模棱兩可的選擇，更是一種價值上的含混。

本來我希望在這篇文章中能夠對「威森塔爾問題」作出我自己的回應，但現在看來還不行。文章就要結束了，但我卻說服不了自己，無論從哪方面。而如果不能對自己的選擇作出所以然的解釋，簡單的回答則又沒有意義。因此，寬恕，還是不，這個類似「哈姆雷特問題」的問題，恐怕依然要問題下去了。既然「哈姆雷特問題」已經世襲了幾個世紀，那麼，「威森塔爾問題」又豈會讓我因一篇文章而遽解。這裏我並不是為自己開脫，而是要作出選擇。現在，我的選擇是：

在這篇文章中，放棄對這個問題的回答，正如這篇文章後，不放棄對這個問題的（再）思考，哪怕它是真正的無解。

「普通的法西斯」

　　果如不知其背景，這樣一幅照片擺在眼前，我想，你未必會，不，你無論如何都不會把他們與「戰犯」聯繫起來。這三人典型的亞洲人形象，普通的和我們沒什麼區別。其中兩人穿著類似我們中山裝的軍服，扣子一直齊整地扣到脖頸，軍風不改。另一則是散打西裝，領帶繫著卻放在裏面，只露個領結出來。他們在幹啥？莫不是什麼代表？三人右襟上別著的名條很容易給人誤導。但不對，你看，後面分明還有軍警的影子，並且照片的氛圍也那麼滯重。當然，滯重的首先是他們的神色，還有他們的姿態。三人一律叉手於前，噤不作聲。所不同者，左首這個似乎抿嘴在思忖什麼，莫不是想為自己辯解？右首那個頭稍側，臉上多少有種漠然聽任的神情。使我訝異的是中間這個，這廝似乎在用力，或者有一種氣在頂著他，要不，那眼神怎敢給我一種弘毅之感？

　　悚懼於自己的感覺，我畢竟知道照片的背景；但不想掩飾這種感覺，它畢竟出自本真。這三個戰犯——我依然揮之不去那普通人的印象——其實罪大惡極，但由於他們沒戴像瓜皮帽卻多了半圈帽簷的日本軍帽，又沒蓄那業已成為日本符號的小三角鬍，因此，照片本身並不使我產生心理上的拒斥，拒斥的則是他們三個人。這三人既是戰犯，又是死囚，中日戰爭中，他們殺人無算，且以為賽。此刻，他們剛從日本押解到中國，或許正在接收庭審。這時，如果我把庭審的照片同另一張對比，你也許沒想到這兩人正是那三人中的兩個。一身戎裝立於一片廢墟之上，這廢

墟正是他們在中國南京造下的皇皇業績。兩人叉腿而立，有殺氣
騰然其間。引人注目地是，他們每人都拄著一把戰刀。別看這刀
並未出鞘，但它剛剛在南京大屠殺中切過兩百多中國人的身體。
一個一百零五，一個一百零六。並且兩刀相約，看誰先殺到一百
五十。兩個一百五是三百，這個數字卻由另一個人獨自完成了，
而且超額。他就是第一張照片上的右立者。這個戰犯也是用刀、
用一把號稱「助鑾寶刀」的刀，先後斬殺中國平民三百多人。血
流成河的數字啊！如果按照「等利害交換」的公正原則，就是把
他們殺五百次也不為過。然而「幸運」的是，他們每人最終只吃
了一粒槍子。

　　這兩張照片在我腦海裏「蒙太奇」了許久，我甚至還自行剪
接了一張我壓根就沒見過的戰前他們作為平民的照片。我想，這
照片如有也一定普通而又平常。那麼，到底是什麼使這些普通而
又平常的人變成了嗜血如魔的殺人狂？我確乎不太能夠把眼前的
兩張照片疊印在一起。不獨是我，姜文所以拍《鬼子來了》，也
是導自他自己的困惑。他說當年在中戲上學，班上來了一撥兒日
本留學生，年齡彷彿，關係也好，走的時候依依惜別，甚至有和
班上同學談戀愛的。當時姜文就奇怪：他們和我小時看的電影中
的日本鬼子說的都是一樣的話，怎麼態度和人的精神面貌卻和他
們那麼不一樣？不就差一代人嗎？這二者形象在姜文那裏也疊不
到一起。不過，姜文後來明白了，這是日本人的兩面性，他們其
實就是一回事，只不過在不同環境下表現形式不同而已。意識到
這一點，姜文感到毛骨悚然：一個溫文爾雅的日本人很容易變成
一個我們印象中的日本兵。進一步說，當年在中國談笑甚歡的日
本留學生朋友，遇到特定的歷史環境一瞬間就會變成大屠殺的劊
子手。姜文的問題解決了，我的問題卻沒有，或者說，我的問題
正是從姜文的終結處開始。為什麼日本人具有這令人不可思議的

兩面性？一個溫文爾雅的人為什麼沒有一點心理障礙就變成了大屠殺的劊子手？

眼睛再一次落在照片上，心裏卻在尋思答案。雖然照片什麼也不會說，但卻能告訴人很多。此刻，這三人的眼神分明告訴我，你那問題只是中國人的問題，不是我們日本人的。說我們是劊子手，是中國人的看法，但在日本人眼中，你能想像我們還是劊子手嗎？這個意念不禁使我暗生驚憤。我並非不知道，一件事從不同的立場去看，可能會有不同的結論。但殺人這事居然也是這樣嗎？世上還有沒有公道可言？公道當然是有的，而且還就在我這一方，因為我是被侵略。上個世紀中日之間侵略與被侵略的戰爭是中日關係史上的百年巨「癢」，可是直到今天，就我被侵略方而言，僅從侵略本身譴責日本，我以為並未觸到問題的癢點。癢點在哪裡呢？如果不妨從日本的角度、亦即站在對方的立場，此所謂「不入虎穴，焉得虎子」，或許更能看到問題的癥結。

於是，突然就想作一個試驗。我找來一篇文章，讓女兒看了其中提到的一本書名《再見吧，我是祖國的山櫻》。這樣的書名，或者說這樣的內容和句式她是非常熟悉。我不知道她是否把它當作我們自己的書了，但她分明說，不是這個山櫻，應該是……，她做了個鷹飛的動作。這非常符合我的預期，我便告訴她，這不是我們的書，而是日本的。她聽了有點驚訝。接著，我又指出文章中的一段話讓她看，這段話是一份遺書，寫者是當年的一位日本大學生，作為「第一神風特攻隊大和隊」隊員，他馬上就要登機作戰。因此，在這份遺書中他這樣給女兒寫道「『素子』這個名字是爸爸給你取的，爸爸希望你成為一個素樸善良、富有同情心的人」，「等你長大了，想念爸爸的時候，就到靖國神社來吧！你在心裏默念爸爸，爸爸就會出現在你的心頭」。遺書寫完了，人也戰死了，年僅二十有五。二十年後，那長大了的

素子果然來到靖國神社，在〈櫻變奏曲〉的音樂中為亡父翩翩起舞。看完這一段，我問女兒，這像一個侵略者寫的嗎？女兒搖搖頭，說「不，像烈士」。女兒的話讓我笑出聲來。她說的沒錯，的確是「烈士」，但不是我們的烈士，而是日本人心目中的烈士。從我方來講，這個大學生不過是日本發動侵略戰爭的「犧牲品」，令人可歎。但從日本人來看，這個大學生「學徒出陣」固然是「犧牲」，但絕不是什麼「品」。他不是為祖國而戰嗎？他不是為祖國獻身嗎？這個大學生儘管沒有踏上中國大陸，但可以想見，具有勇頑戰鬥精神的他，在中國領土上將會如何作戰。這樣我就不難明白照片上那三個戰犯的行徑了，他們其實和這個大學生具有同樣的精神脈象。當我們說「殺人」時，他們認為是「殺敵」，既為敵，又何患其多。可怕的是，不僅他們這樣認為，當時日本國內的傳媒也這樣認為，報紙上不是把他們在南京的行為讚之為「勇壯」嗎。

　　我，作為中國人，尤其作為人，極度憎惡於戰爭中的濫殺。就當年南京屠城而言，我對日軍的憎惡首先在於他們殺的是人、活生生的人，而不僅因為被殺的是中國人和南京人，儘管我正好也是中國人和南京人。這種憎惡與其出自強烈的民族情感，毋寧出自更強烈的人類情感，因為那些屠夫們在南京犯下的不是民族罪，而是「反人類罪」。濫殺作為反人類的行為，不僅使被殺者喪生，同時也使殺人者由人性向獸性墮落。我固執地認為，一個人，殺了上百倍於己的人，哪怕殺的是真正的敵人，他自己也很難稱其為人了，至少他的人性已經受了傷。可是，面對上述反人類的惡行，日方傳媒卻從民族自利的角度大肆宣揚其「勇壯」，民間也把他們視為英雄和烈士，並在靖國神社祭奠他們。這，意味著什麼？只能意味這些人作為一個群體，並且是數量不小的群體都潛在地具備了向殺人犯轉化的可能，儘管他們平時是一群普通的人。我想，正是這一點，方使上述的姜文感到「毛骨悚

然」。但如果把其中的捩轉僅僅解釋為環境的變化，亦即戰爭爆發，則似乎並未破題。戰爭固惡，我可以一千次地詛咒：「戰爭是一切恐怖中的恐怖，一切罪行中最嚴重的一項」（雪萊）。但，戰爭並非自因。那麼，策動戰爭的是什麼呢？就日本而言，我方往往追索到「軍國主義」，這，依然不是問題的終結。國家為什麼軍事化？為什麼軍事成為這個民族最重要的政治？其實軍國，問題的癥結不在「軍」而在「國」。就日本這個單一民族而言，國家即民族，民族即國家。因此，軍國也好，戰爭也罷，背後的根子一直通到連我們自己也素以為褒的「民族主義」。

或者叫作民族主義的「另一面」吧！我不想在此招惹是非。偏激一點說，我個人反感於任何意義上的民族主義，儘管如此，但這裏我只敢說民族主義的另一面。我女兒為什麼聽到《再見吧，我是祖國的山櫻》這個名字略感吃驚？在她眼裏，日本作為一個侵略者，本身就是窮兇極惡的化身，怎麼會有這麼動人情感的表達？這不是我們的語言嗎？她居然不相信日本也會有。至於這是不是我們的語言我不想說，我想說的是這種語言和當年那些年輕的日本學生兵在海外「英勇」作戰的內在關係。這關係也不用我饒舌，它們的因果性是如此自明。只是，「英勇」是站在日本人的立場而言，果如我站在中國人的立場，這英勇就是殘忍，就是佔我領土，就是殺我同胞。不過，到底是英勇還是殘忍、是褒義還是貶義倒在其次，它首先就是一回事，出自不同眼光、得出不同結論的一回事，因此，重要的是指出這一回事之後或通向這褒貶兩義之後的那個東西。那個東西，我的解釋依然是也只能是民族主義。也正是在這一點上，我女兒最後才有所謂「像烈士」之說。這倒不是她一腳滑到日本立場上去了，這判斷對她來講毋寧是中性的，它只是出自一種抽象民族主義立場的必然回答，儘管這一點我女兒並不自知。從小就接受民族主義和愛國主義教育的她，面對那段「感人肺腑」的語言，如果沒有正面的認

同，反而證明了我們在教育上的失敗。我們的教育當然是成功的，不信，果如把這遺言給其他人看，特別是在抽去有關背景的情況下，認同肯定百分之百。說實話，就是在知道背景的情況下，我讀這段話時，還是難以自禁地為之動容。依然是那篇文章，緊接著寫到了一位來自莫斯科的雜誌編輯在遊覽靖國神社時讀到這些東西的感受。她說，日本「青年學生面對死亡的表情豪邁坦蕩」，使她「理解了什麼是大和魂」，她「又一次深刻認識到擁有那種表情神聖的青年人的日本民族是一個具有強大精神力量的民族」。剛剛還在動容的我，表情還沒來得及變，心中頓時一凜。我完全明白，那些表情神聖的年輕人在為他們的民族進行「聖戰」時會有什麼樣的表現。

這表現何須等到戰時，不妨就看看平時發生在靖國神社的一幕吧：「淒厲的軍號聲傳來，循聲望去，老兵的遊行已經開始。光芒四射的海軍軍旗，指揮刀，三八槍，潔白的軍服。兵雖老但佇列依然整齊、步履依然有力。在照相機的唭唭聲中和攝影師的鏡頭前，他們精神抖擻。老兵佇列過去，又一波員警，又一波衣袖上縫著太陽旗標誌的現役自衛隊隊員。在正殿前扔硬幣、合掌、鞠躬的日本平民，絡繹不絕……」這樣一個場面不僅是文字的，今年「八‧一五」前後，我有幸在電視的新聞裏目睹了這段文字的畫面。這畫面是「大和魂」不死的象徵，它表明過去的一切完全可以在今天重演，只要出於民族主義的理由和需要。因此，這畫面讓我有理由感到不安。當年巴枯寧有這樣一句話：「歷史唯一的用處是警戒人不要再那樣了」，可是周作人卻反其道而用，偏偏說「歷史唯一的用處是告訴人又要這樣了」。周作人當年因與日本有染而為世所詬，他的話莫非就是針對今日日本而言。所謂殷鑒不遠，可靖國神社在 90 年代所發生的這一幕肯定不是在「警戒人不要再那麼樣了」，它的含義毋寧是周作人的。我當然不是說日本馬上又要發動侵略戰爭，但只要靖國神社依然

作為一種象徵——即以軍國主義為表、民族主義為裏的象徵，那麼，來自大和民族以戰爭實現其民族擴張的危險就不會消失。千萬不要低估靖國神社在凝聚日本民族精神方面的能量，沒有這個神社，日本肯定將是另外一個樣子。當年，作為佔領軍的美國人試圖燒毀神社而未果，這到今天都讓一些右翼知識份子懼怕，他們譴責美國人給日本人的精神生活帶來了災難性的影響，並將這種行為比之二戰時納粹對猶太人的施暴（如此不倫不類）。其實，哪怕僅僅是為日本人計，這神社恐怕還是一把火燒了好，他們那種民族擴張的激情——靖國神社正是這種激情的凝聚地——真的需要大幅降溫。

　　《普通的法西斯》是 1965 年由蘇聯導演羅姆拍攝的一部紀錄片，這個羅姆執導過我們都非常熟悉的《列寧在十月》和《列寧在一九一八》。這兩部片子屬於賦頌性質，雖然著名而我今天不可能對它感興趣，感興趣的恰恰是我只在文章中聽說過卻無緣看過的《普通的法西斯》。作為一部反思片，它灌注了羅姆對二戰法西斯現象的思考，思考的焦點在於：普通的人如何會變成「普通的法西斯」。應該說從這樣一個角度切入納粹運動是別具隻眼的，納粹作為一種現象，眼光絕不能僅僅盯在希特勒、戈倍爾這些上層精英，將視線下沉，關注納粹所以形成的廣泛的社會基礎（當然更關注上下兩者關係的互動），事實上更有意義。據說影片用翔實的資料勾勒了納粹運動的全過程，從集會到遊行到焚書到戰爭……，該發生的都理所當然地發生了，然而這一切究竟為的是什麼呢？「爭取德國人的生存空間」。這是一個不折不扣的民族主義訴求，而「納粹」的本義恰恰就是「民族社會主義」或「國家社會主義」。當然，納粹的民族主義更有其野蠻的種族色彩，他們自視日爾曼民族為世上最優秀的民族，而視猶太人為劣等，所以才會有血腥的「種族清洗」和「最終解決」。然而，我要問的是，猶太平民死了那麼多，包括其他國家的平民死了那麼

多，又有哪一個是希特勒親手殺的呢？殺人者不是別人，正是作為平民的普通人。這些普通的人轉眼就變成了「普通的法西斯」，戰爭固然是一個必要的外緣，但，真正的原因，包括戰爭發生的原因到底又是什麼呢？

　　我並非把一切罪禍都往民族主義身上推，我並非不知道一個事件的發生其原因往往是複雜的，比如二戰；但我必須試圖指出其中我所認為的主要原因。二戰本身，我認為主要地就是「民族社會主義」擴張的結果。「爭取德國人的生存空間」，應該說是有較深遠的歷史背景的。作為西歐後發展國家，英法現代化，對德意志人是個刺激，後來拿破崙揮師入侵，對德意志也是個刺激，當英法瓜分完海外殖民地時，遲到的德意志人憤怒地說，「你們留給德國的只是天空」，這更是個刺激。這一切，都激長了德意志人的民族主義情緒，所以也才有了「生存空間」之說。而一戰的失敗，尤是一種反面刺激。這些刺激都起到了民族主義總動員的作用。因此，希特勒駕輕就熟地調動起這一廣泛的政治資源（不過他本人就是一個狂熱的民族主義者，應該說一拍即合吧），最後才有了災難性的民族主義大爆發。

　　日本呢，情況差不多，「生存空間」的欲望比之德國甚至更強烈。除了感受到來自西方殖民擴張的壓力，還有本土純粹自然環境的問題。一個蕞爾島國，不僅能源緊缺，而且還頻頻伴以毀滅性的地震、海嘯、火山爆發等災難。這是否也是民族主義的一個誘因？我不敢確定。但，這個民族熱衷於以小稱大，已然現出民族擴張的症候。不過只是四個小島，卻偏偏要稱「大日本」，甚至還要擴張成一個「大東亞」（就像明明只是英倫三島的"Britain"，也要叫「大不列顛」一樣）。一個民族，無論大小，如果動輒稱「大」，哪怕是真正的大，比如大俄羅斯、大中華，都會讓人警惕。而以小稱大，則更會讓人警惕。道理很明顯，地球空間就那麼大，你一大，人就得小。

　　是否再來瞧瞧另一張照片？那仨戰犯被押到刑場後，臨刑前，要求再吸最後一支煙，他們的要求得到了滿足，於是我就看到了這張照片上的噴雲吐霧。讓他們好好地吸吧！生命也就一支煙長了，想著啥呢？從一個普通的人到殺人犯到死囚，生命結束之際，依然一無所悟？看樣是的。也許是本能的「一晌貪歡」，神情中，對生命的貪戀，全都表現在這煙上了，罔顧其他。然而，這煙如同嗎啡，竟然讓他們興奮起來。這是他們臨死的一瞬，仨戰犯一齊高呼口號，照片上兩個戰犯被銬的雙手高高舉過頭頂，另一個節奏慢了一拍，正在舉的途中，這時，槍響了……死到臨頭都不知道舔一下自己生命的傷口，卻狂呼什麼口號，毫不客氣地說，對這樣的人，我反感至極。一個連自己生命都不憐憫的人，你很難想像他會憐憫別人的生命。然而，近世日本人的民族主義恰恰就集中在「尚武」和「勇死」這兩點上。當年梁啟超在日本街頭親眼目睹新兵入伍的盛況，那是一種偉大的光榮，在歡送者的橫幅中赫然還有「祈戰死」的標語。不僅如此，當時日本報章所登載的從軍詩居然都是祝其「勿生還」。在那樣一種被煽動起來的精神氛圍裏，恐怕流行的是這八個字「生的渺小，死的光榮」。不信你看《東史郎日記》，那位老東史郎寫他當年臨來中國大陸參戰時，他母親什麼都沒送，只送了把刻有文字的匕首，幹什麼？讓他自殺，還說「這是一次千金難買的出征，你就高高興興地去吧。如果不幸被中國兵抓住的話，你就剖腹自殺。因為我有三個兒子，死你一個沒關係。」死你一個沒關係？世上居然有這樣的母親，如此深明大義？當然也有同樣深明大義的兒子，東史郎聽了他母親的話「覺得母親特別偉大。沒有比這時更知道母親的偉大了。於是，我在心裏堅定地發誓：要欣然赴死。」不難想見的是，這些連死都不懼且以死為榮的人將是多麼不憚於他們活著時的所作所為。因此，就不難理解那仨戰犯為什

麼在中國玩命地殺人。受了那種精神氣候的浸染，尤其又是處在戰爭狀態，一個普通的人變成「普通的法西斯」，理固其然。

　　人天然屬於某一民族，因而具有一定的民族認同，這是很自然的，但民族主義情緒卻不是自然的，而是人為地製造出來的。製造者給民族主義鑲了不少美麗的花邊，誘得多少人為之生死，還以為崇高、以為壯烈。錯了，民族主義既不偉大，也不崇高，它的核心只有兩個字「利益」。把利益捧到那麼高的位置，乃是出於某些人的別有用心。果如按美國那個安德森教授的說法，民族不過是一種想像出來的社區。對於這個民族的大多數普通成員來說，他們從來就沒認識過屬於這個民族的那麼多人，甚至連聽說也沒有。他們所以在心目中卻有一個共同體的印象，完全是想像的結果。說實話，我對安德森的高論目前還缺乏一定的體貼與同情，他也許說的是歐美現代民族的形成吧！按我既往看法，民族這概念與血緣有關，它是一個有著一定的血緣關係和語言關係的地域共同體。就這個共同體而言，如果安氏「想像」的概念是有效的話，那麼我以為是關於「利益」的想像，即這個民族的成員把所謂民族利益想像為一種共同的福祉。但這種想像是虛幻的，一個民族內部存在著千差萬別的等級和事實上的不平等，民族利益對這些不同的等級而言，存在著不同的差別，然對那些承受著極不平等的底層民眾來說，基本上就沒什麼份量，儘管他們（包括年輕的學生）最容易被民族主義所煽動。因此，需要指出，哪怕就是關於利益的想像也是被製造出來的，製造者往往是可以從中獲益的權貴集團、謀求更大權力範圍或試圖轉嫁國內危機的政治家，以及製造民族主義神話用以與利益兌換同時也謀取其話語權力的知識精英。

　　進而言，民族主義不僅是上述的利益主義，並且更是一種「集體自私主義」。在民族主義語境中，「私」是一個否定的概念，它要求每一個人把自己無條件地獻身給他所在的民族群體。

90 年代後半期的日本，以軍國主義方式出現的民族主義又開始喧囂，它向國民強調超越「我」的「公」，並用漫畫形式重塑當年日本兵的形象，問「日本人是去參戰，還是逃避戰爭？」參戰意味著獻身，而且還義不容辭。那麼這是什麼「義」呢？不過是一種放大的私利。「群體比個人更自私」（何懷宏語），作為個體的人總是被要求成為一個道德的人和無私的人，教化的結果是個人的行為在一些問題上的確能把他人的利益或群體的利益置於自己之上，甚至為此犧牲生命。但弔詭的是，這樣無私的要求卻無法上行到任何一個群體，小到一個村落，大到一個民族，它都不可能像它對個人所要求的那樣來反求諸己。民族群體只有利害的衡量，沒有克制自己利益衝動的道德理性。個人尚可用道德來束約自己，民族主義則只服從利益至上的原則。它的非道德性使它不願理會和自己相同的其他民族在利益上的需要，往往不自覺地把自己的利益凌駕於其他民族群體之上。不妨看看阿、以兩大民族幾十年來在土地問題上糾纏不清的衝突吧！這衝突果如是在私人之間，解決的難度也不會有這麼大。因此，民族作為一個單位遠遠地比個人更不道德也更自私——集體的自私。這也正是美國學者尼布林在這本名為《道德的人和不道德的社會》的書中揭示出來的有關人類社會存在的一條定律。民族主義作為一種更自私的集體話語，卻要求該集體中的個人為之奉獻，並且是以「公」的名義；然而，這個「公」不過是大私之別名；何況即使大私，如上述，落實到民族個體的頭上亦極不均等。這就苦了那些為公所惑草民們，比如那仁戰犯、那大學生、包括東史郎的母親，他們自以為無私，卻是以無私奉有私。並且，「普通的法西斯」在作惡時通常沒什麼罪惡感，這部分地也緣於他們認為自己無私。

我最近在網上讀到一篇談民族主義和日本的文章，覺得很好，不敢私吞，願以共用。該文針對的是一些網站最近所表現出來的強烈的民族主義傾向，認為「當前民族主義的焦點之一：對

日本侵華戰爭的清算與聲討」根本無濟於事。「強悍與征服是民族主義（起碼是至今為止的民族主義）的顯著特徵，是支撐民族榮譽感的重要組成部分」。「隨著歷史模糊、湮滅，一段殺戮、血腥的歷史留給日本下幾代人民的將只有曾經的輝煌和征服欲的高度滿足」。作者讓我們作一下「換位」思考，讓我們思考一下我們對成吉思汗的態度。「很多中國人都認為元朝時中國的版圖是最大的，當代的許多中國人以此而自豪，甚至在幾乎所有關於成吉思汗及其子孫的霸業的中文敘述裏，我們從來看不到『侵略』」，後人反而把作為侵略者的成吉思汗視為「一代天驕」和民族英雄。那麼這個英雄的所作所為是什麼？歷史的記載是：「蒙古軍隊攻下花喇子模舊都玉龍赤傑，一次就屠殺一百二十萬人；拔都西征攻入莫斯科城，每殺一人割一耳，共割了二十七萬隻人耳；蒙古國第三次西征，大食國國都開城投降，蒙軍屠城七天，將全城八十萬人殺個精光。」當年日軍在南京屠城號稱三十萬，可是我們的先祖（生前不是，死後才是）殺人卻遠甚於後者殺我。如果我不能對成吉思汗的西征作出道義上的譴責，又憑什麼要求日本人在侵華問題上有真正的悔悟？因此，作者十分不贊成一些網友站在狹隘的民族主義立場，一味打、砍、殺，或把日本人罵為豬狗。他指出，如果「真希望日本人對此悔改，罵人是沒用的，而應該大家一起揚棄這種民族主義觀點，嘗試溝通與融合」。這樣一篇文字，我對它的讚語是———清明的理性。

　　清明就清明在對民族主義的「揚棄」上，而且是倡導中日雙方。然而在全球民族主義情緒激長的當下，這一點不但事實上很難做到，而且還會被視為迂闊和無濟於事。1960 年代，美國參院外交委員會公布一個研究報告〈意識形態與外交事務〉，分析當時世界格局中存在著三種基本的意識形態，一是共產主義、一是立憲民主、一是民族主義。前兩者一以前蘇聯為首，一以美國為代表，人們把這兩者之間的衝突稱之為「冷戰」。三十年後，冷

戰結束了，可是世界並未獲得安寧。民族主義作為僅存的意識形態不但未隨前兩者衰落而衰落，反而乘虛而入，挑起了各種各樣的「熱戰」。環視當今世界，層出不窮的國家衝突和地區衝突無不因民族主義而起。前南斯拉夫的波黑、剛剛過去的科索沃、硝煙還未散盡的車臣、歷時半個世紀之久的阿以、同樣是經久未能解決的庫爾德和土爾其、非洲的胡圖與納西、英倫三島的北愛爾蘭、南亞的印巴、包括我們自己的西北和西南邊境……，所有這些衝突，無不是民族主義性質的。它給地球帶來的戰爭動亂，已經超過了冷戰時期。亨廷頓斷言冷戰後世界最危險的衝突將發生在不同文明之間，然不同文明總是附著在不同民族或種族的機體上，因此，從這十來年的實際情況看，目前世界上最危險的威脅就是民族主義紛爭，它已經破格為當今世界戰爭之源。當民族主義訴諸戰爭的方式時，一個人從普通的平民到「普通的法西斯」，這種可能性也許只是一轉身。歷史既然昭明了這一點，那麼今天，我唯一能做的似乎就是祈禱，祈禱它（歷史）給人們的啟示是巴枯寧意義上的，而不是周作人的，後者太令我感到可怕。

注：本文所涉及的文章見《讀書》1999 年 11 期〈靖國神社與日本人〉，四
　　福照片見《你沒有見過的歷史照片》（上）山東畫報出版社 1998 年版
　　圖一 P6-7，圖二 P4-5，圖三 P12-13，圖四 P16-17。

民族英雄武大郎

　　這個滑稽的題目連我自己都感到吃驚，他那侏儒般的身形似乎怎麼也和民族英雄靠不上。但，沒辦法，形勢比人強，武大的形象從古到今還硬是發生了一次喜劇性的變化。信不信由你。

　　那麼，武大原來的形象是什麼？如果翻開《水滸》，那武大的問世當是在第二十四回，喚作「王婆貪賄說風情，鄆哥不忿鬧茶肆」。情節不說誰都知，但他出場的形象可能不便記得了。不妨提提。當武松下得景陽岡，因殺虎做了個陽谷縣的步兵都頭，這一日正在街上閒逛，忽然聽得有人叫他，回頭一看，俯身便拜。這人是誰，正是他哥。兩人少不得一番寒暄，爾後，施耐庵忙裏偷閒給我們描繪了武大的尊容，用的是對比，先說武松，「身長八尺，一貌堂堂，渾身上下有千百斤力氣」。武大呢，「身不滿五尺，面目生得猙獰，頭腦可笑，清河縣人見他生得短矮，起他一個諢名，叫做『三寸丁谷樹皮』。」我想，三寸是身高，谷樹皮便肌膚得了。這樣的形象從《水滸》到《金瓶梅》，幾百年來就在我們頭腦裏生了根、定了格，想變也難。

　　但世事難料，往往說變就變，這變當然也是在文字裏。不過這文字既不在書上，又不在報紙上，也不在雜誌上，而是在一個以登載小說為主的網上，後來又被人下載到光碟上。我呢，碰到它完全是無意，滑鼠亂躥時，見到《武大郎外傳》，無可無不可地點了一下，又無可無不可地讀了一通，屬於那種「無聊才讀書」吧！可是，讀著，讀著，就忍俊不禁，及至讀完，笑倒之後，「民族英雄武大郎」的話幾乎就是脫口而出了。這個文本中

的武大一改原來的猥瑣形象，顯得那麼「高大、英俊、威猛」。是他自己長個了嗎？不是，他都到了更年期，要長，也是往回了。那怎麼回事？長短相形，高下相傾。個高個矮，都是比較而言。在中土人眼中，武大是三寸，可如果從另一個更矮的人種去看，他豈不就高大了嗎？「橘逾淮則為枳」，反過來，枳逾淮也就成了橘，一個道理。《武大郎外傳》的作者是誰，我不知道，就稱「無名氏」吧，他就這樣暗渡陳倉，用一種反轉的視角來看武大，武大不僅「高大」了，還沒文革「三突出」的拔高之嫌。

那麼，武大是如何「枳逾淮」的呢？

話說潘金蓮愛上西門慶，武大很生氣，但也沒辦法。打不過他，潘金蓮又不聽自己的。一氣之下，投黃河自殺。但死並不容易，武大在水中漂呀漂，從河裏漂到海裏，又被海水捲到了島上。是島上的漁民將他打撈起來，給他做人工呼吸，救活了奄奄一息的他。這是個什麼島呢？請別性急，作者這裏還未點破，我也不敢捷足先登，但可以作一點暗示。黃河水是向東入海，那島就在海之東，並且這島上的人還非常矮小。所以他們才發現漂來的武大那麼「高大、英俊、威猛」。武大正是在這個島子上刷新了自己的形象，也改變了自己的命運。因為他當上了這個島的國王，有了三宮六院七十二妃，當然也有了一大群王子。這些王子陸續散到民間，與平民婚配，於是島上居民的個頭在海拔上有了顯著提高。原來，武大被他們當作改良尺寸的「種馬」了，這國王當得並不光彩，簡直還有點丟人。

且慢，露臉的卻在下面。武大當了國王，發現這島上的人沒文化，就辦了個掃盲補習班。他自己賣燒餅出身，識不得幾個字，頂多只記得一些偏旁部首，只好將錯就錯地教。結果不是變了字形，就是丟了筆劃，和原來的漢字相比，如同一堆「假」字，就叫「平假名」、「片假名」吧，好歹也算一種文字。

　　當時讀到這兒，我才確定，這島原來是叫「日本」的這個，不禁笑了。能不笑嗎？中日兩國文字是有同源異變的關係，但經由武大來串，並且這麼個串法，說是惡損吧，但也的確有趣。下面呢？本來當地人沒有名姓，現在有了文字，自然要給每個人起了。趙錢孫李沒法叫，別的又想不出來。武大靈機一動，住哪就姓哪吧！於是住田裏的就叫「田中」、住樹下的就叫「松下」、住山上的就叫「山口」。名字更簡單，一、二、三、四往下排。但有一點，老大不能叫「大郎」，那是犯了我武大郎的忌，只能叫「太郎」，老二也不能叫「二郎」，那是犯了我弟弟武二郎的忌，只能叫「次郎」。其餘就按順序了。

　　自然又是笑，而且還止不住。把這東西寫到讓人笑聲不斷的份上，我是多年沒碰上了，怪不得我慢慢不讀小說了，現在才知道，沒讓我發笑，不能不是一個潛在的原因。說實話，我過去也沒看重小說的笑，看重的反而是它的思考，想想所謂新時期以來的雜誌小說吧，從傷痕、反思到尋根，哪一個名頭不是沉甸甸的？能讓人笑得起來？何況我們這個民族也不像是一個讓人大笑的民族，你看古書上，男的一笑每每「莞爾」，女的一笑總是「嫣然」，這哪是笑，只是一種笑的姿態。那就不怪小說吧。倒是那個寫小說並不能讓人發笑的昆德拉第一次讓我開始注意小說的「笑」。他那本書，《被背叛的遺囑》，第一章就是說「笑」，叫做「巴努什不再讓人發笑的日子」。巴努什什麼人？拉伯雷小說中的人物，而且是一個滑稽人物，他的出場總是喚起讀者一連串的笑聲。昆德拉由此用笑黏貼起一連串歐洲的現代小說，比如先於拉伯雷的薄伽丘，後於他的賽凡提斯等，並把這條線續了下來，一直通到今天的拉什迪。說，它就像一份契約，一份由作家和讀者簽訂的契約，契約上寫的是「我們在這裏的講述不是認真的」。那麼是幹什麼的？笑。讓人發笑。昆德拉甚至憂心忡忡，只要他一想到「巴努什不再讓人發笑的日子」。

　　我旁白了這麼一段，倒不是杞人憂天，我又不是昆德拉，巴努什不再讓人發笑，大不了我不讀小說就是。插這一段，主要是想緩緩節奏打打岔，下面還有笑呢，得歇會。不過，這文本的笑和昆德拉說的笑，並不一樣。昆的意思，小說的笑在於小說的幽默，而幽默是一種智慧。《武大郎外傳》呢？不好說幽默，說諧謔還差不多，但同樣顯露了作者的智慧，或者是聰明。中日兩個民族，「交好」也罷，「交惡」也罷，但它們在許多方面都深有淵源，小說巧妙地利用了武大這一特殊人物，在其中來來回回地穿針引線，每一回合都讓你有笑聲回應，愉快極了、也輕鬆極了。上面說的是文，下面就該說武了，不過，這文武之間還穿插著一些生活習俗、國家象徵什麼的，也很好玩。

　　比如當了國王的武大成天花天酒地，不禁回想起海上漂流的日子。啥東西都沒有，只能捉生魚吃，那味道還真不錯。於是就叫廚師生做。沒想到，這成了一道名菜，推廣以後，又傳流到中國，叫三文魚。三文魚是講吃，那麼睡呢。武大發現，這島上的人和中國人一樣，睡覺時是在床上。他很生氣，因為他想起了自己在中國的日子。自從潘金蓮和西門慶有了婚外戀，西門慶經常到家來，搞得自己不能上床，只好委屈在地下。我當國王的都睡地下，他們豈能……，於是頒布了一項法令，從此島上的人也只能睡在地下，不過可以鋪塊席，這席就叫塌塌米。

　　好事還沒完。這武大既當國王，就想有國王的氣派。在中國，國王總是前呼後擁、旌旗滿天。咱現在這國家，連個標誌都沒有，不行。於是他把自己賣燒餅時的圍裙拿出來，叫太監洗洗，還算白，旗子就是它了。得有個標誌呀，武大腦袋裏沒有其他圖案，只有圓圓的燒餅。乾脆就烙了一個貼在上面。這就成了那個島國的國旗。

　　一切都齊了，還有什麼心可操？報仇。報西門慶奪妻之仇。這仇自己是沒法報了，可叫國人代為。但，這島上的人沒文化不

說，也沒武化呀，怎麼辦？還得自己教。於是照貓畫虎地比劃幾下，後來那些弟子又到中國的少林寺偷學了幾招，為紀念武大，這功夫就取名「武氏道」。由於此地文字通行「假」字，「氏」呢，就通假成「士」了，後來便以「武士道」名世。又因為當年武大是白手得天下，所以，這功夫還有一個別名，叫「空手道」。

　　故事就算學舌到這裏了，還真不怕你不笑，當然面部咬肌有痙攣者例外。記得我講給朋友們聽時，都笑。寫這笑料的作者可見不是創作中人，他整個不按書面創作的路徑去寫，不怕簡單和重複，無渲染，不鋪陳，句子不長，文字快捷，說是一個微型，也沒準是個段子。從結構到語言，明顯是網路寫作的風格。看得出來，作者有才，是屬於那種不登大雅之堂的「歪才」。我給「歪才」加了引號，絕沒貶義，也不敢有貶義。這會兒，我正恨得緊，自己怎就修不出來呢。故事的機智，首先是個「巧」，找了武大這麼個笨蛋作主角，可偏偏那麼多巧事和好事都發生在他身上，這「笨」、「巧」間的反差就使故事產生了有趣的張力。最巧的莫過於武大姓武，武士道又以武字打頭，真是一筆寫不出兩個武，何況又夾雜著圍裙、燒餅之類的噱頭，巧切成真，難怪我們發出會意的笑。除了無巧不成書外，它的另一特點就是上面提過的「謔」。謔者，戲也、戲弄也。本人眼拙，常以為國人一般不善幽默卻善謔，而且還有傳統，從漢時的東方朔到九十年代的王朔，斷斷續續一條線，都是善謔取勝。西方的幽默固能叫人會心一笑，可東方謔也能讓人一燦開懷。比較起來，幽默型的智慧比較收斂、內向，諧謔型的心機則更多偏向調笑，乃至搞笑。不過古人彬彬有禮，主張拿捏尺寸，叫做「謔而不虐」，是那戲謔不過分和不刻薄的意思。那麼，《武大郎外傳》呢，恐怕走的是反道。它不虐不謔，謔就是為了虐，謔之足也虐之足。因此，

我由謔而笑，卻又由笑而思。先別笑我去犯文人的酸，沒辦法，這叫陋習難改，要不我吃什麼吃。

我這裏的意思是，一個東西好笑，但不一定人人都笑。就像這文本，笑的肯定是中國人，到了日本人眼中，我們的好笑還不把他們氣得半死。日本人氣得半死的形象我們在影視上很熟了，想到他們橫鼻豎眼、「八格牙路」的樣子，笑過之後，不由又添一樂，而且更開心。也就是說，我們的笑和他們的氣二一添作五，少一個都不行。其實這事反過來也一樣。當年日俄戰爭時，日本人殺中國人，圍觀看殺頭的居然也是中國人，蠢成這樣，日本人當然好笑，可魯迅不就氣得不行。這一氣不打緊，直接的損失是，中國從此少了個優秀的外科大夫。我笑你氣，你氣我笑，如此對立，這笑聲就不那麼簡單了，至少它有所包含，包含什麼呢？我想，該不是叫作笑聲中的民族政治？

喂，能不能別玩這屎裏覓道、尿裏求精的把戲？笑就是笑，笑完拉倒，什麼民族政治，扯。慚愧，慚愧，要是您只圖笑完拉倒，那就到此為止，下面您千萬別看，但您是不是還允我一點選擇的自由？其實，我還有點拿不準，只是好奇，想往下探一探。不過，「民族政治」這政治不是我們通常在階級鬥爭意義上理解的那種，也不是什麼官方性質的，它的本義只是「大家的事」。這裏的大家不妨就是民族吧！那民族呢，按歐美現在風行安德森的說法，民族就是「想像中的社群」。安教授的說法太高，我水平低還有點夠不上，因此就自免了對它的含義進行解釋。但「想像」這個詞我懂，不妨留下來備用。至少，武大這個文本還就是一種「想像」中的民族政治。

為什麼這樣說？我倒要先反問，你說這搞笑的故事是講「古」、還是講「現」？肯定，說話人的意思不在古代而在今天。今天，中日兩個民族結下了百十年的樑子，雖說兩邊政府共襄友誼，但在民間，多少人卻「各自想拳經」。日方那邊，我說

的是右翼，一直在賴侵華和南京大屠殺的帳。這邊呢，只要你上
網，就不難感受到濃濃的民族主義硝煙，我就見到有網名乾脆就
叫「滅日美」的。那武大的文本恰恰也是發在網上，與那種硝煙
文字互相唱和，你怒罵、我嘻笑，風流各逞。因此，這故事不僅
僅是搞笑，搞笑的後面還藏著一段民族主義的情結，並且這情結
至少是一百年以上的「死結」。

　　倭寇的事在早不提，就這一百年吧！前有甲午，後有「七
七」。那甲午，小日本以小勝大，我族之恥，一輩子洗涮不清。
「七七」呢？當然是我們贏了，可贏得是道義，不是實力。要不
是小日本找死去炸什麼珍珠港，惹得自己吃了兩粒原子彈，那仗
還不指打到什麼時候。不信？你看當時蔣、毛二位委員長是怎麼
盤算的。蔣是敵進一尺，我退一丈，理由是「以空間換時間」，
其實就是一個字「拖」。毛委員長呢，英雄所見略同，翻翻《論
持久戰》吧，開誠佈公，書名打的就是時間牌。不僅政治魁首看
好時間，知識領袖也不例外，都四十年代了，一位朋友問胡適對
抗戰局勢的看法，他也就是四個字「苦撐待變」。一個「苦」
字，足見其尷尬之情，而「待變」也就是苦苦等待世界局勢發生
有利於我的變化。至於下面的百姓更是無計可施，老舍的《四世
同堂》裏，鄉親們逼急了，也只有咬牙切齒：「小日本你兇吧，
再兇，也架不住咱能忍」。說得多好，忍，也把你給忍死了，可
這就需要時間。可憐那時節，舉國上下，同仇敵愾，全打時間的
小九九，說到底，不就是實力不若嗎？儘管抗戰的時間表意外地
縮短了，可這勝利讓人高興，卻沒讓人解恨，甚至還叫我心有不
甘。而且這不甘一直不甘到今天，因為從實力來說，直到今天，
我們還沒佔上風。

　　說這些幹啥呢？與武大有什麼關係？當然有，正是這些構成
了《武大郎外傳》這樣一個搞笑文本的心理背景。瞭解這樣一種
集體心理，就不難明白上面說的那個死結。現實的疙瘩解不開，

一氣之下，咱就講古。講古當然是為了講現，有意思的是，講現偏用講古出招，說穿了，就是讓你明白。你小日本算個啥，別抽刀斷水忘了本，想當年……，這一想，還就想出了武大，管他是騾是馬，拖出來，用他噁心人，想必出彩。

　　出彩是出彩，要不怎能聽笑。別說我笑，作者一定先自笑了，還很得意。但，別忘了，你笑我笑包括得意，都是一種「想像」中的滿足。一個民族並不一定就是想像中的社群，但它卻可以通過想像，哪怕是一個文本的想像，獲得對另一個民族的精神優先。只是，以想像的而非現實的方式來形成這種優先，也許恰恰說明，現實中存在的問題遠非想像可以解決。但如果找不到其他的解決問題的辦法，那麼也只能靠想像了。因此，在這優越的歷史想像中，問題是這樣被擺平的。日本民族的一切事體，只不過是對中國的虛擬。無論文治，還是武功，大到國家象徵，小到生活日常，用郭沫若的切口：「一切的一」「一的一切」，都由吾族衍出，敷衍者還是一個短小的武大。讓我驚歎的是，這和武大一樣短小的文本，居然螺螄殼裏做道場，伸展開如此規模的「宏大敘事」，這作者可見是個身手不凡的大俠，儘管隱姓匿名，卻大可憑此想像而拔劍四顧、笑傲江湖。

　　對不住了，無名大俠！我不是和您過不去，也不是和您的搞笑過不去，我只是想玩味一下這搞笑後面的那種心態。文本我就不多說了，它是「想像」中的民族政治，本不需要比著歷史的屁股裁尿布（要是您允許的話，我也想「謔」上一句，這想像是不是有點像太監，只有上半身，沒有下半身呢。因為近代以來，中日關係的歷史和古代正好轉了個身。以前日本是從中國引進，後來中國是從日本引進。別的不說，單挑文化這一項。日本文字是以漢字為母本，但我們今天的語言辭彙，幾乎都是上個世紀和上上個世紀從日本引渡過來的。白話裏有多少日本話？有學者告訴我們，辭彙這一項就占了百分之七十。不信？就拿我們今天那些

學科的名稱來說吧，什麼政治學、經濟學、社會學、倫理學、軍事學、宗教學、哲學、美學、文學等，統統來自日本，並且還包括這個「統統」。當然，這是個很大的話題，我這裏得停下，畢竟它不是我這篇文章的關注）。

實話實說，我現在關注的其實是我自己。上面說了，我笑過之後，「民族英雄武大郎」的話幾乎就是脫口而出，這一點，完全是下意識的，事後想起，自己都覺好笑，這武大和民族英雄扯得上嗎？我怎不假思索就把它們「拉郎配」到一起？如果不是覺著好奇，想給自己疏通疏通是怎麼回事，我還真不來這寫字。不過字寫到這裏，問題也就疏通了。關鍵就在那個解不開的「死結」。你想想，從甲午起，一個大中國就輸給了小小的日本，又是賠款，又是割地，台灣一割就是幾十年，臨割時，李鴻章還咬著慈禧的耳朵矇她說：台灣山不青，水不秀，鳥不語，花不香，棄之不足惜。這事提起來，就叫國人喪氣。氣一喪，武大乘勢就成了英雄。這英雄是比出來的。誰和誰比？不是武大和小日本比，也不是小日本和我們比，而是我們和武大比。你看，人家割我們的地，武大卻去做人家的國王。我們今天做不到的，想當年他一人就搞定了。因此是武大大揚了俺中國人的威風，大長了俺中國人的志氣。真是生子當如武大郎！這樣的人物，你說不是民族英雄是什麼？

武大就這樣在我們的眼裏也變得「高大、英俊、威猛」起來，可是，武大本人恰恰就是「三寸丁」呀！侏儒是其本色，怎麼變也變不了的。於是，這搞笑的文本一不留神就出了紕漏。精選武大，是為了戲損日本。可是，損是損了，損到最後，由於現實的反差，武大不但陰差陽錯成了民族英雄，而且比照之下，我們反而成了他的下腳。這，又是損誰呢？明劍刺人，暗鋒傷己。打蛇隨棍，自身難保。就像我仰天啐人，卻有兩滴落進自己笑張的嘴巴裏，哪來哪去。「反諷」的本義大概莫過如此了。就拿矮

來說吧，武大比我們矮，日本比武大更矮，這不分明是矮化別人來高顯自己？可是，矮化別人就能高顯自己了嗎？豈不知，「比矮」的結果，是把自己比「蹲」了下去。武大臉上越是有光，我們的臉上就越發無光。他是英雄的話，八年抗戰，我們一氣丟了那麼多地，說敗類也差不離了。而且他一旦成了英雄，我們就涉嫌有「精神勝利症」的遺傳。要不，為什麼津津有味地「想當年」？這不就是「我們先前比你闊多了」的阿 Q 嗎？問題是，阿 Q 活著的話，要「媽媽的」一扭頭反問：後來呢？怎麼辦？莫非再想像一個文本，再來一次精神自摸？

…………

　　讓我感到有趣的是，搞笑搞笑，搞到這會兒，怎麼變成了嘲笑。

生命無辜，抑或死亡倫理

　　鑊烹、棄市、肢解、車裂、梟首、刷洗、腰斬、剝皮、凌遲……，這一連串陌生、不陌生的辭彙，其實就是一個字──「殺」，或者是另一個字──「死」。就死而言，殺是方式；就殺而言，死是指歸。從殺到死，短短一條直線，居然能翻演出如許名目，真讓人慨歎，這叫文明，還是野蠻。

　　動物也有殺，用牠的利齒，或者尖爪，對異類，也對同類，齧咬、撕扯，竟此而已。可是，我們說動物野蠻。的確野蠻，因為它們的殺戮，也太原始，原始到只會使用自己的自然器官。文明是器官的延伸，比如望遠鏡之於眼，超聲波之於耳。文明人殺人自然也是文明的，他們不會用牙，也不會用爪，而是用爪的延伸，比如刀、比如劍。可是殺人工具的進化，反而使得殺人這件事更顯示了人性的退化。看看上述那些殺人的方式，比之動物相殘，不知要野蠻多少倍。這裏，可能並不是什麼文明之於野蠻正所謂相同，而是，文明本身就放大了野蠻。本來，文明是對野蠻的克服，然而弔詭的是，野蠻卻成功地劫持了它，使文明一變而為自己的工具，儘管我們一直以為工具才是文明的標誌。

　　如此，野蠻有兩種，一為原始的野蠻，一為文明的野蠻，前者是自然形態的，後者是人為的。相形之下，自然形態的野蠻，在其野蠻的程度上，遠遜於文明的野蠻，因為後者有文明助虐。此之謂蠻自文明，蠻何如哉！一隻狼闖進羊圈，目的是裹腹，自然是殺吃完事，而且越快越好。牠索要生命，但不折磨生命，所以牠不會鑊烹、不會肢解、不會棄市、不會刷洗、不會剝皮、不

會車裂、不會梟首、不會腰斬、不會凌遲……。但，狼不會的人
卻樣樣都會，文明教會了他。他不但索要生命，而且更折磨生
命。那麼，人狼之間，孰更文明、孰更野蠻？

我發這一通議論，自然不是無的放矢，更不是為狼辯護，而
是慨歎於人的狠毒，以至於狼反而成了人的反襯。人之殺人，實
在是可以讓嗜殺成性的狼望「人」興歎的。當年蒲松齡寫狼欲吃
人，費盡心機，結果反為人所殺。蒲公最後笑道「禽獸之變詐幾
何哉，止增笑耳」。狼固殘忍，但牠那殺人的方式，若與人類相
比，確是讓人感到好笑。豈不聞，狼攻擊行人時，乘其不備，會
突然把前爪搭放在人的肩膀上。人如一回頭，就會把脖頸暴露出
來，狼則正好下口。可是，狼這樣做的時候，卻沒想到牠把自己
最軟的地方也給暴露出來。因此，有經驗的獵人是並不回頭的，
而是悄悄地抽出刀來，向後一捅。用爪的狼終敵不過用刀的人，
所以用刀的人可以居高臨下地笑其「止增笑耳」。問題是，用刀
的人儘管笑狼，但殺狼時倒不殘忍，反而殺自己的同類時卻比殺
狼殘忍百倍。這又是為什麼？

最近，朋友給我寄來幾張照片，是中國古代的殺人刑具，有
斷頭用的，有凌遲用的，只看一過，就在心中完成了人狼比較。
薩特說，人與人是狼。其實，人與人的關係有時甚過狼。人無端
地會致人死地，並且還讓其不得好死。否則要發明那麼多的刑名
幹什麼？每一種刑名都有相應的工具，每一種工具都有相應的方
式，每一種方式都會產生相應的痛苦。說到底，刑具的存在，就
是讓人痛苦地死亡，而不是果斷了結。文明到了這裏，轉了個
彎，逕自走向自己的反面。

在中國古代所有的死刑中，殺頭是最利索的一項，可用刀
砍，亦可用鍘。這項死刑，果斷沒錯，但卻使人身首異處，死無
囫圇。非但不合現代之人道，亦不合傳統之禮教。所謂「身體髮
膚，受之父母，不敢毀傷」。但中國社會禮法互用，出禮入法，

法當斬，亦不顧及許多了。我看到的這幾張照片，是民國時期京師監獄的陳列品，那一套斷頭刀，計五把，為明代遺物，清時亦用。我所以稱其為「套」，是因為這五張刀俗稱「大爺」、「二爺」，直至「五爺」。每一張刀的柄首，都雕有一個凶煞的人頭，真正面目可憎。我自忖，大爺、二爺的稱謂就是指這五張人頭了，唯不同者，大爺面金、二爺面藍、三爺面赤、四爺五爺面黑。顏色的不同，表示被殺對象的等第，大爺專用來殺官犯，其餘主要是殺民犯。不同的犯子配享不同的刀，看來，畢竟還是禮教社會，殺人亦合其禮。

　　我手邊一時沒有古人殺頭的資料，但卻有斬的；但不是古代的，而是剛剛過去的二十世紀。二十世紀居然依舊沿用古時的酷刑，想想真是不可思議。這是魯迅在〈《阿 Q 正傳》的成因〉中「撮錄」的文字，敘寫的是二十年代北京殺人的情景。一個名叫杜小拴子的罪犯殺人，「衛戍司令部因為從了毅軍各兵士的請求，決定用『梟首刑』，所以杜等不曾到場以前，刑場已經預備好了鍘草大刀一把了。刀是長形的，下邊是木底，中縫有厚大而銳利的刀一把，刀下頭有一孔，橫嵌木上，可以上下活動。杜等四人入刑場之後，由招扶的兵士把杜等架下刑車，就叫他們臉衝北，對著已備好的刑桌前站著⋯⋯」。行刑時，巡官問杜是否要人把著，「杜就笑而不答，後來就自己跑到刀前，自己睡在刀上，仰面受刑。先時行刑兵已將刀抬起，杜枕到適宜的地方後，行刑兵就合眼猛力一鍘，杜的身首，就不在一處了。當時血流極多。」杜是個梟雄，自不待言。但這現代的梟首，我們還是聽聽魯迅先生是如何說的吧。魯迅先生既已反感當時槍斃人一連打許多槍，認為「這是民國初年用槍斃的時候的情形，現在隔了十多年，應該進步些，無須給死者這麼多的苦痛」。現在卻一下子倒回到斬首，真叫人瞠目結舌了。「假如有一個天才，真感著時代的心搏，在十一月二十二日發表出記敘這樣情景的小說來，我

想，許多讀者一定以為是說著包龍圖爺爺時代的事，在西曆十一世紀，和我們相差將有九百年。」九百年的時差橫亙在魯迅先生的心頭，使他心顫，他那時還是個達爾文式的進步論者，豈不料文明的進化並非就是野蠻的退化，而是「善進惡亦進」（乃師章太炎語），於是隔了七、八十年後，我們還能聽到先生的一聲太息：「這真是怎麼好……」。

　　和斬首不同的是腰斬，它不是身首異處，而是一刀兩斷。和上面殺杜小拴子一樣，都是用鍘，只不過是從中間下刀。那一刀切下，紅光濺處，身體就完成了它的辯證法，一分為二了。當年秦丞相李斯刑受的就是腰斬，而且夷族。《史記‧李斯列傳》惜墨如金，李斯之死僅止一句：「二世二年七月，具斯五刑論，腰斬咸陽」。倒是後來的一個細節令人唏噓：臨刑前，李斯對其兒子說：「吾欲與若復牽黃犬俱出上蔡東門逐狡兔，豈可得乎！」也許作家周實有感於《史記》的語焉不詳，他在他的歷史小說中把李斯的腰斬給特寫化了：「不知為什麼，那一刀依慣例從左腰切入，將脾臟均勻地一分為二，但刀口走到脊椎骨時，卻怎麼切也切不動了。沒辦法，劊子手和他的兩個助手只好搖搖頭抬起鍘刀，將他一百八十度扭轉，再切入右腰，將肝臟均勻地一分為二。然而，當刀口再碰到脊椎骨時，又怎麼切也切不動了。於是，只好三人合力，摁住刀把，憋氣一壓，才咯嚓一聲，將整個人身一刀兩斷。這樣，他的上半身跌到了刀的這一邊，下半身跌到了另一邊，鮮血就像泉水似地咕嘟咕嘟直往外冒。下半身的兩條腿青蛙一樣亂蹬亂踹，刨起兩團霧樣的雪塵，紛紛揚揚，隨風飄散。上半身卻左扭右拐，一伸一縮，十指痙攣地摳進雪裏，痛苦得開始滿地爬行，在刑場上彎彎曲曲地拖出一條蛇形的血痕。」讀上這一段文字，我想，不會僅僅認為這僅僅是想像吧！

　　如果說殺頭和腰斬雖然殘酷，但還死得爽快，生命說完就完；那麼，剝皮的慘烈在於讓你遭受活罪之後，再讓你痛不欲生

地死去。這過程，你是求生不得，欲死不能。儘管此時我未能從典籍中找到書證，但也是作家的莫言卻在他的《紅高粱》中為我們提供了這方面富於想像性的描寫。想像中的真實有時並不遜於現實中的真實，至少它可以成為一種參照。小說中的羅漢大爺被日本人捉住，綁在木椿上，一個叫孫五的屠夫奉命來剝他的皮。羅漢大爺知道自己面臨的將是什麼，因此他對孫五說「兄弟，一刀捅了我吧，黃泉之下不忘你的恩德。」可是在淫威逼迫下的孫五捏住他的耳朵說「大哥，兄弟沒法子」。於是，「刀子在大爺的耳朵上像鋸木頭一樣鋸著。羅漢大爺狂呼不止，一股焦黃的尿水從兩腿間一躥一躥地滋出來」。割完耳朵後，「孫五操著刀，從羅漢大爺頭頂上外翻著的傷口剝起，一刀刀細索索發響。他剝得非常仔細。羅漢大爺的頭皮褪下。露出了青紫的眼珠。露出了一棱棱的肉。」「羅漢大爺的臉皮被剝掉後，不成形的嘴裏還嗚嗚嚕嚕地響著。一串一串鮮紅的小水珠從他的醬色的頭皮上往下流。孫五已經不像人，他的刀法是那麼精細，把一張皮剝得完整無缺。大爺被剝成一個肉核後，肚子裏的腸子蠢蠢欲動，一群群蔥綠的蒼蠅漫天飛舞。」莫言的筆是善於渲染的，他的文字卻真實地告訴我們，人是如何變成一個「肉核」。

那麼，凌遲呢？無疑，比剝皮、比腰斬、比梟首更為不堪的就是這凌遲了。世人公認凌遲是古代酷刑中最酷的一種。該刑求的命名是擬喻性的，凌遲即「陵遲」，本義是指山勢的延緩，用為刑名，即故意延緩死亡的時間。何以延緩？「輕刀臠割」，講究的就是一個字「慢」。慢到什麼地步？刑期可長達三天，刀數可至三千。三天都在割肉，平均每天千刀。可想而知，那肉當是魚鱗般大小了。所以，凌遲又叫寸磔、臠剖，民間則叫千刀萬剮。我見到的這張照片，那四把短刀是割四肢用的，刀身較窄。而那些較寬刀身的，則用於削肉。刀固有分工，引人注目的，眾刀之外，還有一根鐵桿，頭有尖鉤。看介紹，方知它是用來鉤肉

的，以便下刀。由於凌遲之刑先是割肉，最後才斷頭開膛，那肉體的苦痛，實非常人所能想像。正如陸游所說：「肌肉已盡，而氣息未絕，肝心聯絡，而視聽猶存。」因此，被凌遲的家人，為了減輕凌遲者的痛苦，如果還能做到，一是賄賂劊子手，先在致命處做下手腳，然後再割肉──實際上是在割屍了。一是購買鴉片之類製成的藥膏，讓犯人事先服下，使其在一種麻痺和鎮痛的狀態下受刑。

中國歷史上受凌遲而死者，恐難數計，然其最冤最悲復最慘者，當是明季的袁崇煥了。他不僅蒙受巨大的肉體痛苦，而且蒙受更為巨大的精神痛苦，因為他被京城百姓誤認為是通敵的漢奸。京城百姓也確實認為他裏通大清而群起加入凌遲的行列。不妨看看明末史家張岱記下的場面：袁崇煥「遂於鎮撫司綁發西市，寸寸臠割之。割肉一塊，京師百姓從劊子手爭取生啖之。劊子亂撲，百姓以錢爭買其肉，頃刻立剮開腔出其腸胃，百姓群起搶之，得其一節者，和燒酒生齧，血流齒頰間，猶唾地罵不已。拾得其骨者，以刀斧碎磔之，骨肉俱盡，止剩一首，傳視九邊」（《石匱書後集》）。

檢視中國古代以凌遲為代表的死刑，正如醉翁之意不在酒，在乎山水之間也；死刑之意也並不在死，似乎更在其刑。何以？本來，死刑是為死而刑，手段目的清清楚楚；但，實際情況卻成了為刑而死，死不足道，刑的意義反超過死的意義。於是，手段不僅成了目的，甚至無所不用其極。這究竟是為什麼！

就死而言，一個人如果觸犯了刑律，根據量刑的結果，當死，那麼，他或她則必須就死。這是沒什麼可商議的。儘管西方比如美國的一些州為了體現文明，已經免除死刑，但我卻深不以為然。因為死刑的減免並非是文明的進步，文明落實到死刑的問題上，並不在死，而在刑，亦即不是死不死的問題，而是如何死。像上述中國古代的那些酷刑，它所以是野蠻的，是因為它以

文明的方式反文明。相反，一個人如果無辜殺人，他必須以命相償，這倒是文明社會的表徵之一，因為他自覺踐履了文明社會所以為文明社會的一項公正原則——等利害交換。

問題是，一個人果如該死，當然是依據刑律，這個人該接受怎樣的刑求呢？進一步言，這個人濫殺無辜，且手段殘忍，那麼，社會是否該以其人之道還治其人之身，用同樣的方式致其死地呢？非也。就像明朝正德年間的大太監劉瑾，把持朝政時，殘害忠良，作惡多端，後被朝廷以凌遲處死，朝野大快人心。那麼，以今天現代文明的眼光來看，作惡多端的劉瑾該被割上三千刀嗎（儘管最後沒割滿便亡命）？如果不該，那又為什麼？

這裏的問題牽涉到的是死亡倫理，而我判定死刑中的文明與野蠻，其尺度也在於它是否合乎死亡倫理。中國本是一個倫理大國，中國文化也是倫理性質的。我獨不解，為什麼這樣一個講究倫理的民族唯獨在死亡問題上居然有那麼多背逆倫理的酷刑，且讓它在歷史上延宕那麼長（僅凌遲一項就擁有一千三百年的悠久歷史）。顯然，死亡倫理指的是人與生命之間的關係。我以為，一個人，哪怕罪大惡極，你可以處其死刑，但卻不可折磨其生命。因為犯罪的是人，不是生命。生命無辜人有辜，唯人是問，又奈生命何？人之於世，看似生自父母，其實託命於天。豈不聞《中庸》：「天命之謂性，率性之謂道，修道之謂教」。人的生命本自天來，是天成就了人的本性，人依性而為即道，而道是後天的，它在於日常中的修與教。按照這個邏輯，生命是先天的、一樣的，而人則是後天的、不一樣的。後天的人無論犯了什麼罪，都和先天的生命無關。對此，陸九淵說得更明白：「無善無惡心之體，有善有惡意之動」。作為心之本體的生命，本無善惡可言，善惡俱出自人的後天意動。那麼，當人犯罪時，受到懲處的不應是生命而是人。然而，凌遲、剝皮等酷刑，它所針對的與其是人，毋寧是生命。至少，它把人與生命一體化了，缺乏必要

的倫理區分，且又純以虐待生命為務。因此，生命無辜，卻反而代人受過，成了被慘害的對象。悲乎哉？悲夫也！

　　死亡倫理中人與生命的關係，也可以在西方權利理論中獲得闡釋。人的基本權利之一，就是生命權，但人與生命並非完全一回事。西方權利理論是建立在「自然法」基礎之上的，因而人的權利是一種自然權利。此即謂權利來自自然，是自然賦予了人的權利的合法性。那麼，生命權的要義在於，生命也是自然的賦予，而人不過是生命的載體；它之不可被剝奪，乃是自然權利不可被剝奪。當然，一個人殺了人，是它先行剝奪了別人的自然權利，為了公正，亦即前面我所說的「等利害交換」，那麼，別人也要剝奪它的自然權利。這就是死刑的原始。因此，死刑的目的在於、也僅僅在於終止這個人的生命，或曰，讓生命離開這個人。這其實是在執行自然的意志，也可以說代自然執法。但如果執法時，以反自然的方式對生命本身進行殘酷的折磨（比如那個劉瑾，頭一日就剮了三百五十七刀，每十刀一歇，還一吆喝。至晚，又把犯人押回，次日再剮，無端延長生命的痛苦），那麼，這種死刑就徹底違背了死亡倫理。

　　講究死亡倫理的現代社會大概是不會有凌遲這一說了，目下最先進的方式是皮下注射，讓犯人在最短的時間內無痛而死。這才是真正的文明進步。然而，歷史總是然而，凌遲的消亡並不意味著折磨生命的消亡，想想文革時張志新是如何死的吧！時至今天，死亡倫理的問題並非完全就不是問題了。不妨請看這樣的摘錄，它摘自一個出獄牢犯的回憶。「不知道別的地方怎麼樣，（這裏）───括弧內文字是筆者的───有這樣一個規定，凡是一審被判處死刑的犯人，從法庭一回來，就要被鎖到板子鐐上。板子鐐，也叫門板鐐，將一塊厚厚的床板鑽上三個洞，分別用螺栓固定兩個手銬和一副腳鐐。人在上面只能攤開兩手，雙腿伸直，呈十字狀仰面躺著，生活完全不能自理。」至於時間，「短則二

十天，長則半年甚至一年」因此，「我曾好幾次在夜深人靜時聽到男號子那邊鎖在板子鐐上的死刑犯狂吼亂叫：『要搞就快點把老子搞死吧！莫讓老子受這個活罪呀』……」

　　這聲音不禁使我也發出魯迅先生般的太息：人為什麼總是要和生命為敵呢！

「意象形態」的時代

米蘭‧昆德拉從捷克移居巴黎之後，在巴黎寫下的那個有關巴黎的文本《不朽》中，對巴黎、也是對整個西方後工業時代作了如下的評價：

> 這是電視、搖滾樂、廣告宣傳、大眾文化和鬧劇的世界：歌星、汽車、時裝、精美食品商場，今日風度翩翩的實業家，明日搖身一變而成電視明星，凡此種種，不一而足。

這位從東歐陰森恐怖中逃離出來的小說家，腦袋裏滿是舊有國家留給他的熱情與檢討、政治與臨禁、意識形態與國家機器這類已經滲入到血液中的概念，突然又置身於一個目迷五色、耳亂八音的絕對摩登的花花世界。那麼，這兩個世界因其底色不同而造成的巨大反差，給這顆「人類學的腦袋」留下的擦痕是什麼呢？昆德拉憑其作家特有的敏銳，感受到一個時代的到來，即「一種普遍的、全球的從意識形態向意象形態的轉變正在出現。」

「意象形態！誰率先想出這麼好一個名詞？」看來昆德拉本人頗為這個詞而自得，在《不朽》中，他特列一節文字並以其為標題專門討論了這個詞，儘管他的討論方式難免有未盡人意之處，但正如他所說「要緊的是有了這個詞」，這是一個具有劃時代意義的「關鍵字」。

　　在昆德拉那裏，意象形態是作為意識形態的對舉形態而出
現，並且是用來取代它的。這種取代如何發生的呢？昆德拉借用
這樣一個事例加以描述：100 多年前的俄國馬克思主義小組，為
了更廣泛地傳播馬克思主義，便把它的內容一再地概括和簡約，
這樣，雖然使馬克思家喻戶曉，但他的著作卻很少被人系統研
究，因而不僅難以形成一種必然的邏輯體系，而且被一再簡約後
的馬克思主義與原真的馬克思主義已經有了相當的距離，前者愈
來愈形式化了。這樣一個事例，使昆德拉「有理由認為」：意識
形態開始向意象形態發生轉變。但，在我看來，這個事例與其說
明「兩意」間的轉變，毋寧說它切中了意象形態的一個本質特
點。意象形態生成，自有其特定的時代因素和社會背景，僅此一
例便宣告它的產生，既缺乏邏輯，又缺乏歷史。然而，意象形態
不同於意識形態的一個特點，即它對對象的「形式化」和「表象
化」倒借此例表現無遺。馬克思主義在以後的社會主義國家的話
語擴張中，日益脫離自知內容而變成各種實用口號式的表象。中
國大陸如未忘卻「紅寶書」那一件事，還是應該有所體會的。在
《不朽》第 4 章，昆德拉曾就「感情」問題比較了俄國和法國，
他在把俄羅斯描述為「感情的故鄉」之後，認為在法國這個古老
而疲憊的國度，感情的東西早已消失殆盡，只剩下了形式，因而
把它指稱為「形式的故鄉」。而意象形態首先就是昆德拉對法國
這個「形式的故鄉」的切身感受，由此不難索解這兩者之間的內
在聯繫，意象形態實際上就是脫落了實在內容的一種表象形式。
　　昆德拉的眼睛不可謂不準，但在我看，他對意象形態的發
生，描述得實在不能讓人膺服。作為一種文化形態，它只能是資
本主義後工業時代的產物，它的出現，劃分了兩個世界，一個是
昆德拉當時尚未脫身的東歐世界，這是一個由農業文化形態正在
向工業文化形態轉化的世界，中國也屬於這個世界，「意識形
態」是這個世界的座右銘。另一個則是昆德拉投奔的世界，那是

以巴黎為代表的從工業文明向資訊文明轉化完畢的整個西方世
界，這個世界又叫後工業社會性或消費社會，「意象形態」是它
的最突出的外部特徵。

　　意象形態作為一個時代的到來，或它取代意識形態，大體是
分兩步。第一步首先發生在西方國家的內部，自 60 年代法國學生
運動沉寂之後，西方社會的左派知識份子發生了分化，堅持對資
本主義進行意識形態批判的固有其人，但轉變自己立場的亦不在
少數。典型如美國的丹尼爾・貝爾，其人雖不在法國，但他卻先
於五月運動出了著名的「意識形態終結論」，這表示他放棄了以
往的激進理想和社會革命的立場，轉而接受福利國家、權力分
散、混合經濟、多元政治的社會方案。於是在西方國家內部，知
識份子與統治階級的意識形態上的論爭不再佔據主導地位，相反
由於大眾文化的勃興，反而成了知識份子頻頻抨擊的對象，而
這，正意味著「意象形態」作為一個時代的開始。丹尼爾・貝爾
僅僅宣告了一個朝代的結束，昆德拉的過人之處也在於以小說家
的機智預告了一個時代的到來。然而，這僅僅是問題的第一步，
無論他倆誰都難以預料，意象形態能夠突破西方的疆界。獲得全
球性的擴展：這是它的第二步。80 年代末以降，隨著東歐崩潰、
蘇聯解體，中國推行市場經濟，世界政治格局發生了翻天覆地的
變化，原先對抗的兩大陣營，一方自潰，另一方亦因失去對手而
自解，持續了幾十年的「冷戰」──即意識形態之戰終於熄滅燼
火。於是西方後工業社會的意象形態彷彿是打開了的「潘朵拉的
匣子」，蝗蟲一般，不管你是第幾世界，鋪天蓋地地撲了過去。
所謂全球一體，首先便在這意象形態上「一體」起來。當然，這
並非是說意識形態徹底消忘了，而是說作為時代性的最顯著的標
誌，原來的意識形態讓位給意象形態了。

　　意象形態的形成，乃是適應後工業社會需要，這樣一個社會
已不是生產為主的社會。而是一個消費社會，正是在大眾消費的

有力促動下，意象形態以廣告為中心、以大眾文化為主體迅速發展起來。意象形態以廣告為其發生不是偶然的，廣告並非僅是適應商品傾銷的需要。它不但是大眾消費最直接的引導，而且更通過對大眾無意識欲望的巧妙引誘和培養，從而改變人們的生活習俗乃至生活方式。和意識形態不同，它不是強制地訴諸人的理性意識，而是以視聽表象（即意象）訴諸你的感官。它那無所不用其極的視聽手段，雖使廣告自身大幅度脫離產品對象的實際內實，但大眾消費卻無以逃脫由它限定的選擇。廣告的勝利，便是意象形態的勝利。晚間，漫步街頭，那五顏六色、光怪陸離的霓虹廣告、櫥窗廣告以及電視廣告，不正是意象形態的最突出的表徵？

　　意象形態生成了廣告，又不止於廣告。廣告已遠遠溢出其商業範圍，顯示了一種強大的文化再生能力。它以無聲的語言和看不見的手造就了一大批現代社會意義上的「大眾」，而大眾的形態，遂使文化工業踩著廣告的路子，創造了一種相應的文化形態——即大眾文化。它不但將廣告吸納其中，而且以文化教育的面目直赴廣告的初衷——製造消費。於是意象形態又搖身一變為大眾文化的話語形態。大眾文化乃是一個十分龐雜的組構，它包括電影電視、MTV、卡拉 OK、爵士搖滾、流行歌曲、時裝表演以及地攤雜誌等，這是一個多層次多色彩的混合世界，它其中既含維生素，雙有黃麴黴。儘管它門類繁多、體制不一，有一點是共同的，即都以視像或聽像為其話語表意方式。我所以用意象形態來集合大眾文化諸形態，蓋在於這種話語表意不是語言文學而是視聽圖像。

　　意象形態，我們這個時代的徵記。儘管我們可以隨意檢點它的是是非非，但我們畢竟處在一個巨大的文化轉型的時代，而意象形態的運作分明是時代轉型的強勁推動。柴契爾夫人面對大眾文化曾這般無可奈何：西方文化娛樂工業已使政權成為不相干的

東西。這話如果換著說，意象形態使意識形態成了不相干的東西。前者對後者從疏離冷落到取代，走的幾乎是一條不戰而勝的路。然而，儘管它與意識形態有著巨大的反差，但兩者之間又存在著驚人的一致，即在本質上它們都有是一個有關大眾的「意識的控制問題」（盧卡契）。讓我們回到昆德拉。當年他從紅色意識形態下逃生，身心還烙有其傷痕，但巴黎的日子不久便使他感到他又在接受另一種方式的控制、一種同樣可怕而又無可奈何的控制。這種意象形態的控制，「影響我們的行為舉止、政治態度、審美趣味、直至我們讀什麼書、地毯用什麼顏色」，於是昆德拉頗有感觸「這與當年我們受意識形態的擺布一模一樣」。

　　一樣嗎？一樣，又不一樣。一樣者，意象形態原來也是一種「知識／權力」結構；不一樣者，它比硬嗆的意識形態婉約，至少它在權力之外，用迷人的意象作了一次軟包裝。因此，在意識控制的問題上，意識形態顯然是「鷹派」，意象形態則扮演了「鴿派」。

　　無論鷹鴿，既然它們的目標是大眾意識的控制，那麼，就不能不讓人關注起它們的「合流」的可能。意識形態不是不可以套上意象形態的彩褲；意象形態反過來也可以搖身變為意識形態的一種新形式。因此，當意識形態通過意象形態實現自己的功能，或者它們互換功能，意象形態就有可能成為意識形態的變形。這樣說來，西方左派學者對資產階級的意識形態的直接對抗終結之後，他們對文化工業和大眾文化的批判，實際上仍是曲折地間接地對其意識形態的批判。不消說 30、40 年代的霍克海默、阿道諾如此，後來的丹尼爾‧貝爾和詹姆遜亦如此。作為小說家同時更作為知識份子的米蘭‧昆德拉也不站在精神自立的立場，同時對意識形態和意象形態展開批判？他身居巴黎，但沒有陶醉巴黎，而是用一種冷峻的目光審視著。在這個物和物的表象所構築的意象形態的世界中，他終於看清了這個世界的「幻象的本質」。這

種本質居然和他早已諳熟的意識形態的幻象本質毫無二致。馬克思當年對意識形態的批判，曾經用過「虛假意識」的概念，虛假在於它篡改現實，由此造成的現實幻象必然帶有欺騙性。意象形態不然，它是虛擬現實，因此相應於意識形態的虛假意識而言，它是十足的「虛幻意識」。其虛幻性在於「意象」本身就是脫離實在對象的一種表象形式。詹姆遜把這種「表象形式」的意象稱作「類象」，在文化工業無限擴張的今天，「形象、照片、攝影的複製、機械性的複製以及商品的複製和大規模生產，所有這一切都有是類象。」世界既然意象化了或類象化了，真正的現實也就喪失了，人便置身於一種「恍兮惚兮」的現實幻象之中。

　　噫吁唏，意象形態！一個如此陌生而又熟悉的世界、一個如此簡單而又複雜的時代。昆德拉敏感地觸及了這個時代的本質，並貢獻了一個能概括其外部表徵的關鍵字，這個詞為我們打開這個世界提供了一把合適的鑰匙，儘管該詞的實際內涵還被揭示得不夠豐富，也儘管昆德拉本人對這個詞的闡釋還有欠準確。但「要緊的是有了這個詞」。而接下來的問題，面對龐雜的意象形態的時代，作為一個人文知識份子，應有一車爾尼雪夫斯基之問：「怎麼辦？」

「意象形態」的挑戰

意象形態？

一個陌生的名詞。它原出自捷克作家米蘭‧昆德拉的長篇小說《不朽》。當然我這裏僅僅是借用昆德拉的概念，我必須對之作出自己的界說，賦予它另外的內涵。在我看來，所謂意象形態——正如它的命名所顯示——乃是以意象或表象作為自己的展示形態，或者說，這樣一種形態構成，專以生產意象或表象為其職事。那麼，誰是這個職事者？大眾傳媒。只有大眾傳媒才是我們現時代的專職意象生產者，它以意象的生產和推出，完成自己的傳播功能。然而，意象——主要指視聽之象的生產亦即大眾文化的生產，從廣告到 MTV、從肥皂劇到流行歌曲、從鐳射 CD 到卡拉 OK，俱屬該生產之範圍。大眾文化的生產最顯著的特徵是大量的製作「意象」。用「意象」來取代「文字」，既是它的一個秘密、也是它的勃勃野心。因此，所謂「意象形態」實際上也就是大眾傳媒和大眾文化的有機合一。換言之，作為形態構成的大眾傳媒兼之以意象構成的大眾文化，就是意象形態的運作了。

讓我們先來看看下面兩個小品：

> 柴契爾夫人走進美容院，找了一個位子坐下，帶點疲倦的對身後的理髮師說：「找個英國人民認為最適合我的髮型吧！」剽悍的理髮師一句話不說，拎起桌上的大剪刀，對準脖子「哢嚓」一聲把首相的頭剪掉，扔到一旁的垃圾桶裏。

這是一個電視短劇,由英國廣播公司製作,專門嘲諷乃至調侃英國的政界人物。第二個小品也是電視短劇,由西德人製作,它的取笑對象已不是本國首腦,而是大名鼎鼎的伊斯蘭世界的宗教領袖霍梅尼。

> 伊朗的霍梅尼罩著一身黑衣,滿臉莊嚴的站起來,兩隻手緩緩向前伸出,好像耶穌要擁抱世人一樣,匍匐的群眾虔敬而肅穆的準備接受霍梅尼的恩典。就在這個偉大的時刻,群眾後面的女人爆出一陣歡呼,熱情地衝向前去,把脫下來的透明三角褲、乳罩紛紛拋向霍梅尼。

這兩個小品原載龍應台女士在大陸出版的《人在歐洲》。儘管還是文字,我已忍俊不禁,完全可以想見那些歐洲佬對著銀光幕爆出大笑的場面。然而,有意味的不僅僅是這兩個小品,而且還有由它們所招致的後果。當然,第一個小品是沒有問題的,幽默的英國人哈哈一笑過後,什麼也不會發生,這類節目原本就是為了聊博大眾一燦。笑,本身就是最好的效果。問題是第二個,歐洲人笑過之後卻引來了一場外交風波。伊朗人動怒了。理由是現成的:「德國人侮辱了我們的元首」。於是伊朗政府一邊驅逐了兩名德國駐伊外交官,一邊提出嚴正抗議,要求西德政府就此正式道歉。天生就缺少幽默感的我們,對此自能理解,一點也不會覺得過分。有意思的是西德政府居然未作道歉,是發霸權脾氣、還是向伊朗耍橫?都不是。西德政府的態度是誠懇的:我們沒有理由道歉。因為製作這幕滑稽喜劇的是大眾傳媒,它不屬政府行為,政府自然沒有理由同時也沒有資格代表大眾傳媒來向伊朗賠不是。用龍女士的話說:「民主國家的電視不是由政府操縱的,節目內容如何,政府沒有置喙的餘地。」也就是說,政府明知這個節目可能會惹怒伊朗人,卻沒有權力制止。

因此，儘管伊朗咬牙切齒，西德政府也只能聳聳肩膀攤攤手，愛莫能助。

龍女士從以上的小品中引出的話題是另一個，我卻從這兩則本事以及西德政府的態度看到了「意象形態」的力量。

即以上述兩個電視小品而論，它的製作如前者是英國廣播公司，這是一家風靡全歐的傳媒機構，而小品本身的娛樂消遣性質──它雖然涉及政治人物卻不具政治行為的含義──故屬大眾文化範疇，正因具備了這樣兩個條件，我才說它是典型的意象形態。

意象形態也是一種文化形態，具體地說，它是與來自官方「意識形態」和來自知識份子「意義形態」相對應的另一種文化，即以上所說的「大眾文化」。這裏的「大眾」是一個彈性的概念，純粹從傳播學角度，大眾指傳播媒介的一切受眾，它是一個量的概念。轉從社會學角度，大眾就變成一個質的概念，它不包括政府官員和知識份子，專指構成市民社會的那些成員。就文化角度而言，大眾概念則是量質之結合，它既立足於質，又進行量的擴張，因此，雖然以市民社會為主體，大眾文化卻向整個社會以至社會的各個角落作無所不至的滲透。正是在這種有力滲透的「文化擴張」中，我們看到了文化的意象形態的強大力量。

這樣的力量首先體現在它的「形態」上。「大眾傳媒」作為其形態構成，最初是一個美國的辭彙，是美國人率先把電子高科技應用於傳播領域，並為其作了這樣的命名。請注意傳媒之前的「大眾」一詞，它表示了媒體的民間性，這正與東方國家相反。東方國家的媒體正宗叫法是新聞機構。它的聲音主要來自意識形態，並為其所控制。這樣的媒體與西方的大眾傳媒從根本上說是兩碼事。意象形態的力量當然不可能在意識形態的機構裏而只能在大眾傳媒身上體現出來。這一點，那些政教合一的國家對此怎

麼也想不通。伊朗政府聽了西德的再三解釋後，還是發問：堂堂一國政府，這點權力都沒有，還有啥用？相形之下，英國佬真該慶幸自己，可以如此嘲笑號稱「鐵女人」的柴契爾夫人而無虞。在西方發達國家，意象形態通過娛樂的方式就是這樣和政界開玩笑。

　　隨著後工業時代的來臨，歐美諸國普遍從生產性社會過渡到消費性社會，娛樂業更是獲得了空前的發展，這無疑意味著意象形態的力量將越來越大。大眾越來越受大眾傳媒的支配，也就越來越疏於意識形態的影響，後者的存在在大眾日常生活中的影響必然越來越低。這一點，已經引起了西方國家統治層的注意。柴契爾夫人面對嘲弄她的小品即使不會失卻風度而大動肝火（動肝火也無濟於事），但面對來勢洶湧的大眾文化，也不得不發出無可奈何的歎息：西方文化娛樂工業已使政權成為不相干的東西。這話聽來有點傷感。但美國的知識份子說得更觸目驚心，「傳播媒介已成為第二政府」，這是意象形態力量最直白的表述。不是政府的政府，不是意識形態的意識形態，這是一種權力的角逐還是交替？

　　應該看到這種力量在西方社會中客觀上的進步性。比如種族問題在美國始終是個大問題。十九世紀斯陀夫人反蓄奴制的《湯姆叔叔的小屋》改為劇本後在全國巡迴上演，頗受歡迎，但它觸怒了北方上層一些反廢奴主義者，當時的《紐約導報》曾以「社論」的方式發出警告「這本戲趣味低劣……它不符合憲法的精神，如繼續演下去，將成為最危險的叛亂煽動者，從而破壞國家和平和安寧。」這是典型的意識形態語言。儘管廢奴問題在本世紀早已解決，但在傳統的意識形態中，種族歧視的問題依然盤根錯節。是大眾傳媒為解決這個問題作出了特殊的努力，當黑人在國家中的地位普遍遭受歧視時，「情況的變化很大程度上應歸功於娛樂媒介。黑人現在不是作為黑鬼和小丑，而是作為明星在電

視電影中出現。」因此，儘管黑人問題並未獲得根本的解決，美國知識份子依然很公正地指出，不是意識形態，而是「娛樂這個社會要素最先（而不是最後）開始實踐了傑弗遜在 1776 年提出的有關人生而平等的激進論斷。」這就是意象形態的力量，它有效地影響並改變了當時的意識形態。有意思的只是，大眾傳媒推舉黑人明星，與其說是為了主持所謂的正義，毋寧說是衝著大把大把的美元。這有點像那個德國人辛德勒，他救猶太人是為了保證自己獲得所需的勞動力，客觀效果卻使他的自私行為變成了壯舉。因此，「歪打正著」，是這種意象形態力量的一個喜劇化的效果。

　　意象形態的力量不僅體現在作為形態構成的大眾傳媒上，而且還直接體現在「意象」本身上。如果說意象的「形態」力量主要是在與意識形態的對應中顯示出來，那麼，「意象」力量的顯示，其對應面則是作為知識份子的「意義形態」了。美國學者柯文‧林奇的《城市意象》一書把城市描繪為一個巨大的異化空間，在這裏，人們無法確定自己的位置，也無法確定自己所處位置的城市整體，因為有關城市的傳統標誌如界碑、自然界線、交叉路口等統統都在地圖上消失了。對林奇的慨歎我們自然有同感，因為城市的確發生了不可思議的變化，這種變化使原來自然的城市變成了一個充斥著各種建築造型和裝飾意象的巨大無比的新空間。尤其是那貼面玻璃牆的裝飾效果，城市彷彿成為一面透明無比的意象之鏡。然而林奇僅僅將意象放在城市形式的談論上，便不免有所局限。如果把這個問題擴展到我們所處的時代，則具有更大的啟示意義。城市意象不僅是我們這個時代最鮮明的標記，甚至，意象已經成為時代的新的圖騰。我們正處在一個意象激增的時代，這是一個使知識份子坐立不安的時代。從認識形態或方式說，意象擴張的直接後果，便是作為知識份子壟斷物的

「文字」的萎縮。在這裏，意象形態的力量正日益表現為意象對文字的佔有、吞噬或改造。

因此，像林奇那樣僅僅看到意象對城市面貌的改變是不夠的，其實意象乃是從認知方式上更有力地改變了城市人的日常生活。電視，本世紀電子工業的尤物，從它問世的第一天起便已對知識份子的文字文化構成了潛在的威脅。它以自己特有的意象優勢，使大眾遠離文字而成為自己的俘虜。儘管誠如西方學者所言，電視已經培養了一億白癡，但這一億白癡仍然是它的最忠實的觀眾。這是一個巨大的「俗」的力量，電視在本質上也正屬於這種俗的範疇，因此它對文字之「雅」具有本能的敵意。正如艾森伯格所云：這個電子媒體完全不同於老式的媒體，如文字書籍。從潛在的可能性來說，新的媒體廢除了知識份子的文化壟斷。艾氏認為，新的媒體重視行為而不是沉思，重視現在而不是傳統。它對時間的態度正好與知識份子相反，後者渴望佔有，並且是永恆的佔有，而實現這種永恆的承載方式恰恰是文字書籍。我們不是有「文章千古事」、「藏之名山、傳之後世」之說嗎？然而，新的媒體卻以瞬間的意象粉碎了知識份子的文字迷夢。它不產生任何可以貯藏和拍賣的東西，因而取消了知識份子的知識產權、符號資本之類。因此意象形態的時代就是文字霸權全面崩解的時代。意象的力量毫不容情地取代了在傳統中形成的文字力量的權力地位──這本身就是一個知識權力的交替過程。而且，更令知識份子痛心的是，處於頹敗的文字文化不但未能進行有效的反擊，反而在意象的同化作用下向其靠攏，並以一種畸變的姿態格外地繁榮起來。文摘文化和地攤文化之類的興盛適足以說明這一點。在這裏，文字雖然還是文字，但已發生了質變，它不再是由所指與能指構成的作為知識份子文化的「意義系統」，而是取消了意義的深度，使自身直接走向膚淺的平面化。這種文字乃是知識份子根基性的喪失。它固然不像意象那樣直接作用於人的

感官，但卻形成了作為感官綜合的表象，僅僅是表象。它既沒有內在意義的支撐，也根本不曾打算抵達意義的縱深。這種表象化的文字即文字意象化，已使文字最終脫離了知識份子的文化範疇，當它作為意象的別一種形態而存在時，它分明已是大眾文化的一脈了。

意象對文字的戰勝所透露出來的文化資訊是不言而喻的。這是有史以來作為經典的、傳統的知識份子文化，第一次在大眾文化面前露出了生存的窘相。語言是存在的家園，文字是語言的書寫形態。當語言文字面臨意義危機之際，它自身的存在也便出現了危險的信號。這是一個多麼大的變化！大眾文化素來不入知識份子的法眼，六十年代一位治古代文論的學者在撰著中國文學批評史時，竟至宋而輟，他認為宋元以降已是世俗性的話本、戲劇佔據了文壇主流，而它們是難登「文學」大雅之堂的。當然古代的戲劇還不是今天我們所謂的大眾文化，但它的大眾性、通俗性、民間性還是與今天相通的，所缺者不過今天發達之技術手段而已。想當年，美國總統林肯在戲院看戲時遇刺，引起了多少人的奚落，一位牧師這樣表達了人們的失望：「我們哀悼的總統竟倒在一家戲院中，真是令人遺憾⋯⋯他的許多最好的朋友⋯⋯寧願他倒在任何其他場所。倘若他被害的地點是在床上、在辦公室、在街上，或在國會大廈的台階上，他去世的噩耗就不會使全國基督徒如此痛心。⋯⋯他的朋友最不願意想到他會死在戲院」——一個我們稱之為「勾欄」的場所。這個場所在傳統知識份子眼中乃是「罪惡的淵藪、腐敗的溫床。那裏成千的人不斷染上惡習，尋歡作樂，愚蠢放蕩，縱情聲色、低級下流，名聲敗壞，道德淪喪。」哀悼在這裏變成了檄文。正是本著這種觀念，面對莎士比亞那充滿民間鄙俗意味的戲劇，朱生豪先生善意地發揮了知識份子的能動性，在劇本的翻譯上，作了大量的雅化和貴族化的

處理，以至我們今天讀到的莎劇，已經悄悄地經過了一次「變性手術」。

僅僅是由於現代社會的風水倒轉嗎？大眾文化終於憑藉技術的力量，以意象為主力，全面進擊，從而在全球範圍內獲得了文化上的控制權，它當仁不讓地坐上了文化霸主的席位。在美國，不僅「意識形態的終結」（貝爾語）使意象形態獨佔鰲頭；一貫高傲的知識份子精英文化也低下高貴的頭顱，「向拉斯維加斯學習」。後者作為美國內華達州聞名於世的賭城，幾乎集聚了大眾文化的各種門類，因而它又是大眾文化的一種稱代。從這裏，不難窺見到精英文化向大眾文化靠攏所作出的努力：填平鴻溝，取消界限。而我們看到的所謂後現代主義的文化，也正是傑姆遜所謂「高級文化和所謂大眾或商業文化間的舊的界限被取消了」的文化。現代主義終結了。因此，當傑姆遜試圖找出後現代主義或晚期資本主義的文化邏輯時，我們只需拎出意象形態就行了。意象，就是它的文化邏輯，就像文字是過去那個時代的文化邏輯。

一邊消解傳統的意識形態，一邊顛覆知識份子精英文化的意義形態，這就是意象形態的挑戰，也是當今文化的世界性大走勢。它讓意識形態感到不滿，也讓知識份子覺得焦慮，並且它自身的正負功能又同時表現得那麼明顯，因此上述這些因素就決定了這種文化流行主義乃是一種過渡狀態。意識形態最終要控制和利用它，意義形態也力圖使其上升到更高的範疇，於是一種複雜的三種文化犬牙交錯的交往格局就此在人們眼前展開。

穿制服的時代與一具外來的身體

　　把「大眾文化」作為一種「文化制服」來解說，當然是受到海德格爾和昆德拉的啟發。和「文化工業」一樣，「文化制服」之類的詞一旦被移用，就不免落人言詮，所以有學者責我複製他人概念，毫無己意，我照單認帳，容後再改。現在我依然想從「制服」入題，這既涉及到一件個人往事，而且制服之謂也確與大眾文化有著一種並非僅僅是擬喻性的關聯。

　　十多年前，我所在的單位曾每人發一段布料，要求大家各做一套西服。由於當時西服尚未流行，所以有人不解領導何以會突發奇想，便問了上去。頭說電視裏總書記都穿西服接見外賓了，我們也就跟著趕個時髦吧！本來做一套西服是無可無不可的，但聽說是某某人穿了，我們也要跟著穿，便打消了去量做的念頭。不僅那段布料最後不知所終，而且，直到現在我也沒披過一回那玩藝。其實當時倒不是對西服有什麼成見，而是那種「穿」的方式和理由讓我不習慣。為什麼某某穿了，我就要跟著湊熱鬧？何況大家一擁而上，西服豈不成了制服？事實上，西服後來確已制服化了。至少在我那個單位，當人人身著筆挺的、也是清一色的西服走進單位的大門時，我卻成了一具外來的身體。那當兒，不是我瞧著別人奇怪，而是別人見我奇怪了。

　　這樣一件往事並非與大眾文化沒有關係，至少西服的流行和日後大眾文化的流行在其方式上如出一脈，或許西服的流行正是大眾文化流行的一個先兆。不過 80 年代初，大眾文化的流行並不像西服那樣順利，它沒有總書記撐腰，甚至剛出土還受到無情打

擊。那時，李谷一的《鄉戀》由於多用氣聲，竟然被主流文化視為「靡靡之音」。是精英知識份子不時地援之以手，為它的合理性而伸張正義。但正如魯迅說的那樣「一闊臉就變」，90 年代初，正值精英知識份子慘遭重創之際，大眾文化卻乘機搶灘，迅速進入文化前台──當然是得到了某種默許──不僅輕而易舉地替補了知識份子所形成的文化空白，而且像暴發戶那樣，毫不留情地把聲援過它的精英知識份子推向文化邊緣，從而使自己成為時代的主角。只要比較一下 80 年代和 90 年代的文化狀況，精英知識份子無不有河東河西之歎。因此對這樣一頭沒心沒肺的文化怪物，知識份子恨得牙癢，又氣得胃疼，無奈之中，便發出了一陣又一陣道德批判的怒吼。

　　就我個人而言，我往往傾向於從正面闡述大眾文化的存在合理性以及它的某種「惡的歷史功能」。它的發跡雖然是得到某種默許──因為那時需要大眾文化製造快樂氣氛──但它畢竟有自身的生長邏輯，非但未必完全遂順默許者的意願，甚至多少還有一點尾大不掉。當然更為根本的原因則是它適逢其時地切合了一個政治時代向經濟時代轉型的需要。因此從客觀上看，它對前一個時代的終結，有可能起到一些分離和摧動的作用。然而作為一個人文知識份子，儘管我能夠以一種理智的態度和歷史的目光看待大眾文化，但本能上又很難對它進一步認同。它能給我感性上的撼動，卻少能予我智性的滿足。尤其是它的圖像形態──即大眾文化的媒介方式，用昆德拉的表達則是「意象形態」──憑藉高科技的優勢，似乎把人類「從圖像到文字」的進化歷程重新回轉到「從文字到圖像」。這實在讓以文字為業的人文知識份子無以忍受。圖像的氾濫和文字的浮沉，其間顯示出大眾文化和知識份子文化的巨大落差。當大眾陷溺於日益囂張的圖像形態而無以自拔時，昆德拉在他那著名的「七十一個詞」中對「字」的詞條作出了這樣反向的描述：「出版書所用的字越來越小。我想像到

文字的末日：字逐漸地小到讓人根本看不清楚，然而人們卻一點不察覺。」這是圖像對文字的擠兌。昆德拉敲響了知識份子文化的一記警鐘。當然「文字的末日」並不會到臨，只要知識份子手上還有筆。事實上，知識份子已對大眾文化展開了凌厲的筆伐，比如以上提到的「道德批判」。

我是一個知識份子，但不是道德批判者。當道德批判以一種形而上的理想和信仰批判大眾文化紅塵滾滾、一味使人迷醉於身體的形而下時，我卻不想從此走向形而上。因為形而下也有它的存在合理性，而且我同樣希望人類擁有一個健全的形而下。因此，形而下也需要一種能夠與它構成對應的文化形態，這就是大眾文化。基於這種認識，大眾文化的問題就並不在於它不趨赴道德的形而上，而恰恰在於形而下本身。因為用以刺激感性生命的大眾文化非但沒有健全人的感性，反而使之走向鈍化，或者說它正在使人的感性生命受到致命的銹蝕。這，才是問題的嚴重性。

大眾文化看起來圖像繁複、種類豐富，究其實則是一種類似「西服制服化」那樣業已「統一形式」化了的文化。開頭便扯起西服，遙到這裏又接上茬口，是因為兩者實在性相近、習不遠。大眾文化和西服一樣，都是運用於身體的消費，並且都是「統一形式」意義上的消費，彼此具有相當的同質性。所謂西服制服化，解自於海德格爾，他認為：「即然真實包括在可被變為計畫的計算統一性中，如果人還想與真實保持接觸，那就應當讓人也過入統一──形式之中。在今天，沒有制服的人已經給人不現實的感覺，像是我們世界中的一具外來的身體。」昆德拉在「七十一個詞」中援引了海氏這段話，並從中拎出「制服」作為詞條，用它和「統一形式」互訓。因為「制服」（uniform）的含義即由「統一」（uni）和「形式」（form）組合而成，且制服所以為制服也正在於它的形式統一性。這個詞經由昆德拉的詮釋恰恰可以成為他的另一個詞──即「意象形態」的重要表徵。意象形態就

是一個穿制服的時代,而作為這個時代的文化主流即大眾文化,實質上也就是一襲統一形式意義上的「文化制服」。

文化的「制服化」是大眾文化的必然結果,因為大眾文化是「文化工業」產物。工業本身從單個的手工作坊到聯合的工廠手工業又到大機器流水線,這樣一個過程是從產品的「批零」到「批量」的發展。其結果,一方面產品的量獲得巨大的增長,這自然符合效率優先的大工業原則;但另一方面,產品的質卻高度的單一化和模式化,它已然擦抹去手工時代對象化在產品中的豐富的主體意味和個性痕跡。這量與質的反比,顯示了大工業生產固有的「優勢/缺陷」之一體兩面。文化一旦成為工業的對象,一旦用工業的方式來對待,那麼,它註定不能倖免所有工業產品的共同命運。當它經過流水線的處理之後,流去的是文化自有的審美個性,留下的卻是聊供消費的技術的分泌物。所以班傑明為文化工業所造就的大眾文化度體定做了一個非常確切的詞「複製」,技術的複製。所謂「文化制服化」正是指它的複製屬性而言。當文化可以像西服那樣複製時,它本身也就成為一種統一的形式。這種形式方便於數量的衍生,但量的擴張恰恰又導致了質的積貧──這正是大眾文化難以走出的存在怪圈。

生產的性質決定消費的性質。這是馬克思的觀點,文化工業的複製性不僅複製出了大批單一性的文化消費品,而且更令人不安的是,它還複製出了同樣也是大批單一性的文化消費者。這些消費者的總名就叫「大眾」,大眾所以叫作大眾,正是指謂它的被複製性。它是文化工業造就的必然結果。大眾文化表面上是滿足大眾的文化,實際上它卻是複製大眾的文化。在這種文化面前,大眾從來沒有文化上的主動性,充其量它不過是被技術操縱著的自以為是的對象物。這種被動性在卡拉 OK 中表現得如此明顯,當人們千篇一律地在卡拉 OK 中纏綿著「鴛鴦蝴蝶夢」時,實際上他已經在夢中為那統一形式的電子聲畫系統所操縱。他的

身影當然回映在那螢幕上，這只不過意味著他已經光榮成為「夢大眾」中一員，因為他和其他留影成員一樣獲得了統一的被複製的形式。不僅如此，卡拉 OK 的本質就是模仿，大眾在技術的慈惠下模仿的當然是所謂的大眾明星。正如一位學者指出的那樣「一個最好的卡拉 OK 歌手得到的最高評價不過是，你唱得太像×××歌星了，簡直一模一樣」。然而，當眾多的卡拉 OK 迷們沾沾自喜於和張學友、劉德華唱得一模一樣時，他們已經毫無個性地成為張、劉二人的「一模一樣」的複製品。

　　從文化的複製到人的複製，一個觸目驚心的文化現實！它充分暴露了大眾文化對人的感性生命所造成的看不見的傷害。「人的複製」意味著人的同質性程度越來越高，其邏輯結果，人也將成為「統一形式」意義上的人，殊不知人的感性最具豐富之意味，又最富個性之活力，但大眾文化之手把這一切統統抹平。它非但未能使人的感性更豐富和更完善，反而使它變得千篇一律，並且是以最豐富的技術手段。且聽大街上一會流行「妹妹，你大膽地往前走」，一會兒又流行「讓你靠一靠」，還不知明天又會流行什麼。但不管流行什麼，流行的本身就在於吸附大眾。因而這個詞足以表明大眾在「流行」的面前只不過是一群找不著「北」的迷羊而已。由此可見，大眾文化對人的複製，其結果就是把人複製成當年馬爾庫塞所批判過的「單面人」。

　　問題並非到此為止。大眾文化在某種程度上已經成為一種軟性的「文化暴力」，儘管它不曾脅迫過任何人，但就像美麗的罌粟一樣，人們卻不由自主地去就範它。那麼，就範的結果是什麼？1997 年，任賢齊的「心太軟」唱紅了整個大陸，如果說這首歌的旋律尚有可聽之處，那麼它的「MTV」卻製作得不敢讓人恭維。除了矯揉造作之外，尤為不堪的是其中居然有一個「肉包子」的畫面：在歌曲的進行中，鏡頭前赫然橫插進一隻手，它正動用著它的食指與拇指，上上下下捏弄著一個肉包子。我是偶然

在電視中看到這個鏡頭，內心頓時膩味不已。結合歌詞，這個肉包子顯然是作為「心太軟」的畫面表意而出現。問題是，怎麼能用臭烘烘的肉包子來象喻人類最高貴也最純潔的靈魂──「心」呢？而且還是那種動作！也許是我過敏，比如身邊亦有他人，但卻渾然不覺（粗糙的大眾啊！感覺已被打磨得如此遲鈍）。然而我卻無法容忍那樣惡劣的鏡頭。為了說明問題，不妨讓我舉一個小說家的例子來作對比。遺憾的是手上沒有原文本，這裏只能轉述，我轉述的是那位作家也是有關「心」的文字描述。他說：心是人身上最嬌嫩、最柔軟、也是最容易受傷的地方，因此最不能傷害，甚至不能輕輕觸碰。因為它嬌嫩如剛剛端出來的鮮奶蛋糕，哪怕只是用小指在它上面輕輕一碰，也會留下永恆的指紋。很慚愧，面對原文的精彩表達，我的轉述已經是十二分地「點金成鐵」了。但從中我們依然能夠感到一個人文作家對「心」的尊重、膜拜、乃至敬畏。可是回到剛才那個畫面，一邊口口聲聲唱著「心太軟」，一邊又用一隻粗暴的手無情地蹂躪那最柔軟的心，聲畫之間，何其弔詭？如此荒誕不經的畫面，不僅是對心的褻瀆，而且也表徵了大眾文化本身在所指和能指上不可救藥的悖反。然而，問題並未結束，我個人似乎更願意也更不願意把這個畫面視為一種象徵，一種文化權力的象徵，它以肉包子和手的關係，極其簡潔地暗示了這樣一種事實，即大眾感性正像肉包子一樣，被大眾文化之手任意地拿捏。這種解讀如果成立，那麼大眾文化的暴力性質也就昭然若揭了，它分明是一種新的文化專制，儘管是以一種柔性的面目。

　　「昨天，人們還能在多形式中，在避免同一性中，看到一種理想、一個機遇、一個勝利；明天，制服的丟失將意味著一種絕對的不幸，猶如被拋往人類之外」，因為「世界的同一化借助於對生命進行計算與計畫的龐大機器大大向前已邁進。」──昆德拉危言在此。但，在文化工業所造成大面積的生命同質化的今

天，我依然樂於做一具外來的身體，並以此構成我個人的批判姿態。這種批判不是道德學的，而是人本學的，它是一種「身體的批判」。大眾文化的受害者首先就是我們自己的身體，因此批判須從身體開始反戈。

需要指出的是，知識份子對大眾文化的批判固然有其必要，但，這種批判應當是「有前提的批判」，即承認大眾文化的存在合理性。只有在這個前提下，批判本身方才合理。我個人所以對大眾文化不作趨同性的道德聲討，蓋在於後者似乎是要取消大眾文化。這就沒有道理了。再者，對大眾文化的批判還應該是一種「有限度的批判」，在舊的一元文化格局尚未打破之前，大眾文化畢竟能起到知識份子文化所起不到的作用。並且它的存在，本身就是文化多元的一個向度。如果以此為自覺，反思以上我個人的批判話語，就不難發現它也帶有一種暴力傾向，它分明已經超越「身」的層次而對「心」作出了更高的要求，這已是不自覺地用知識份子的文化價值來衡量大眾文化了。大眾文化本來就姓「俗」，它與知識份子文化有著不同的「遊戲規則」，一旦以前者要求後者，也就是用「大腦」要求「感官」，其結果既是大眾文化的取消，又是文化空間的萎縮。因此，讓大腦的歸大腦，感官的歸感官。形而上就是歸形而上，形而下就是歸形而下。它們如果就這樣以更加鮮明的方式彼此區別，反而更好。

這樣，我就很願意退一步把以上的批判解釋為一種策略，一種個人防守的策略。它與其是把鋒芒對準大眾文化，毋寧是據此警惕自己喪失知識份子的文化立場。笛卡爾說「我思故我在」，對一個知識份子來說，則是「我批判，故我存在」。並且，大眾文化在擴張自己的勢力範圍時，分明已對知識份子文化形成了事實上的的遮蔽。在這個意義上，知識份子對此說「不」，非但必要，並且也是一種當然的權利。而我的批判，也就是這種權利的表達而已。

輯二

自由的長旅

　　前此聽過一次有關本地當代文學的討論會，會上好幾位批評家居然討論的不是文學，他們明顯地走題了，走到五四、知識份子、教育和自由諸如此類的問題。發言輪到我時，便接著前面一位批評家談自由的話題說了下去，語間涉及「革命」、「崇高」之類，我當然是在反思的意義上表示自己的質疑，並且是一語帶過。後來在飯桌上不知怎麼又碰上了這個話題，我依然是原來的態度，並說中國自「湯武革命」始，哪一次不是以暴易暴還是暴。這時一位批評家用美國的例子反問我，如果沒有當年的獨立革命，會有今天的美國嗎？這一招我來不及避閃，只好匆匆接上一句，那意思是，美國所以成為今天的美國，不在於獨立革命，而在於更早的「五月花號」。一來一往，就一個回合，話題又不知跑到哪兒去了。

　　這個未能展開的話題在飯桌上無疾而終，卻在我的大腦裏揮之難去。「五月花號」，還是「獨立革命」，這對美國確實是一個非常有意味的問題，真值得好好追問一下。因為它關係到究竟如何理解這個國家。換言之，美國所以成為美國，其精神到底是什麼？無疑，「獨立革命」和「五月花號」是兩種側重不同的回答。獨立革命要在強調「革命」，「五月花號」的案底則是「自由」。那位批評家選擇了前者，我呢，並非一味反對，但無疑更傾向後者。不過我得承認，前者的選擇的確具有認同上的普遍性。長期以來，我們理解美國總是離不開這樣兩個事件：獨立革命和南北戰爭。而對美國立國之前的「五月花號」不是所知甚少

竟至於無，就是知道了卻也未必沒有低估它之於後來美國的意義。我這麼說並非沒有根據，比如，我找來一本全國統編的高中歷史教材，有關美國的章節自然是以「獨立革命」和「南北戰爭」為主，而「五月花號」則付之闕如。如果說中學教材難免疏可走馬，那麼，我又找來一套多卷本的高校歷史教材，翻有關處，依然只見前面的內容而不見「五月花號」的事蹟。甚至又找來一本高教出版社出的世界近代史參考資料之類的書，所輯錄的原件還是只有「獨立宣言」而沒有「五月花號公約」。是疏忽，還是有意忽略？我以為是後者。歷史的編纂不可能事無巨細，有實必錄，它需要編者根據自己對歷史事件的理解確定文字上的詳略有無。因此，一段史實是寫還是不寫，或，是詳寫還是略寫，事實上已經無聲地內涵了作者自己的價值傾向。這樣就不難理解現代以來我們這個有著革命嗜好的民族，同時更有著悠久的大一統意識的民族，為什麼談及美國則言必稱獨立革命和南北戰爭卻偏偏忽略了美國所以成為美國的「五月花號」。殊不知，今天的美國原本是從「五月花號」上駛出來的。論及美國，不溯源於早期移民時代的史實，僅抓住一百多年後的事件不放，這種視野肯定是殘缺的，它甚至難以把握到美國的精神命脈之所在。我以為。

　　不妨說一說「五月花號」吧！說一說它和後來的美國的關係，儘管它當時只是一艘普通的移民船。當這艘船歷盡大西洋的波濤來到北美大陸時，三聯書店出版的美國學者布林斯廷教授所撰《美國人》三部曲《開拓歷程》的卷首，以「陌生的海岸」為題，轉引了當時一位總督所目睹的現場報導。這一段文字我已讀過多次，每一次都會湧起難以名狀的感動。現摘錄部分如下：

　　　　他們雙膝跪下，感謝上帝帶他們越過了浩瀚洶湧的大洋，把他們從危險和苦難中解救出來，使他們安全無恙地又一

次踏上了堅實的大地……現在他們越過了茫茫大洋和苦難
之海之後……沒有親朋來歡迎他們，沒有旅店來招待他
們，為他們洗塵。也沒有房屋，更沒有城鎮可以讓他們歇
腳，向他們提供幫助。聖經上記載基督的使徒及其同船的
難友受到野蠻人熱情的接待，恢復了精神體力，這是上帝
對他們的憐憫。而這裏更殘忍的野蠻人，當他們遇上
時……卻是最樂意用亂箭射他們。當時正好是冬天，他們
在國內知道冬天是什麼滋味，所以都能想像這裏的冬天是
寒冷的，常有凜冽的大風和兇猛可怕的風暴。這種天氣，
即使到熟悉的地方也是危險的，更何況去探索陌生的海
岸呢……他們從任何外界事物中既得不到安慰，也得不到
滿足。夏天已經過去，眼前是一片嚴冬蕭瑟景象，整個大
地樹木林立，雜草叢生，滿目是荒涼原始之色。回望身後
則是他們剛越過的浩瀚大洋，而現在大洋已變成了他們與
文明世界之間的重大障礙和鴻溝。

　　這一段文字其實是一幅特寫的畫面，一群身無退路的基督徒
們，在呼嘯的寒風和無遮的曠野中，背負大洋，面向蒼天，虔誠
地祈禱著。他們在祈禱什麼呢？布林斯廷教授摘完這段文字後，
接下來寫道「沒有一塊『希望之鄉』看來是如此毫無希望。但在
一個半世紀之內──甚至在美國獨立革命之前──這塊與世隔
絕、令人生畏的地方卻變成了世界上比較『文明』的部分。一個
新的文明國度的輪廓已經形成。這一切又是怎麼發生的呢？」當
初讀到這裏時，情不自禁留下句旁批「這真是個謎啊！」今天再
度目睹自己的筆跡，當時的感慨宛在記憶，而謎卻不復存在了。
布林斯廷教授以扼要的文字其實已經點破了「五月花號」和後來
美國的關係，問題的關鍵只是在於：這一切是怎麼發生的呢？

　　這首先就要追問，「五月花號」為什麼來北美？正是在這個問題上，我們很容易陷入一個習慣的誤區。1492 年哥倫布發現新大陸後，就掀開了世界近代史上最黑暗、最骯髒的一頁：殖民主義。它留給我們的印象不是殺印地安，就是販黑奴。這固然是事實，但不是全部。至少我如果僅僅從殖民主義的角度來理解最初的北美移民，那麼，犯下歷史錯誤的將不是他們，而是我。這裏有必要界分一下「殖民」和「殖民主義」的區別。殖民，在其最初的意義上就是移民，也就是說，當年移居北美的英格蘭移民和我們今天移居北美的中國大陸移民在性質上並無兩樣，儘管各人具體的移民動機有所不同。殖民主義不然，它則是把原住國的政治經濟制度帶入到非屬自己的新住地去。就北美早期的移民情況而言，尤其針對「五月花號」的移民而言，他們更多地屬於殖民──即移民，而無染於其後氾濫成災的殖民主義。那麼，是否可以追問一下五月花號那一船移民的具體動機呢？這個問題又牽涉到當時移民的整個歷史背景。馬克思和恩格斯曾經這樣指出：美洲和東印度航路的發現擴大了交往，從那裏輸入的新產品特別是投入流通的大量的金銀，包括冒險的遠征和殖民地的開拓，這一切都使當時的市場擴大為世界市場，從而產生了歷史發展的新階段（大意）。馬克思出於他自己理論研究的需要，主要是從社會經濟的角度闡釋新大陸的殖民過程，這在馬克思那裏當然是合理的，問題是，它差不多成為我們審視這塊新大陸所發生一切的唯一視角。事實上，美洲大陸的早期移民，除了馬克思所陳述的經濟原因，另外還有不容忽視的宗教鬥爭的背景。

　　這不妨是一個對比，南美和北美的對比。同樣作為歐洲白人的殖民地，南北美今日的落差是相當驚人的，這自然有許多歷史緣由，但其中原因之一，我以為是當初移民們在其移民動機上有所不同。當年歐洲移民的動機主要有兩種，一是為自由，一是為黃金。南美作為當時西班牙的殖民地（除巴西為葡萄牙殖民地

外），那些殖民者至少要比北美的殖民者早到這塊大陸一百多年。他們所來為何？除了冒險的興趣和企圖發現通往到達印度的通道外，就是為了黃金。黃金，這個金光閃閃的字眼，自馬可波羅記載他在中國大都與元朝皇帝金樽美酒之後，吸引了多少歐洲人。人們在想像中普遍認為東方是個黃金鋪地的世界（這也許是「東方主義」的最早版本）。新航道的發現，原本就是衝著黃金。這樣就不難理解西班牙殖民者來到新大陸「掘第一桶金」的願望以及他們在中南美的所作所為了。我們今天所譴責的屠戮印地安人、掠奪金銀珍寶、黑奴制等殖民主義罪惡，首先就是在西班牙殖民者手上發展起來的。他們除了這些，似乎乏善可陳。當然，客觀地說，他們同時也帶去了歐洲的文化藝術和語言宗教。而他們所以選定中南美，不僅因為美洲當地兩大文明即墨西哥文明和祕魯文明都在此地，而且這裏礦藏富饒，符合他們從事殖民擴張的要求。至於北美，不僅不是什麼金銀之鄉，在他們眼睛裏，簡直就是天寒地凍的不毛之地。因此，16 世紀中期，西班牙殖民者北上來到今天美國的密西西比河附近，沒有發現他們所需要的金銀之後，便又折頭向南而不復往北了。因此，北美還在沉睡著，它要到半個世紀後另一批殖民者手中才會甦醒。

　　當然，這另一批殖民者並非就是光明的天使，他們後來也並非沒有西班牙殖民者的那些罪惡，對這些自然應當抱以正義的態度去譴責，我也無意為他們飾過。不過我以為，在當時還沒有走出「叢林原則」的人類發展階段（今天依然沒有走出），踏上新大陸的白人和印地安人的衝突是註定的。衝突的結果取決於各自的力量。白人勝則印地安敗，或者反過來。而後者並非沒有可能。當年哥倫布率三艘船來到美洲，返程時壞了一艘，於是哥倫布就命令那艘船的船員留了下來。可是，哥倫布第二次率領船隊來到美洲時，那留下的船員已被當地人消滅得一個不剩了。這恐怕是白人和印地安人的第一次衝突，如果白人不是最終仰仗了先

進的生產力和武器的話，我們今天同情的對象很可能就要倒過來
了。歷史總是選擇強者，而道德總是同情弱者。中國秦王朝之後
的「楚漢之爭」，西楚霸王項羽是那樣的殘暴，可是因為他的失
敗，我們依然把廉價的同情給了他。因此，如果訴諸我的理性的
話，我對殖民主義的批判就不僅僅是對白人的批判，而是對人性
的批判，批判人性中普遍存在著的動物的貪婪性。這種貪婪性並
非白種人的專利，它同樣存在於處於劣勢的印地安人、黑種人包
括黃種人的身上。而我也未必不需要從「自我」的角度加以肅
省。嚴格地說，一切批判歸結到最後都是一種自我批判。在這個
意義上，我以為對殖民主義批判最深入的恐怕還是白人自己。
1992 年是哥倫布於 1492 年發現美洲新大陸五百周年的大慶之
年，可是美國的一位語言學家喬姆斯基教授卻在這一年出了一本
大煞風景的書《第五百零一年》，意即殖民主義還在繼續。這樣
的批判就帶有一些自我批判的色彩，我個人頗為欣賞（這裏我希
望我這一節衍生的文字不要被理解為對白人的開脫）。

　　話歸本題。對這另一批殖民者而言，如其上，他們既非光明
的天使，當然也不是地獄裏的魔鬼。他們只是一群普普通通的
人，或者說是一群渴望並追求宗教自由的人。儘管最初北美殖民
地的建立當然也是出於市場、商業、貿易、土地之類的經濟需
要，這從倫敦公司、普利茅斯公司之類股份公司的組建可以看得
出來。但事情一旦落實到具體的移民身上，情況就發生了變化。
最早的幾批移民，他們之來北美，根本不是為了黃金，事實上也
沒有第一桶金等著他們去掘。他們和南美殖民者不同在於，他們
甚至不是主動要來新大陸，而是被迫遣送或來此避難。五月花號
的移民就屬於後者，因為他們在歐洲受到了宗教迫害。歐洲宗教
改革之後，各國先後產生了以「新教」為其統稱的各個教派。無
論是路德教還是加爾文教，都和各國的王權勢力產生了劇烈的衝
突。比如加爾文教在法國的「胡格諾派」就被路易十四宣布為非

法，他們起義失敗後，一年內就被屠殺兩萬多人。無奈，他們只得逃亡歐洲各地和美洲殖民地。同樣，德國信奉路德教的教徒和信奉閔彩爾的教徒亦不為正統勢力所容，他們反抗、失敗，再反抗、再失敗，直至血流成河，最後也只好逃難北美。北美一時間成了這些教徒們追求宗教自由的避難所。因此，在某種意義上，北美殖民地其實是歐洲大陸宗教運動的一個直接結果。如果沒有那些新教徒或異教徒在歐洲的受難經歷，如果沒有他們在受難之後依然存在著的追求宗教自由的堅定信念，北美殖民地就很可能落入南美那種純粹攫取（當然也不排除攫取）的殖民模式。

在這樣一個具體的歷史背景下，五月花號的意義慢慢就會浮現出來。五月花號的移民都是英國的清教徒，其中一部分屬於分離主義教會的成員。分離教會是清教徒中最激進的一派，他們要求信仰自由，認為聖經上所承認的唯一的宗教組織就是自治的教會組合。因而他們據此反對當時占統治地位的國教教會，反對國教要求所有教徒對它的那種強制性的信奉。分離教徒理所當然地受到了斯圖亞特王朝的迫害，詹姆斯一世一面殘殺分離教徒，一面聲稱，如果分離教徒和其他清教徒不改信國教，就把他們驅逐出境。在這樣的情況下，英格蘭實在難以存身了，分離教徒陸續渡過英吉利海峽來到了荷蘭。他們在國外流浪了十多年，感到歐洲有爆發戰爭的危險，於是一部分分離教徒和另一些異教徒共計102 人就擠在一艘船上開始到北美避難去了。時在 1620 年，而這艘船就是普通而又著名的「五月花號」。船上移民們的目的地原來是佛吉尼亞（這是北美第一塊殖民地），可是海上的風浪使他們偏離了目標。已經在海上漂流了 66 天之久，他們實在想上岸了，於是就決定在後來的麻塞諸塞的普利茅斯之科德角登陸（它後來成為北美第二塊殖民地）。臨登陸前，這些虔誠的教徒們做了一件他們當時無法意識到其意義，但卻對後來的美國產生規範性影響的事，即船上的 41 名男乘客平等地代表自己、或代表自己

的家庭簽署了一份契約（因為當時婦女沒有政治權利，故未簽名），約定他們自願組成一個自己管理自己的自治團體，其自治方式是制定並服從法律。這就是美國歷史上聲名久播的〈五月花號公約〉。

　　也是三聯書店於 90 年代翻譯出版的書，《美國讀本──感動過一個國家的文字》。它所收錄的對象都是在美國歷史上產生過重大影響的文字，第一篇就是〈五月花號公約〉（這無疑又一次表明，認識這個國家得從「五月花號」始），在其解說文字的開頭，編者寫道「美洲殖民始於一種思想。這思想就是一個社會裏的公民可以自由結合並同意通過制定對大家都有益的法律來管理自己。」不難看出這個思想正是當時分離教徒的主張，他們在宗教上就力主教徒組合上的自由與自治。之所以來北美，本是為其宗教自由──亦即以一種自己認可的方式崇敬上帝。現在他們獲得了這種可能，於是又把這份珍貴的自由廣之於自己的生活，這樣他們就選擇了自治。自治正是自由的具體表徵，而它又需要法律來保證。因此，從自由出發的自治原則和法律觀念都已經體現在這份作為契約的〈五月花號公約〉裏了，它由此刻劃出美國未來的雛形。倒過來說，美國建國兩百多年來最主要的價值觀念，大都可以在這份公約裏尋蹤。這，就是「五月花號」的意義，也是它與後來美國之間的關係。

　　對於這一點，美國人有著足夠的認識。還是那位見證了「五月花號」移民們下船的總督，他認為這些移民們是「以某種方式照亮了我們的整個民族」。美國歷史學家莫里森等在其所著的《美利堅共和國的成長》一書中認為，1620 年的〈五月花號公約〉和前此一年的弗吉利亞議會並列，「成為美國制度兩大奠基石之一」。另外更有意思的是，後來的美國人把「五月花號」的移民們稱之為「移民始祖」。而如果僅僅從時間上來說，他們儘管是早期移民，但不是最早的移民。我手上一本 50 年代出版的美

國史，書後附有大事年表，我查看了一下，北美最早的移民是
1607 年，而「五月花號」在北美登陸卻是 1620 年。兩批相差 13
年。不同在於，首批移民主要是罪犯、失業者和沒落的紳士，他
們等於是被遣送來的。120 人的移民，路上死了 16 人，剩下的到
第二年也只有 53 人了，而且「幾乎人人都哀歎不該到這裏來」。
然而，避難來此的「五月花號」移民同樣遭此厄運，下船就是北
美極寒的冬天，僅僅一個冬季就有一半人死去。可是第二年 4
月，當「五月花號」啟航返回歐洲時，倖存者卻沒一個願意跟著
回去。這說明什麼？也許，自由之於他們，真正比生命還重要。
因此，後來的美國人寧可認他們為始祖而棄其更前者，不是沒有
緣由的，這可以解釋為後人與前人在自由這個觀念上的溝通和認
同。一百多年後，在波瀾壯闊的廢奴運動中，一句流傳全美的口
號是「寧可死為自由人，不可生為奴隸」。由此可見，「五月花
號」的自由精神已經成為美國歷史上的精神主流了。當然，為追
求宗教自由而避難北美的「五月花號」和後來美國的關係更典型
地體現在美國憲法修正案的第一條中（它的前身是由傑弗遜執筆
的「佛吉尼亞宗教自由法令」）。它規定「國會不得制定關於下
列事項的法律：確立一種宗教或禁止信教自由；剝奪言論或出版
自由；剝奪人民和平集會和向政府訴冤請願的權利。」第一修正
案從來就是修正案的重中之重，它體現了美國建國的基本原則。
這一原則所標舉的內容首先就是宗教自由的問題。這一憲法條文
果如追根究源的話，那麼，它的源頭只能是「五月花號」了。或
者不妨這麼說，是當年「五月花號」的精神走進了美國憲法。

　　問題到此似乎結束了，但我分明還沒有盡興。在我的閱讀
中，我感到「五月花號」和美國還有一層不太為人注意，但又無
論如何不可忽略的關係，這關係似乎也有在這裏說一說的必要。
我要說的是，「五月花號」不僅給美國輸送了一種精神價值，而
且還給美國塑造了一種特殊的形象，這個形象如此表徵了美國作

為一個國家在全世界範圍內的獨一無二性。那麼，這是一個什麼樣的形象、又是一種什麼樣的獨一無二性呢？坦率地說，這個形象在我們的眼中肯定不甚光彩，因為如果我們要形容自己的國家時，總是要尋找最美好的辭彙，至少也是什麼什麼大家庭或母親之類，它充滿了溫馨。可是美國不，它留給世人的或者說它自願扮演的居然是一個倒楣的形象──避難所。這個在漢語辭彙中如此令人沮喪的詞，卻構成了美國作為一個國家的形象，是不是太令人難堪？然而，這並不是一個辭彙選擇的問題，而是歷史事實就是如此。作為美國「移民始祖」的「五月花號」的乘客本來就是一群宗教難民，他們飄洋過海的目的就是為了避難，而北美在他們眼中無疑是一塊可以容身的避難所。所以，當「五月花號」的移民們向北美啟動他們那自由的長旅時，就已經鎖定了美國作為一所世界性的避難所的形象。比如，上文言及的德意志民族信仰路德教的信徒僅次於「五月花號」之後就開始避難北美，他們大都定居在今天美國南部的喬治亞。同屬德意志而信奉閔彩爾的再洗禮派教徒於 17 世紀中葉以後，亦紛紛來到北美英屬殖民地，他們大都定居在今天的賓夕法尼亞和羅德島。至於法國的胡格諾教徒更早在南美的巴西建立殖民地，但為葡萄牙人所消滅，後來他們北上至佛吉尼亞的詹姆士河畔，也建立了自己的據點。正是這些亡命北美的異教徒構成了當時移民的兩大主流之一（另一主流則是來新大陸尋找新出路的一群）。是北美以開放的姿態收容了他們，設若沒有這樣一個新大陸，那些新教徒在歐洲的命運真是令人難以想像，當然也不難想像。所以，「五月花號」的移民們下船伊始就向上蒼祈禱，他們是在感謝上蒼幫助他們渡過了大洋並給了這樣一塊避難之鄉。

　　正是鑒於這一事實，美國的避難所形象開始在世人面前確立下來，並延續下去，甚至直到今天。在某種意義上，今天的美國依然是世界上最大的避難所，那些來自世界各地的宗教難民、政

治難民、經濟難民等，不分膚色、無論性別，依然潮水般地湧往美國。那麼，美國自己呢？我以為，避難意識在美國也形成了一種流貫已久的民間精神。若干年前，一艘名叫「金色展望號」的偷渡難民船在美國西海岸擱淺，美國政府欲遣送難民回國，是當地的美國人民自發地組織起來，為難民們打官司，從而成功地使這批難民留在了北美。其間有許多感人的細節這裏不容詳表，反正我讀完時是在心裏替這些難民謝了一聲美國。當然是美國人民，而非美國政府。避難作為美國的形象早已為世人所確認，當年獨立革命前夕，英國人潘恩在他的那本叫做《常識》——《美國讀本》一書亦有收錄——的久負盛名的小冊子中這樣評價美國：「這個新世界曾經成為歐洲各地受迫害的酷愛公民自由和宗教自由的人士的避難所」。「曾經成為」，這顯然是指「五月花號」那時的情況，但潘恩卻希望正在鬧獨立的美國能繼續發揮這個避難所的作用，他以為當時世界的整體狀況需要美國這樣，而且也只有美國能這樣。在其文章的最後，潘恩以慣有的熱情呼籲美利堅「自由到處遭到追逐。亞洲和非洲早已把她逐出。歐洲把她當作異己份子，而英國已經對她下了逐客令。啊，接待這個逃亡者，及時地為人類準備一個避難所吧。」潘恩對美國作這樣的認同和期許不是個別的，這裏可以再聽聽一個法國人的聲音。我在翻閱上述提及的《美利堅共和國的成長》一書時，看到和潘恩同時代的法國經濟學家、重農學派的主要代表人杜爾閣的一段類似的話。這位提醒美國不要「用人民自己的鮮血來鞏固對人民的奴役」的政治活動家這樣說：「美國人應成為政治、宗教、商業和工業等方面的自由的一個榜樣。他們向每個國家的被壓迫者所提供的避難所，他們所開放的逃亡之路，將迫使各國政府變得公正而開明。」

　　需要指出的是，在這裏，避難問題其實就是自由問題。或者說，避難與自由是一個問題的兩個方面。自由是目的，避難則是

方式。這方式固然不免消極，但它所維護的卻正是柏林所闡釋的
「消極自由」。柏林的消極自由理論為個人劃出了一個圈子，在
這個圈子內，任何人、任何組織、任何勢力都不得以任何理由對
其進行干涉。這個圈子當然不是變動不居的，它隨著時代歷史的
不同而修改著自己的外延。但無論怎樣改變，圈子本身卻是不容
否定的。比如宗教信仰，在任何時候都是這個圈子裏不得受侵犯
的內容之一。「五月花號」的移民們正是在宗教信仰上受到了侵
犯，因此他們以避難的方式出走。我把他們的出走稱之為現代版
本的「出埃及記」，只不過他們不是像猶太人那樣奔赴故鄉而是
逃脫故鄉。在他們眼裏，自由比故鄉更重要。不，也許對他們而
言，應當這樣說：自由在哪裡，故鄉就在哪裡——這頗像二戰時
避難美國的德國作家湯瑪斯・曼所聲稱的那樣「我湯瑪斯・曼
在哪裡，德國就在哪裡」。然而由「五月花號」上演的「直把
杭州作汴州」的這一幕卻使後來的美國獲得了作為一個國家的
獨一無二性。

　　此語何謂？當「五月花號」的新教徒和其他陸續相隨的移民
們並非摩西導引而出走新大陸時，當他們把這個新大陸視為自己
的真正的故鄉，並且決定再把它建成一個國家時，可以追問的
是，到底是什麼把他們吸引而來，又是什麼使他們像現在這樣凝
聚一起呢？答案沒有別的，就是「自由」這個觀念。也就是說，
在比較的意義上，世界上所有的國家都形成於地緣的、歷史的或
種族的因素，而美國卻是一個例外，它的形成僅僅緣於一種觀
念，或者說是自由這個觀念造就了美國並決定了它的文明。觀念
真有這麼大的力量嗎？記得柏林在他有關兩種自由的講演中，曾
引述過海涅的話，這位詩人警告當時的法國人不要低估觀念的力
量，因為一位教授在他書房裏孕育出來的觀念，可能毀滅一個文
明。觀念是否真能毀滅一個文明，似乎還沒人看見過；但它創造
一個文明或形成一個國家，卻已是有目共睹的經驗事實。關於這

一點，一位美國記者在 80 年代寫過一篇〈美國的觀念〉的文章（可見《美國讀本》最後一篇），他在談到美國的形成時說「其他國家都是在這樣的人民中形成的，他們出生在他們的家族自古以來繁衍生息的地方。不論他們的政府如何更迭，英國人是英國人，法國人是法國人，中國人是中國人；他們的民族國家可以分裂，再建而無損於它們的國家的地位。而美國是由一個觀念產生的國家；不是這個地方，而是這個觀念締造了美國政府。」——讀完它，深為折服的同時，唯一想作更改的是，這個觀念首先締造了美國，其次才是美國政府。政府永遠不是主要的。兩年前，讀秦暉先生文章時又得知，美國資深政治學家李普塞特在 90 年代亦表達過類似的觀點，他認為美國作為一個觀念形態所形成的國家，這個觀念形態可以用五個詞來表達，第一就是自由，其後依次是平等、個人主義、民粹主義與國家不干涉。鑒於這個國家的觀念性，李普塞特進而認為，美國公民身份的真正確認就在於他或她是否認同美國的價值。而這一點，前英國首相邱吉爾似乎表述得更明白，他認為，由於英國是一個民族國家，所以一個出生於英國的人不可能是非英國人。而美國作為觀念性的國家則不然，凡是「拒絕美國價值觀念的人就不是美國人」（旁插：前不久，我還真的遇上了一個不是美國人的美國人。其人在大陸渡過童年，49 年隨家去台灣，70 年代又移民北美，現在早已是國籍意義上的美利堅公民了。由於他剛從台島來此，言談中憤憤於那邊民選過程中的黑金政治，認為這種情況甚至不如專制。聞此，我便在心裏說了一句，他不是一個美國人）。

　　以上的篇幅，從「五月花號」的意義到它和後來美國的關係，包括這個國家的形象和它的特殊性，以及〈五月花號公約〉和美國憲法的某種關聯，已不難看出兩者間的前後因應。「五月花號」之於美國的重要與必要，至此已不需要再多說什麼。文章結束時，問題就剩下開頭那個「獨立革命」了。我讓它受了冷

落。對此，我仍然不想多說什麼，因為我並非低估它的意義，並
且認為從根本上說它也屬於「五月花號」的精神譜系。那「聲震
全球的第一槍」，依然是為自由打響。更重要的是，獨立也好、
革命也罷，其實和當年避難一樣，都是自由的方式。既如此，我
就不能象過往那樣只注意獨立革命而忽略「五月花號」。不過，
在本文開頭，我有意造成了「五月花號」和獨立革命的貌似對
立，其實，除了是對前者的強化外，我要表達的意思恐怕更在
於：如果撇開「五月花號」式的自由而談什麼獨立革命，那麼，
本世紀以來，非洲大陸、中南美大陸、包括亞洲大陸，那麼多國
家都革命了，也紛紛獨立了，可是，後來呢……？

美國憲政文化二題

一、民權與政權之間

　　讀三聯新書《歷史深處的憂慮》不啻於獲得了一次啟蒙的良機。這本書分明是美國憲法修正案（又稱「權利法案」）的生動解釋。但不是抽象的理論說解，而是基於個案的深入分析。作者有意識選擇一些具有典型意義的個案來「現身說法」，現美國社會紛紜複雜的現實之「身」說兩百多年來未曾作過一字修改的美國立憲之「法」。讀來不僅快人耳目，並且更令人深長思之。

　　什麼是憲法修正案？它的宗旨是什麼？該書在開篇第二章描述美國作為一個國家誕生時曾要言不煩地介紹過這一問題。兩百多年前，美國的開國元勳們打下江山之後，試圖成立一個統一的聯邦政府。他們在為這個即將誕生的國家制定憲法時，就「決定同時制定一些限制聯邦政府的權力，保護個人自由的條款」。這些條款就是著名的「權利法案」，由於它形成於憲法條文之後，並且最終又打入憲法成為它的補充，因此又叫「憲法修正案」。這裏令人思考的是，為什麼在憲法之後還要額外加上一個修正案呢？原來，憲法作為國家組織法，本質上是授予國家以權力的。「憲法」之謂在西方學者眼中也就是「權力關係的自傳」。但這種權力關係一旦產生，客觀上就對國家公民形成一種可能的壓迫。因為具有契約性質的國家，公民們交出部分權力之後就必然在所交出的權力範圍內接受負責行使這部分權力的組織機構——

即國家政府的支配。然而，公民們所以交出部分權力的本意並非是要政府來支配自己，而是需要通過它來保障自己的自由不被同類侵犯。為了自由而不得以交出部份自由，這就是人類生存的悖論。如何解決這個悖論，只有在公民交出的那部分權力上作文章。美國的立憲者們十分清楚，擁有權力的國家機器一旦運轉起來，作為個體的公民根本無法對付。因此，他們認為，在國家政府合法地擁有一部份權力的同時，還必須合法地對這種權力進行必要的限制。也就是說，僅有憲法即「權力授予法」是不夠的，還必須附有憲法修正案──即「權力限制法」方才顯得合理。由此可見，憲法修正案的誕生即「旨在限制聯邦政府權力的無限擴張，防止聯邦政府干涉和剝削美國人民的自由」。

「自由」作為本書的主題和它的副屬主題──即「自由的代價」無疑是全書最為引人注目的亮點。事實上該書對權利法案的介紹最後無不歸宗到自由的問題上。權力法案的靈魂就是保障公民的自由權力。但我們也看到，美國人為它的自由也付出了極昂貴的代價。天下畢竟沒有白吃的午餐。這種代價早在他們為了自由而交割部份自由用以組成國家政府時的那一刻就開始了。所以作為自由的對立面，首先就不是別的，而是聯邦政府。政府擁有政權，這是憲法的賦予，但公民又有民權，這是造物的賦予。兩者儘管都有自己的合法性，但作為一對矛盾，它們天然又存在著衝突與對立。

這樣的衝突，本書舉了不少事例。比如《進步》雜誌刊發氫彈文章之事就涉及到修正案第一條新聞自由的問題，即在新聞有可能觸犯國家的安全和利益時它是否還是自由的？這個案例雖然是以非常美國化的喜劇方式結束，但它分明是民權對政權的一次勝利。又如「槍枝在誰手裏」的問題，涉及的是修正案的第二條「人民擁有和攜帶武器的權利神聖不可侵犯」。當克林頓出於治安的考慮試圖就槍枝問題作出新的限制時，立即就遭到民權組織

的激烈反對。這一回合的結果依然是政權在民權面前遭受重挫。
甚至一家槍店竟以這樣的巨幅標語來慶賀：「克林頓輸了，美國
贏了」。這個口號的意味格外深長，原來真正能夠代表美國的不
是克林頓政府，而是美國人民。

　　舉凡該書所舉民權與政權的衝突事例，無不以上述的結果而
告終。就是說，在民權與政權之間，民權總是贏家。美國人是非
常小心政權的僭越的，因為他們明白，政權和民權實際上就是一
道簡單的加減法，政權多一分，民權少一寸，反之亦然。因此他
們寧可主張把政權縮小到它的最低限度，即「最小政府」。政權
輸於民權還有更深刻的原因。民權本來就大於政權，政權只是集
中了公民交出的部分權力而非全部，並且它集中其權力正是為了
有效地保護公民的自由權。因此在這個國家的建構框架中，民權
始終處於本體的地位，政權不過是從這個本體出發所選擇的一種
方式。方式只能服從本體，本體永遠處於至上。所以政權作為處
理公共事務的權力，一旦與民權相左，馬上便會受到它的反彈。
這種反彈是必要的，它表現為對政權的某種遏制。而遏制政權本
身又是憲法修正案的立足之點，因此話題又繞了回來，民權在美
國的勝利，實應歸功於兩百多年前的「權利法案」和它的制定
者。假如那些制定者當年抱著這樣的心態「老子的江山是用兩千
萬個人頭換來的」，那麼今天的美國就是世界上最大的只有政權
而沒有民權的國家。

二、憲政與專政之間

　　《歷史深處的憂慮》出版不到一年，作者又推出了它的續篇
《總統是靠不住的》。如果說前一本書所圍繞的中心是「自
由」，那麼，本書的主題就是「憲政」了。自由是對公民而言，

憲政則是對政府制約。因而，前一本書側重介紹「憲法修正案」對公民自由權力的保護，本書則主要描述「憲法」本身（即修正案以前的內容）對國家政治權力的分割。這樣兩本書，如果倒過來讀可能更順，這不僅因為憲法本來就在修正案之前，而且只有對政府權力作有效的制衡，才能真正保證公民的自由——這是一個不可逆的因果。

　　美國憲政制度的基本內容是「三權分立」，其基本原則是「平衡與制約」。本書就是以三權分立中的行政分支——即總統所支配的政府為主要敘述對象，並以尼克森和克林頓兩位總統的有關事案，具體展現其他兩個分支是如何對其進行監督與制約的。其中尤以半數篇幅所敘述的「水門事件」撼人心魄，這分明是政權和憲法的較量，是人與制度的抗衡。即使在美國這樣一個憲政文化如此深入人心的國家，還會出現總統企圖將自己置於法律之上的「憲法危機」。不難看到，在整個事件中，伴隨尼克森節節敗退的，卻是他的節節頑抗——當然是利用手中的權力，即所謂的「行政特權」。這不由讓人驚悚，美國的憲政歷史已有兩百多年之久，可它的身後，依然拖著一道長長的專政陰影。儘管這只是一個可能，甚至在美國是難以實現的可能，但，只要權力存在，這種可能就不會消失。所以，還是美國建國的先驅們富有遠見，他們極其卓越地把一個國家的政治權力一分為三，不但不讓它集中於總統，相反，卻讓總統成為最受限制的對象。否則，今天的美國就不會是憲政國家，而是專政或專制的國家了。

　　憲政與專政的區別，就形式而言，是分權與集權的區別。只有分權才能做到「監督與制約」，或者說，就是為了監督與制約，方才分權。因此，在美國的政治架構中，是不可能把所有的權力都集中在總統身上，同樣也不可能動用宣傳工具號召所有的人都緊緊團結在以某某總統為首的政府周圍。對美國人來說，這無疑是最可怕的局面，因為一旦這樣，極權的可能也就有如槍口

頂在了下巴上。專政不然，它本來就是把所有的政治權力都集中在一個團體、一個黨派、甚至一個人的手裏。專者，一也。因而，從集權走向極權，乃是專政體制的必然邏輯。對美國來說，它的體制雖然是憲政性質，但任何一種權力無不具有專制內傾，更遑論最具實力的總統之權。因此，尼克森雖然不能兼併立法權和司法權，但他的專制傾向卻通過對立法與司法的雙重抵制──你甚至可以視其為膽略──這樣一種反向形式暴露無遺。尼克森真是走得夠遠了。作者在詳細敘述這一事件時，不時還伴以精彩的議論，其中這一段無疑令人深思「哪怕是民選的總統，也不能保證就不走向一個危險的方向。如果總統終於成功地站到了憲法之上，那麼，專制對於美國人可能很快就不再是一個古老的神話，也不是一個遙遠的別人家裏的故事了。」

　　憲政與專政的區別，如果就其本質言，那就是民權與王權的區別。憲政即憲法政治，在美國，憲法乃是公民與政府所簽訂的契約，通過這樣的契約，公民授予政府以一定的權力。這樣的政府必然是民權至上的「民治政府」。有關法律的問題最終是公民們說了算，這不僅表現在立法權為公民代表機構──國會所掌握，而且，每一個法律案件，其裁決權都在由公民所組成的陪審團手中。專政相反，它的政府是以王權為中心的「治民政府」，其權力不是來自人民，而是來自槍桿。人民非但沒有予政的權力，而且直接就是統治的對象。美國當然是一個憲政國家，所以，最終決定尼克森命運的不僅是國會和法院，同時更是美國人民。當尼克森拒絕交出有關證據時，「象徵著美國法律的一方」和「象徵著美國政府權力執行機構的一方」，「就在這憲法的路口，僵持住了」，這時誰說了算？美國人民。在 23 名由美國公民所組成的大陪審團成員的一致裁定下，尼克森終於改變了以往強硬的態度。他當然知道，如果繼續強硬下去，他將成為「人民公敵」。另外尤值一提的是，當政權發生危機時，憲政與專政的最

大區別，就是前者用法律解決問題，而後者則用槍桿。看看白宮那位叫做黑格的幕僚長吧！身為美國人的他，面對最高法院的裁決，居然提議要調空降部隊到白宮──真正讓人捏汗啊！美國畢竟是美國，華盛頓廣場是不會讓人民肝腦塗地、血流成河的。於此可見，專制的可能在擁有政治實權的人身上隨時存在，但，只要有一個完善的憲政制度，這種可能就永遠不會成為現實。

　　精彩的「水門事件」結束了，克林頓的大選也揭曉了，全書在娓娓而敘和入微分析的同時，始終不忘強調它的主旨「總統是靠不住的」。是的，任何領袖都是靠不住的，這是一個普遍的規律。尼克森並非沒有治政的才幹，而且還很傑出，但他和所有的人一樣，無可避免地帶有人類與生俱來的缺點和弱點。他對「水門事件」的處置，實際上就是普通人都有的那種本能的因應。不是說他作為總統就不能犯錯，他本來就是普通人。但他處在那個位置上，差之毫釐則失之千里。怎麼辦？監督與限制。因此，由「收銀機」之喻所引出的美國憲政制度乃是建立在這樣一個前提下：對總統和權力的雙重不信任。它的認知基礎是：人性偏惡，權力具有腐敗性。寫到這裏，不得不感佩美國建國者們的睿知，是他們認真汲取前人的經驗，為美國、也為人類草創出這樣偉大的憲政制度。它的偉大，不在於它沒有弊病，而是因為它能夠有效地避免苦難──比如那種由專政所導致的制度性苦難。

將違憲追究到底

一、政治地震：來自三藩市的訴訟與裁決

平地一聲雷⋯⋯

二〇〇二年六月二十六日，駐地在美國三藩市第九巡迴上訴法院的一紙裁決震撼了整個美國。該法院裁定：美國公立學校要求學生每日面對國旗背誦「效忠誓詞」違憲。

這個引起軒然大波的裁決源於加州一位名叫紐道的醫生。這位醫生的女兒在加州三藩市的一所公立學校讀二年級。美國許多州的公立學校幾十年來習慣性地要求學生每日面對國旗誦讀效忠誓詞。該醫生聲稱自己的女兒每天在宣誓時受到精神折磨，因為誓詞中把美國稱為「上帝之下的國家」（One nation under god），而他的女兒是個無神論者。於是他決定告上法院，控訴公立學校宣揚宗教，因而違反了美國憲法第一修正案。

當然報導也有另外的說法。紐道作為一名學生家長，是他本人對女兒天天要背誦誓詞十分不滿，因為他不想他的女兒被迫信神。用他自己的話說：我是一名無神論者，效忠誓詞令我反感，我有權阻止老師向我的女兒加諸神的概念，好讓她能在一個無神的環境中長大。同時，我告上法庭，也是為了女兒在放學回家的路上，不再對我說由於不背效忠誓詞而遭到冷淡對待。

　　結果紐道醫生的訴訟居然「暫時地」贏了，美國第九巡迴上
訴法院以兩票贊成、一票反對裁定：公立學校的國旗效忠宣誓違
反美國憲法第一修正案關於政教分離的原則。

　　說「暫時」是因為該裁決一出，立即在美國引發了一場政治
地震，或者說是「一石激起千層浪」，當然主要都是些反對的聲
浪。它使得第九巡迴上訴法院在作出裁決的第二天即宣布暫停執
行，等待法庭複議。而且據人們推測，即使複議不變，司法部也
肯定會上訴至聯邦最高法院，而到了最高法院那裏，該裁決十有
八九會被推翻。

　　這項裁決到底如何惹怒了美國？

　　正在加拿大出席八國峰會的總統布希通過發言人表示該上訴
法院的裁決是「荒謬」的。參眾兩院的反應更為激烈，當裁決消
息一傳到參議院，議員們立刻中止了國家防務法案的辯論，數分
鐘內便以九十九票對零票通過決議，譴責該上訴法院的這一裁
決。週三當晚，亦有百多名眾議員（多為共和黨人）齊集國會
山，面對國旗集體朗誦效忠誓詞，以示抗議。至於美國民間，事
發以來，正有數不清的電話、電子郵件湧向媒體和第九聯邦上訴
法院。許多美國傳媒工作者對此都感到十分震驚，哥倫比亞晚間
新聞的一位監製說：每個人聽到後的本能反應都是大喊「什
麼」！與此同時，美國國內的自由主義者和保守派就這一裁決
也理所當然地展開了相當激烈的論戰。而打贏這場官司的紐道
則說：這宗「愛國」訴訟是代表他的女兒進行的，但他自己受
到了威脅，有一些威脅電話不斷打來，這些電話來自那些崇拜
上帝的人。

　　　‧‧‧‧‧‧‧‧‧‧‧

　　作為一個中國公民，我對大洋彼岸正在發生的這樁（是否）
「政治正確」的事件抱有濃厚的興趣，很想參與進去談談自己的
看法。鑑於這是美國事件而非中國事件，同時，美國是政教分離

的國家而中國相反，因此，我的陳述就不是依據本土意識形態而是美國的價值觀念，我試圖按照美國的價值觀把它從邏輯上推究到底，看看從這一事件中我們到底能捕捉到些什麼。

二、政教分離：「第一修正案」的精神內核

儘管美國第九巡迴上訴法院這一裁決幾乎遭到普世反對，也儘管它的前途──亦即聯邦最高法院的裁決──吉凶未卜且凶多吉少，但從法理角度，實在看不出它有什麼不妥。甚至可以說，這是一項幾乎帶有「破天荒」性質的政治正確的行為。說它「破天荒」，因為如果順著誓詞違憲的思路推斷，美國從立國之初到今天，兩百多年來，很多習以為常的東西──這些東西不僅已經成為美國人的經驗、習慣、歷史、傳統、甚至成為他們的個體無意識乃至集體無意識──都經不起憲法第一修正案的衡量，因而是違憲的。這也正是這個案子足以驚爆美國的最根本的原因：縱然它不可以改變美國的過去，所謂法不咎往；但卻能深刻地影響美國的今天和未來（馬克斯・韋伯說：未來就是今天）。

既然這樁訴訟是指控效忠誓詞違憲，即違反第一修正案，那麼，下面的話題就不妨從第一修正案本身說起。先看一看它的內容：

> 國會不得制定關於下列事項的法律：確立國教或禁止宗教活動自由；剝奪言論或出版自由；剝奪人民和平集會和向政府訴冤請願的權利。

根據以上，美國憲法第一修正案至少涉及三個方面的內容：宗教（自由）、言論（自由）和集會（權利），後兩者因與本文事件

無關，在此不論。而宗教（自由）之所以放在首位，實在是因為
美國最初是以清教徒為主的移民組成，因而它至今為止事實上是
一個有神論的國家。不僅如此，與南美那些來自西班牙、葡萄牙
的「淘金」移民不同，這些「同宗不同教」的信徒在歐洲大陸受
到了宗教迫害，他們是為了避難，同時也是為了堅持以自己的方
式敬神，才不惜克服重重困難，漂洋過海，來到當時是不毛之地
的北美。所以，當他們一旦有可能建立自己的國家並約定憲法
時，宗教和宗教自由的問題很自然要被放在首位──不僅在當時
的十條修正案中位列其首，而且在第一條裏也首當其衝。

　　至於憲法修正案，它是美國憲法的一個組成部分。美國憲法
一分為二，由兩大板塊構成。其一不妨叫做「權力法案」，另一
就是作為「權利法案」的憲法修正案了。兩個法案的區別在於，
前者是對國家進行權力授予和分割，比如，立法權、行政權和司
法權的分別授予以及這三種權力的並列與分立。後者則是對公民
權利的保障。兩者的邏輯關係在於，國家權力來自公民權利（也
就是說，是每一個公民割讓出自己的部分權利才使之轉化為國家
權力），因此，權力的目的就是為權利服務。但，權力本身具有
擴張性，它完全有可能反過來造成對母體權利的侵害。因此，當
年的美國制憲者，至少是其中一部分人認為：在授予國家權力的
同時，必須予以一定的限制，不讓國家這個龐大的「利維坦」反
噬公民權利。這樣，在完成憲法中的「權力法案」之後，第四年
即一七九一年，又出台了作為「權利法案」的憲法修正案（最初
批准生效時共十條）。關於這兩個法案的簡潔表達不妨是：前者
是權力分工，後者是權力防範。

　　第一修正案看似簡單，但內涵卻相當豐富。僅就宗教而言，
其政教分離的精神就體現在國家不得以立法形式確立某一種宗教
為國教，同樣也不得以立法形式禁止任何一種宗教。美國雖然是
一個有神論的國家，但宗教信仰卻不是國家的事，而是民間和個

人的事。這就是《新約》中出自耶穌之口的「凱撒的歸凱撒，上
帝的歸上帝」，兩者涇渭分明，并河不犯（相形之下，哪怕是一
個無神論國家，如果政教不分，倒完全可能充滿宗教氣息）。當
然，第一修正案主要是針對國會而制定，確定國會在某些方面不
得立法。其所以如此，是因為國會議員由民眾普選而出，一旦選
出的議員由於自己的宗教傾向，又由於他們在國會中是可能的大
多數，這時，他們如果利用手中的立法權確立他們自己信奉的教
義為國教，事情就不可收拾了。所以，作為一種防範，第一修正
案很自然把矛頭鎖定在國會上。但，從憲法完備角度，它畢竟有
所疏漏，因為，干涉宗教自由的，不僅可能來自國會，也有可能
來自行政，來自文官政府。好在作為第一修正案的前驅，亦即一
七八六年由湯瑪斯・傑弗遜提出並由弗吉利亞州通過的《弗吉利
亞宗教自由法令》有效地解決過這個問題。下面是我從該法令中
摘引的一段文字，它既可以看作是對第一修正案政教分離精神的
一個註釋，同時，也不妨為所有政教合一的國家提供一比較性的
參照：

> 人的思想見解既不是文官政府可以指導的，也不屬其管轄
> 範圍；如果我們容忍政府官員把權力伸張到思想見解的領
> 域，任他們假定某些宗教的教義有壞傾向而限制人們皈依
> 和傳播它們，那將是一個非常危險的錯誤作法，這會馬上
> 斷送一切宗教自由。

　　現在可以來看看美國「效忠誓詞」的違憲所在。根據第一修
正案政教分離的精神，美國包括聯邦和州的各級以及各種公立機
構俱不得以任何形式宣揚、贊助宗教活動。而公立學校要求學生
誦讀「效忠誓詞」，並由於這誓詞中含有「上帝之下的國家」抑
或「上帝庇佑下的國家」這樣明顯帶有宗教色彩的字眼，實際

上，這宣誓本身已經是一種宣揚宗教活動的形式。更兼美國公立
學校由政府撥款維持，而政府的款子又來自納稅人，這實際上又
是用納稅人的錢來贊助宗教活動。因此它給人的感覺不但是政府
在扶持宗教，而且政府還認同一元神。這一元，根據美國最初的
移民構成，顯然是指「猶太－基督」一系。那麼，今天的美國，
移民成份已經非常複雜，它既有來自東南亞的佛教徒，也有來自
東亞、西亞和北非的伊斯蘭教徒，當後者的子弟也被要求用這樣
的語言宣誓時，這是否有用一種宗教律例強加另一種宗教律例之
嫌？更何況上述情況還不包括來自無神論國家比如中國的無神論
者（當然也指美國本土和來自世界各地的無神論者），他們是否
會覺得這更是一種強加？因為，前者（比如一個伊斯蘭教徒）在
宣誓時畢竟還可以把抽象的神想像為自己心目中的真主，來它個
皮裏陽秋。而對無神論者來說，菩提本無樹，心中原無神。但，
口中卻要唸唸有辭，即使自己可以不唸，至少還要被迫聽別人
唸，並且，不是一天而是天天：這能不能說是一種長期的精神困
擾？這是不是違反了憲法所保障的宗教自由？因為，在邏輯上，
宗教自由內涵著不宗教和反宗教的自由。

　　所以，第九巡迴法院的裁決文件中有這樣一句：當面對所有
宗教的時候，效忠詞的表述方式不中性。在無神論者以及不崇拜
基督的宗教人士看來，效忠誓詞事實上支持一元神。

三、政治正確：不美國、還是更美國

　　現在的問題是，法院判美國公立學校要求學生背誦效忠誓詞
違憲，是因為誓詞本身含有宗教字眼。那麼，如果把宗教字眼從
中挖去，勢又若何？當初出台於一八九二年的誓詞原是沒有宗教
字眼的，直到一九五四年，由某天主教團倡議，艾森豪總統敦

促，國會才通過一個法案在國家之後加上短語「上帝之下」，以示自己是一個有神論國家——現在看來，這個法案是「非法之法」了。但，「上帝之下」添上去也許不難，現在要挖掉，卻很不容易。

為什麼？因為要挖掉的並不僅僅是這兩個字，它同時更挖掉了美國賴以成為美國的宗教傳統。美國是一個清教徒移民國家，兩百多年來的發展歷程，使這個國家公共生活的各個方面都打上了基督教的烙印。儘管憲法中政教分離原則使基督教不可能成為由政府提倡或國會立法而成為的國教，但從民間自發認同和普遍接受的角度，它之作為國教，卻又毋庸置疑。這是一種強大的傳統力量，而傳統的意義就在於，它也是一種合法性，習慣成自然的合法性。正是在這種「合法」的慣性下，誓詞中的「上帝」字眼「理」所當然地被忽視了。但它畢竟經不起憲法挑剔，只要有人把它拎出來，你就得面對。然而，現在所面對的問題是，這個案子已經不僅僅是它本身了。

比如：美國通用貨幣，不論幣值，也不論紙幣、硬幣，一律都印有這樣的字樣「我們所信賴的上帝」。制幣是政府行為，這樣做，違憲否？

美國新總統上任時，總要手按《聖經》宣誓，這是否也有違憲之嫌？

如果這案子打到聯邦最高法院，按慣例，在審理案子前，最高法官們在宣誓中都要說：「上帝保佑美國和這個法庭」，這又該如何論處？

泛言之，美國法庭上證人作證前的宣誓、法官就職時的宣誓、國會在每個工作日開始前所作的集體禱告、總統公開講話那習慣性的結尾以及美國國歌的歌詞，都因其含有「上帝」字樣，是不是統統違憲？

那就要看這個案子怎麼判了。

　　如果上訴法院複議不變，如果最高法院維持原判，下面勢必造發「多米諾骨牌」效應，因為，根據這個判例，以上所舉具有違憲之嫌。那位紐道醫生似乎看準了效忠誓詞的典型性以及由它所引發的連鎖反應，他不是摩拳擦掌，下一步就準備指控美元違憲了嗎？

　　可是，一旦這些都被判為違憲，那麼，美國還是不是今天的美國？

　　美國所以成為美國，宗教之功難以抹滅。可以說，是美國的宗教塑造了美國的歷史、文化和政治而不是相反。當然，說宗教塑造政治不是說它對政治直接干涉，而是指它作為一種終極價值和力量之源對政治（人）所產生的潛移默化的影響。比如，總統就任宣誓，並不是發誓為上帝替天行道，而是祈求上帝幫助他，保佑他，給他力量。這是一種信念的支撐。再者，美國政教分離的原則，推其原始，也是防止某一教派掌控政治，從而動用政治力量干涉宗教自由。說到底，這原則還是為了在信仰自由的前提下保障宗教。因此，對當時是清一色的清教徒來說，那種超越了具體教派意義上的宗教和宗教精神如果不是支配政治而是融入政治，不僅是自然的，也是可接受的。事實上這種融入形成了傳統，也形成了相應的秩序。而美國是一個格外珍惜傳統和注重秩序的國家，現在，這個傳統秩序面臨違憲指控，如果它真的被憲法終結，那麼，對美國人來說，或者，對現在依然是絕大多數的清教徒美國人來說，是不是亂了套、是不是「國將不國」？

　　但是，美國是一個具有兩重性的國家。它不但是一個有著宗教傳統的有神論國家，它同時也是一個高度自由和高度憲政化的國家。憲政的要義即保障信仰自由在內的公民自由。因此，美國所以成為美國，是在它所奉持的自由觀念。《美國讀本》一書中的〈美國的觀念〉這樣表述美國：

其他國家都是在這樣的人民中形成的，他們出生在他們的家族自古以來繁衍生息的地方。不論他們的政府如何更迭，英國人是英國人，法國人是法國人，中國人是中國人；他們的民族國家可以分裂，再建而無損於它們的國家的地位。而美國是由一個觀念產生的國家；不是這個地方，而是這個觀念締造了美國政府。

是的，在比較的意義上，世界上所有的國家都形成於地緣的或種族的因素，只有美國是個例外，它的形成僅僅緣於一種觀念：自由的觀念，是自由這個觀念使最初的移民們奔赴北美，並締造了美國及其文明。因此，在世人眼裏，美國的形象肯定不是基督耶穌，而是曼哈頓島上的自由女神。

如果說在制定修正案的那個時代，由於移民成份的單一，宗教自由僅僅體現在基督一系的不同教派間，它並不包括在這之外的異教徒和非教徒；那麼，今天時移事易，第一修正案所內涵著的不同宗的信教自由乃至非宗教的自由，越發具其現實意義。美國因其他自身的移民傳統和開放傳統，以至這樣有人聲稱，再過多少年，美國的白人將有可能成為少數民族。在一個不同種族雜處的國家中，當這個國家的上層建築不再像今天這樣僅僅控制在白人手中，那麼，假如，最高法院的法官有非白人和非基督出身，他又為什麼要在宣誓中祈禱「願上帝保佑」？更有甚者，總統萬一是個堅定的無神論者，他在就職時可以手按《聖經》起誓嗎？如果說這些都是傳統，那麼，這些傳統是否侵犯了他們作為個人的宗教自由？

作為一個有神論國家，傳統美國和憲政美國發生了誓詞上的衝突，現在，聯邦上訴法院就該衝突做出了它的裁決，我以為，這項裁決是符合政治正確原則的。所謂政治正確，即正確處理社會公共領域中的一切事務。政者，事務也，治者，處置也。處置

標準以憲法修正案為其終衡，是謂正確。因此，在這個意義上，傳統固然重要，它保證了社會生活的自然延續；但憲政更重要，它是國家作為一個共同體的根本維繫。當傳統與個人自由以及保障這種自由的憲政制度有所不吻時，需要變動的不是後者而是前者。儘管這種變動從傳統角度看，美國可能不那麼美國了；但憲政至上，無疑將使美國更美國，畢竟美國首先是以它的自由和憲政著稱於世的。

在這個意義上，我雖然是一個跨太平洋的「隔岸觀火」者，但我傾向於支持紐道醫生和三藩市第九巡迴上訴法院，因為他（它）們的作為體現了一種精神、一種地道的美國精神，那就是：將違憲追究到底！

無權者的權利和非政治的政治

　　在一個後極權主義的時代，自由主義解構極權政治的本土策略，如題，即「無權者的權利和非政治的政治」。這個題目來自李慎之先生的啟發，李先生在給《哈威爾文集》作序時，題目為「無權者的權力和反政治的政治」，由於和李先生表述的不是一個問題，所以本文是在「權利」而非「權力」上做文章。

　　按照現代西方「天賦人權」或「自然權利」理論，人的權利是與生俱來且無與讓度的，本不存在「無權者」這樣的概念，尤其是在現代社會。而現在伸張「無權者的權利」，恰恰是因為權利者的權利被剝奪了。是誰剝奪了權利者的權利？這個問題需要到也是現代社會中的「極權社會」去尋因。

　　極權社會是現代社會的一種政治形態，它是一種最現代或極端現代的政治體制形式。和古代皇權社會不同，它把它自身的政治權力發揮到「極致」。如果說古代皇權社會，在其政治權力之外，還有一個自生自發的民間社會，在這個空間中，所謂「天高皇帝遠」；那麼，現代極權社會的政治權力則無遠弗屆，它不僅吞噬了這個自治的空間，而且社會在哪裡，政治權力的控制就延伸到哪裡。這樣一種全方位的覆蓋，使得極權統治，只有「國家」，沒有「社會」，社會國家化了。20世紀的極權主義有兩種形態：右翼極權主義和左翼極權主義。前者以種族或民族為其意識形態，如義大利法西斯和德國納粹；後者往往以全人類作為意識形態訴求，如史達林的前蘇聯和前中國的毛澤東。由於左翼極權打的是「全人類」的旗幟，因而比「種族」更具道德迷惑性。

另外，右翼極權多少還保留傳統私有產權，因而在政治權力之外還有一個私人領域；而左翼極權則不允許這個領域存在，或者，私人領域完全被意識形態化。因而左翼極權的權力真正做到了古代帝王做不到的「普天之下，莫非王土，率土之濱，莫非王臣」。

在某種意義上，極權社會是對古代皇權社會的倒退，雖然它是一個現代形態。如果從價值維度而非單純的時間維度，現代和古代的區別就在於「權利」狀況的區別。現代作為「權利覺醒」的時代，是因為它的權利比在古代社會有了更大和更實質的進步。然而，極權形態的出現，卻出現了這樣一種悖舛，古代人尚且擁有的權利，現代人卻沒有了。比如，古代人可以有山林隱居的權利，可是極權社會連一方隱居的地方都沒有，「山前山後都是人民公社的田」，這個權利事實上就被剝奪了。又，古代人假如沒有說話的自由，至少還有沉默的權利，可是極權社會的表態機制，使人的不說話的權利也蕩然無存。在這個意義上，極權社會是一個沒有權利的社會，沒有財產權，沒有自由權，沒有生命權（生命的存在類同於一顆螺絲釘）。人，成了真正的「無權者」。剝奪這些權利的，就是權力，極權社會的政治權力。

我們今天處在一個「後極權」時代，這是目下學界一個較通行的說法。本來，後極權應該是「極權之後」，比如 1990 年代終結了極權統治以後的民主俄羅斯。然而，現在所謂的「後極權」卻不是「終結之後」而是終結之前，它指的是極權主義的「後期」階段，或晚期階段。既然如此，「後極權」在性質上依然是極權的，而「後」之所云，則意味著極權的發條已經鬆動了，它已經力不從心了。因此，準確地說，後極權就是「次極權」和「亞極權」。在極權社會中，權力站著的地方，就是倒下去的權利，它們是不兩立的。那麼，在後極權時代，權利在權力發條鬆動的地方慢慢地站起來，開始伸張自己。它向前走一步，權力就向後退一分。當然，也有相反的情況，權力反過來逼一步，權利

又向後退一分。也就是說，「無權者的權利」在極權社會是當作「資產階級法權」來批判的，在後極權社會，它卻可以和權力博弈；而且，後極權時代本身也成為「權利」和「權力」反覆博弈的拉鋸式過程。這個過程是歷史的進步，儘管這種進步是艱難的，甚至脆弱的。

後極權社會位於極權社會和民主社會之間，從後極權社會向民主社會過渡，這是歷史的必然，也是知識份子的願望。但，它卻有一個路徑取向的問題，即通過什麼樣的道路，或採用什麼樣的策略才能從後極權抵達民主。如果民主在這裏是一種「道義理性」，那麼，在自由主義看來，更重要的是強調這個道義目標過程中的「實踐理性」。由於自由主義是一種緩進主義，緩進的目的在於盡可能以「和平」的方式完成社會形態的轉換，盡可能減少這個轉換過程中由新制度所需要墊付的交易成本（即因暴力衝突而導致的流血犧牲）；因此，後極權時代的自由主義，在其策略上，也許就个是直接抵達容易導致暴力發生的「國家民主」，而是把它作為一個可預期的目標，轉而從「權利」出發，以落實「個人權利」來迂迴包抄民主。

從「個權」出發，這個策略需要解釋。

首先需要解釋的就是「權利」本身。權利是一個複數概念（rights），它可以包括很多子項。在一級劃分的意義上，人的權利有兩種，先天的和後天的，即「自然權利」和「契約權利」。前者是根據自然需要所產生的，它具有天賦性，比如人的生命權利、生存權利、人身權利、言論信仰的權利、遷徙權利以及因維持生存而形成的財產權利等，這些都屬於「自然權利」，或者是自然權利的直接延伸。所謂「契約權利」是在人類社會中形成的，它不是先天的而是後天的，不是來自自然，而是來自人與人之間的契約。比如「民主」，作為民主社會中公民選舉與被選舉的權利，就不具有自然性，它是人類社會中的一種公共約定。人

類的這兩種權利構成了人類社會生活的複式結構，它由兩個領域相銜而成，「私人領域」和「公共領域」。自然權利因應於社會生活中的私人領域，「契約權利」（更準確的說法則應是「政治權利」）則因應於社會生活中的公共領域。在比較的意義上，可以把一個人在「私人領域」中的權利視為「私權」，同樣，這個人在「公共領域」中的權利則屬於「公權」。而以上所謂「個權」是一個綜合概念，它既包括一個公民本有的「私權」，也包括他（她）被賦予的「公權」。

　　在極權社會中，「無權者的權利」是雙重地被剝奪，它既沒有私權，也沒有公權。就前者言，私權的沉淪在於社會生活中「私人領域」的被破壞，意識形態的強行進入。文革期間，一個人在光天化日之下，連燙什麼樣的頭髮、穿什麼樣的裙子都做不了主，還有什麼私權可言？至於公權，名義上有，而且冠冕堂皇，但它卻是一個不能兌現的「空洞的能指」，僅僅是一種名義，甚至誰都不會去因名責實。後極權社會，人的權利狀況獲得了改善，至少「權利」被承認為是一個「正當」的訴求（right 同時具有「權利」和「正當」的含義），而且被剝奪的權利也正在有所還原。當然，有所還原遠非全部還原，這個過程還很長。

　　目前正在繼續的這個過程中，權利的還原導自於權力的退卻。那麼，在後極權社會，權利和權力的配比是一種什麼格局呢。一，政治權力依然遠遠大於公民權利，這是一個基本估量。二，就還原了的權利而言，它主要體現在私人生活領域而非公共生活領域，亦即個人自身方面的權利正在逐步兌現，而公民的「政治權利」則依然紙上談兵。換言之，政治權力可以也事實上逐步退出日常生活領域，但政治領域卻是它的不讓之地。這是後極權社會的一個基本狀況，也是當下的一個基本的社會現實。在這樣一個現實面前，「民主」的目標自然就成為眾目所矚的問

題。它不僅是五四以來一個世紀的夢想，而且極權社會的根本解決，也正在於政治領域中的制度更新。

　　然而，這樣的理念固無問題的話，在其實踐層面上，筆者卻傾向於認為，民主不妨可以緩一緩，或曰，從「個權」出發，先權利，後民主。當然，民主也是一種權利，每一個公民應該擁有的政治權利；但這裏的「個權」（或權利）顯然是指它在日常生活方面的內容而非政治方面。在策略意義上，「權利優先，民主殿後」是一種較為有效的價值排序，它雖然是讓民主緩行，但絕不是不要民主。筆者知道，這很容易招致道義理性的指責，什麼犬儒主義、什麼逃避民主；但根據實踐理性，該策略的提出，主要是出於這樣幾種考慮。

　　從現實角度看，「無權者的權利」主要是在日常生活中得到恢復。換一個角度，政治權力的干涉，也是從日常生活中逐步退出。權力的退，就是權利的進，但，這種「進」是「漸進」而不應是「激進」和「冒進」。也就是說，我們現在可以和體制討價還價的，是日常生活中的公民個人的自身權利而不是政治權利。政治作為體制最為敏感的領域，至少現在，它是不允許你和它討價還價的。其所以如此，是因為「私權」僅僅是「權利」，它和「權力」無關。而「公權」，比如民主選舉，從公民個人來說是「權利」，但從政治體制來說，同時又是「權力」。凡是涉及「權力」的地方，體制都會「當仁不讓」，這是它的最後的防線了。既然如此，自由主義應該審時度勢，在條件許可的情況下，知其可而為之，反之，知其不可而暫不為。具而言，刻下自由主義的努力，其重心依然是在公民個人生活的日常領域，是這個領域中公民自身權利的逐項落實。權利是一個清單，在這份清單上，公民個人被權力所侵犯的權利還很多，它需要以「個案」的方式一條條去伸張，一款款去敲定。胡適介紹他的美國老師杜威的觀點說：改革不是批發的買賣而是零售的交易。抓住公民受侵

害的個案在輿論上做文章，並從法律上解決問題就是「零售」，而期冀民主問題的解決，尤其是期冀民主解決一切問題，倒有似於「批發」了。

理論上看，公民權利中的「私權」部分，大致就是柏林所說的「消極自由」，而公民政治生活的權利，則對應於所謂的「積極自由」。柏林在論述這兩種自由時，顯然是「消極自由」優先，並對「積極自由」「抱有一定的警惕。自由是權利不受障礙的狀態，從自由到權利，無權者首先需要恢復的也是屬於「消極自由」的自身生活權利，其次才是「積極自由」範屬下的政治權利。這個次序無以顛倒。日常生活是政治生活的基礎，不僅人類生活的原始發生是從日常生活過渡到政治生活，後者甚至是很後來的事；而且，人類個體對這兩種生活的介入，也是這個順序。按照這個順序求自由、爭民主，是順推，而不是逆取。逆取往往逆而不取，因為權力是暴力，逆取必須集中比極權更大的暴力；但這種更大的暴力一旦獲得成功，它本身就是頭疼的對象，甚至更極權。這樣的事在歷史上發生過，史不可不鑒。

轉從歷史角度，「民主」這個口號早在五四就被提了出來，它被人格化為「德先生」。五四知識份子對這個國家制度層面上的運作，可以說投入了極大的熱情；可是，他們可曾以同等的熱情關注過屬於個人的權利？「個權」在五四是一個失落的概念，這個失落幾乎延至整個二十世紀。也許是因為它太小了，不屬於宏大敘事，很難引起知識份子的價值衝動；也許是這樣認為，只要民主問題解決了，個權之類的一切也就迎刃而解。然而，個人與國家，如果略過個人的具體的權利而直奔民主，這樣的民主是凌空蹈虛的，極易為一些政治力量所利用。事實正是如此，二十世紀以來，民主的口號震天響，可是結果如何呢？政治權力的問題解決了，而個人權利的狀況更糟了。個權成了民主的犧牲。如果從中總結教訓，儘管原因可以很多，但，追求民主的路徑不

對，而最終為某種勢力所乘，不能不是原因之一。假如從五四時，就堅執於個權的努力，從個權到民主而不是撇開個權搞民主，歷史也許當不至此。當然，歷史不能假設，假設無意義；但歷史不能假設，現實卻可以選擇。今天，正是通過歷史失足處的反思，我們方才選擇個權策略，即立足個權，各個擊破，由此打通嚮往民主的道路。

最後，對於普通民眾而言，屬於「公權」的政治權利固然重要，但日常生活中的各項權利顯然更重要。就一個城市下崗工人來說，或者就一個在城市找不到工作、抑或有了工作而工資卻不能兌現的農民工來說，他們是覺得自己的工作權利、最低生存保障的權利以及勞工應得的權利重要，還是手上那一張選票重要，答案不言而喻。香港在殖民地時期，生活在香港的人並沒有政治投票的權利，但除此以外，卻享有其他民主國家都能享受到的公民個人權利，因此，香港社會長期以來是穩定的。相反，中國文革時期，公民私權大幅度被褫奪、被侵犯，與此同時，個人虛擬的政治權利卻被有意識地利用，以至放縱為氾濫成災的個人權力，幾個人打起一個旗號，就可以對同樣也是公民的另一個人實行抄家和批鬥。這樣的廣場民主，必然導致社會的動盪與虛脫。當然，文革式的民主不是我們所說的民主，問題是，像文革那樣，只有政治生活，沒有日常生活，只有畸變的政治權力，沒有正常的私人權利，這樣，個人的能量、熱情、注意力和力比多勢必向前者傾斜，如果不出現那種「民粹式的民主」才怪。以上一正一反兩個例子，意在表明，普通民眾出於生存，更在意他們的私權，而沒有私權基礎的公權，很容易變形。因此，在現有的條件下，我們的努力是不是應當從私權開始，在即使是看來遠不完善的法律框架內，儘量以它允許的方式抗爭，用以形成一個較為穩定的權利保障的基礎，而後再問鼎自己應有的民主權利，亦即

由「私權」而「公權」，就像 2003 年至 2004 年香港每年七月所做的那樣，這才是一條較為實在的可取效之途。

根據以上，筆者認為，在「後極權社會」，「無權者的權利」先從個權的伸張開始，然後過渡到民主權利。這樣的策略，換一句話說，就是「非政治的政治」。這裏有兩個「政治」，但，它們的內涵並不相同。前一個「政治」，指的是權力意義上的政治，或曰國家政治權力。後一個「政治」是指政治生活所在的公共領域，它不是指政治權力，而是權力之外的公共事務空間，是公民在這個空間中的政治權利。由於政治無論在極權社會還是後極權社會都是一個非常敏感的詞，因此，有界分這兩種政治的必要。

當「無權者的權利」率先是從個人日常生活開始時，它並不威脅到體制的政治權力；相反，體制為了顯示自己的變革的誠意，也願意把權力從這個領域中退出。它的退出是逐步的、也是有條件的，那就是以不染指自己的政治權力為前提。在這個意義上，體制可以提出自己的口號「權為民所用」，但卻不肯接受更為合理的「權為民所授」。儘管從理論上說，只有「權為民所授」，才能有效地保證「權為民所用」；因為，權力不為民用時，民有變換權力的權利。但，現在的狀況是，一，政治權力尚未完全退出公民日常生活領域，由國家侵犯公民權利的行為和事件時有發生，並且還有相關的行政法規或法律支持。也就是說，這個領域中的權利狀況很不穩定，還有很大的權利空間需要逐個突破和改善。二，當政治權力已經退出一些領域之後，要求它自己緊接著再退出政治領域，那就等於是要求它立刻吐出所有的既得利益，而且是最後的利益，那它肯定是不能接受的，也不會善罷甘休。在這樣的情況下，如果審時度勢，我們的用力之處應該在哪裡，顯然是權力退卻的地方，它同時也是權利尚未穩固而顯得很脆弱的地方。穩固其脆弱的權利並使之擴展，這就需要抓住

體制自己的承諾「權為民所用」，使之有效地憲政化為「權為民所享」，至於民主意義上的「權為民所授」卻不應急於求成，也無法急於求成。這種暫時繞開政治權力的策略就是「非政治」的含義。它的考慮是，權利是一種利益訴求，權力也是一種利益訴求，在權利與權力的博弈中，爭取自己的利益，也需要考慮到對方利益所在。儘管長期以來，是權力剝奪權利；但，為了和平轉型，權利對權力還需要付出一些過程中的代價和妥協，甚至寬容。換言之，給對方一些空間，也就是給自己空間，如果把對方逼到死角，自己也就沒有退路。這應該是 1989（指六四天安門事件）政治風波留給我們的血的教訓。

　　然而，話說回來，「非政治的政治」儘管回避政治權力，但卻回避不了政治，它本身就是一種政治。亞里斯多德在論城邦生活時謂「人是政治的動物」，這個政治就是非權力的政治。因為生活在城邦中的人，必然要參與各種各樣的城邦事務——即政治事務中去，然而它又未必與「治權」有關。如詞，政者，事務也，它是和私人事務相對應的公共事務，由這些事務構成了人的生活的公共領域。在這個領域中，政治權力固為中樞，但在中樞之外，還有許多可以繞過治權（比如由非政府組織過問）的事務空間。這個空間中的事務如果具有公共性，即具有政治性。落實在本文語境中，「非政治的政治」是指，雖然在後極權社會中所爭取的是個人日常生活中的權利，即「私權」，但，必須把它當作一項公共事務在公共領域中去爭取。假如知識份子為一個侵權個案向社會呼籲和揭露，並進而展開各種援助和救濟時，比如2003 年「孫志剛案件」發生後知識份子的集體表現，這樣的言動雖然並不指向政治權力，但該事件的性質顯然具有政治性，這就是典型的「非政治的政治」。如其上，一個人的「私權」可以解釋為「消極自由」，它的政治權利則解釋為「積極自由」。儘管「消極自由」的權利優先於「積極自由」，但它卻需要以「積極

自由」的方式去爭取。「積極自由」的方式正是一種政治方式，它的領域也正是公共領域。公共與政治的互文性，使得知識份子的公共關懷，把每一個侵權個案都當作一項全社會的事務來承當，力圖擴大它的政治影響，最後求得法律的或上達憲政的解決。

抓「個案」，促「個權」。在本文結束之際，需要補充的是，在策略的意義上，筆者雖然主張公民政治權利的延緩，但並非就「民主」問題提倡不作為。這裏有一個「知行」關係需要分清，民主問題目下顯然缺乏「行」的可能性。體制的「鄉村選舉」幾乎就是面具，幾年下來也陷於停頓，而且真正推行民主，似乎也不應是從鄉村開始。在這個暫時無從博弈的問題上，體制沒有就民主進程拿出它的「時間表」和「路線圖」，它現在甚至根本就沒有這個準備，知識份子當然也無法單方面地進行民主政治的操作。這就是民主在形勢上的暫未可行。但，未可行，卻可知。所謂「知」，使眾知。知識份子在公共領域中除了維權之外，依然可以也應當利用自己的公共輿論的能力，作民主啟蒙，為民主蓄勢，以做好未來民主運作的意識形態上的準備。

可以相信的是，在公民維權的基礎上，在民主輿論的攻勢下，民主的到來，是水到渠成和瓜熟蒂落的事。也許真的不必擔心民主不會到來，需要注意的倒是，民主如何到來。在這個問題上，筆者希望，我們是以一種和平的方式，或者是盡可能減少暴力衝突和社會震盪的方式，完成從後極權到民主的轉型。在這個轉型過程中，需要警惕的是知識份子身上常有的政治浪漫主義和政治煽情主義——而這最後一句，至少就是針對筆者自己來說的。

「私」是一種權利

按：這是一家圖文雜誌給我交代的任務，寫一寫文革時拍攝的「鬥私批修圖」。作為照片它不值一哂，因此，我就用篇幅談談「鬥私批修」這個詞。

關於這個詞的語境：文革果如作為一篇文章，它的主題就是一個字「鬥」。當時有過這樣的豪言壯語：與天鬥，其樂無窮；與地鬥，其樂無窮；與人鬥，其樂無窮。天地人，都成了鬥的對象。不過這裏的人，是指別人，比如大家都在鬥劉少奇。等到別人鬥倒了，鬥的慣性卻使鬥爭者欲罷不能。怎麼辦？天地人者後，己也。自己鬥自己，於是就有了「鬥私批修」，而且還要狠。林副主席的批語是，「狠鬥私字一閃念」，這叫做「靈魂深處爆發革命」。

關於這個詞本身：「鬥私批修」要害是私，其次是修。彼此因果，有私則修，所以要鬥。有趣的是，「修」作為政治語彙，本來是指赫魯雪夫式的蘇聯修正主義，因為它背離了馬克思。比如，赫氏居然把共產主義的宏偉藍圖修正為「土豆燒牛肉」。因此，在當時的日常語用中，「修」也被相應地修改，大大地生活化了，最後通俗成好日子的意思。比如，某人一頓飯吃得好了點，儘管還沒有土豆燒牛肉，就會有人開玩笑：啊，你變修了。

關於這個詞的處理：修是現象，私是根源。一個人想過好日子，這想念，在今天不是修，而是人之情常，但在文革則是私心作怪。為何？端起飯碗就要想到天下還有三分之二的勞動人民處在水深火熱之中，你只顧自己吃，還要吃得好，不是私是什麼。

私字當頭，修在其中。因此，批修先須鬥私。況且，修的問題今天已不復存在，說也沒有什麼意義；而有意義或者說有問題的則是那個當頭的私。因此，鬥私批修這個詞，本文只擬說私而不說修。時勢使然也。

關於「私」的寫法：私者，厶也。厶乃私之古字。而私卻不是厶，它指的是莊稼，「禾也」。《說文》說的。因此，以下必要時私寫作「厶」。

釋題：說私又豈可不謂公？公私對舉，其義兩彰，它們兩兩並生，共構一個語境。因此，本文說私及公，捉對而論，但落點在私。題目不凡直接為：「私」是一種權利。

有了以上，現在可以入題。

文革中，「鬥私批修」的另一版本是「大公無私」。今天，即使已經不談前者，後者卻依然是我們習見的道德用語。可見，無論當時，還是現在，我們都認為，公私不兩立，有私則無公。而私之鬥，就是為了公之立。把公私如此對立，倒非始自現在，亦非文革，雖然文革把它發展到極致。那時節，人人談私色變，好像它是個汙染源。儘管文化大革命是大革文化命，傳統文化一律視為「四舊」而在掃蕩之列，但在公私對立的觀念上，兩者反而一脈相承。因此，文革中的鬥私，包括現在，如果追溯文化淵源，委實其來有自。

這個淵源，似乎從造字就可以看出。如果我用本字，把這倆字放在一起，那就是：公厶。看出它們之間的蹊蹺了嗎？厶在秦篆，筆鋒是圓轉的，像一個環形，如果借漢隸「厶」表現，是不是有點環的意思？所以，韓非說「自環者謂之厶」。它的意思，用今天的話，不外是為己。公呢，這個字下面就是厶，上面卻多了個類似「八」的短撇短捺。什麼意思？它意味著一左一右兩種外力，硬要把下面那個自環的「厶」給扳開來。所以，韓非又說

「背厶謂之公」。可見，大公無私也好、滅私興無也罷，雖是今語，實為古意，且今古如一。

這就有點讓人不懂，一種文化，而且就是我們生息其中又以之為驕傲的文化，卻不許人作為個人而存在。因為，私，就是指個人，公則是個人以上，即群體。公私之間，不過是人在存在狀態中的個己關係和群己關係而已。但，為什麼它卻視厶為貶義？為什麼偏偏要用公來消解，使之歸於無？無私還有公嗎？正如沒有個體哪來群體？即使造字，去厶，公又何在？這些問題，當不是疑問，而是質問。並且，我想把它轉換為下面的假設，如果公是以去厶為務，那麼，我要說，這個字就是法西斯。

為什麼？私與個人有關，而人類生活首先是以個體的方式存在。一個人生活在世界上，他要對自己負責，就必須在利益上為己考慮。因為他不這樣，就等於是要別人為他考慮，比如小孩。而不為自己考慮卻要別人為他考慮，這樣的人才是我們今天譴責意義上的自私。相反，一個認真為著自己的利益考慮並付之行動的人，這實際上是在減輕他人的和社會的負擔，這也是自私，但絕非道德貶義。甚至可以說，這是他對社會負責的表現。當然，私有自環的傾向，但這是上天賦予的一種自然傾向。就其自然而言，在現代性的社會語境中，它非但不是剝奪的對象，反而是受法律保護的基本權利（或權益）。我的身體屬於我，它是私的，是受法律保護的生命權。我的資產屬於我，它是私的，是受法律保護的財產權。我的生活是私的，比如密室之中，它亦受法律保護，叫作隱私權。當所有這些受法律保護的私被公取締，甚至包括作為人之本心的私心；那麼，它不是法西斯，就是集中營。

以上的言說，實際上是在為「私」正名。這個字，正如它不是褒義詞一樣，當然也不是貶義，它毋寧是中性的，只是如實表達了人作為個體而存在和這種存在的自然要求而已。那麼，公呢？這個字，正如不是貶義一樣，它亦非褒義，並且也是中性

的。質其言，公不過是指各種私人利益的總和，是一種集合的私。古人云「大道之行也，天下為公」，公者，平分也（據《說文》）。這意思明顯極了：天下不是哪一個人的，而是人人有份。可見無論公私，最後都落實在利益上，它們不過是利益體現的不同形態。既然公私都是利，也僅僅是利，而利與利之間又存在著事實上的相互衝突；那麼，用以解決矛盾的，就不是道德上的公私，而是法律上的平等：讓人人得到他（她）所應得。這才是公（平），也是私（有），而且，落實到底只能是私。

問題是，私的存在本來就有其自身的合法性和合理性，並且公本來也就是私的另一形式，那麼，文革中為什麼會有鬥私批修的鬧劇？林副主席為什麼要我們「狠鬥私字一閃念」，這個問題，三百多年前的黃宗羲已經揭櫫：「使天下之人不敢自私，不敢自利」，從而「以天下之利盡歸於己」。君不見，林副主席不是一心一意要篡皇位嗎？可見，在中國歷史中，躲在道德辭彙後面的往往是個己之大私；而且「以我之大私為天下之大公」，更是歷代統治者慣玩的政治把戲。

今天終於不提「鬥私批修」了，可是，今天依然提倡「大公無私」。這兩個詞，本無實質之別，只是後者程度更烈。就該詞而言，我不問，任何一個人，尤其是提倡者，是否能夠做到這一點？如果做不到，他的用意是什麼？也不問，設若人人都無私，人人都棄其利而利俱無；那麼，公又為誰、誰又為公？而是問，到底是什麼人一天到晚在用「大公無私」練嘴？很顯然，不是百姓，而是官員。因為百姓不需要，它說給誰聽？需要的是官員，它說給百姓聽，半是提倡，半是表白。就後者言，當大大小小的成克傑們（為高級官員，被槍斃）口口聲聲「毫不利己，專門利人」時，你以為他們就是白求恩？當然，和白求恩一樣，他們都是共產黨員；不一樣的是，「白求恩同志是加拿大共產黨員」，而他們是「拿大家」共產黨員。

　　因此，今天，鬥私批修這個詞（略去批修），不談也罷，要談，就不是針對百姓，而是官員。百姓不需要鬥私，需要的倒是維護自己的私人權利和權益。官員則需要鬥私，因為他們握有權力。權力來自權利，卻會反噬權利。權利是個人的、私的、弱的；權力卻不是私的，而是公共的、強的。所以，在有權力的地方，權利必然是保護的對象，以防權力以公的名義對它侵襲。同樣，在有權利地方，權力必然是制約的對象，因為，權力雖然公共，但總由個人行使，行使者完全有可能化公為私。而鬥私，姑且就是權力自我制約的一種方式。我所以用「姑且」，是因為這種類似良心帳的方式幾乎沒什麼信用。誰相信，豈不白癡？因此，最好還是讓這個詞和文革一樣進入文革博物館吧！這才是它適合待的地方。

宏大敘事下的「個權」缺失

在「五四」八十五周年的日子裏紀念五四莫過於對它反思。

某種意義上，五四是 20 世紀中華民族的歷史發源，無論五四後的中國是什麼樣的歷史走向或格局，都可以在它那裏找到自己的精神胚胎。如果說 20 世紀的中國是倒著走完的話，反思歷史，是不能回避五四的。

後人慣把五四運動（主要是指它之前的「新文化運動」）稱為啟蒙運動。什麼是啟蒙？通常說來，它是理性者對蒙昧者的精神開啟。當時的啟蒙者無疑是那些習得西方某些價值理念的知識份子，而蒙昧者則是那些連字都識不得的廣大民眾。但，思想是只向思想說話的，因此，五四啟蒙其實並不是知識者直接向廣大民眾啟蒙，啟蒙的對象是那些精神正在成長中的青年學生，真正的大眾則被排除在外。

那麼，五四知識份子給那些青年學生提供的精神功能表是什麼呢？自由、平等、民主、科學、權利、社會主義、無政府主義、新村主義……，這一連串概念，構成了一張眼花繚亂的思想地圖。然而，就在五四之中和五四之後，這一串概念只有兩個詞被鎖住：民主與科學。其他概念則被逐步過濾，而「權利」——個人的權利，就是其中被過濾掉的一個。

這裏把「權利」稱作「個權」，是強調「權利」的個體性。權利原本就是個體的，比如和個人相對的國家或在個人與國家關係中，後者沒有權利可言。也正因為與生俱來的個體性，所以，權利在新文化運動的思想博弈中，不敵那些天然帶有群體性的概

念，比如民主、科學、社會主義等。它逐步旁落，並連帶著「自由」和它一道；因為，自由也是個體的，它指涉的是個人權利不受障礙的狀態。

五四時代是一個「宏大敘事」的時代，它是不關注個人的。說到權利，也是外爭國權；說到自由，更是國家的自由。原因好像不難解釋，外侮與國難的時代環境使然。但，這很表象，因為國難與外侮，對五四來說，不是新問題，而是老問題，而且最嚴重的時刻也已過去。往下追究，原因是不是在五四知識份子那種極為傳統的「士大夫」心態：以天下為己任。他們胸有天下，卻目無個人。儘管披著新思想的道袍，內心深處的意識卻很舊，也很儒。傳統儒文化原本就是倫理本位的，它重群不重個，家事、國事、天下事，一路上行，卻沒有回頭顧及個人的事。個人權利的關懷與關注，既是傳統文化的闕失，也是五四的閃失，因為它曾經提倡過，比如胡適、高一涵。

五四追逐「現代」，問題是什麼是「現代」？儘管解釋可以很多，但，根本上，現代是一個「權利的時代」。17 世紀英國革命保障了個人的「私權」，18 世紀法國革命擴展到個人的「公權」，這樣一個「個權」的擴展，便逐漸形成西方現代意義上的民族國家。可見，現代國家是建構在個人和個人權利基礎上的。

五四的現代，反了過來，它追求「國」的現代，儘管也談及個人，比如「立人」。但，這裏有兩個問題：一，為什麼立人，二，如何立人。就前者，立人之所為，並非為了人（個人），而是為了國。「是故將生存兩間，角逐列國事務，其首在立人，人立而後凡事舉」（魯迅）。原來立人乃是救國之道，它是「船堅炮利」和「政治維新」失敗後，拯救國運的第三種策略。至於如何立人，還是接引上面的話：「若其道術，乃必尊個性而張精神」（魯迅）。五四時立人的聲浪不可謂不高，甚至很高蹈，什麼精神、個性、意志、人格等，到處飄飛，但就是沒有形而下意

義上的個人的生存和利益。加上啟蒙者說話的對象是青年學生，是喚起他們的個性；而作為民眾的個人，非但無個性可言，他們的生存以及與生存有關的利益——亦即他們的各種「私權」，則更不在知識份子的視野之內。

　　更進一步，民眾作為個人，別說權利，就是人本身，在知識份子那裏，也不過是道具，實現現代國家理念的道具。五四啟蒙一個重要的命題就是「改革國民性」。可是，為什麼是「國民性」而不是其他？「國民」這個概念本身就表明「民」從屬於「國」，它是個義務性的概念，和作為個體權利的「公民」一詞有著本質的不同。是知識份子認為「國將不國」，才需要從本性上改革國民。如從個人角度，就不會有這個問題。無論什麼性，只要是個人的，哪怕問題再大，如若沒有妨害別人，為什麼要改。可是為了國，不僅要改，而且是被改，被知識份子用某種他們認同的價值理念去改，改你沒商量。這是不是「不若用庸眾為犧牲」（魯迅）。

　　個體與國家，它們的關係在五四知識份子中顛倒如此，著實令人歎息。五四前的嚴復，翻譯過密爾的《論自由》，並將題目意譯為《群己權界論》，全書談的正是「個權」問題。當他在譯孟德斯鳩的《法意》——即《論法的精神》時，對法的精神當有深切的領會——保護個權；但，他卻說出這番話：「吾每行都會街巷中，見數十百小兒，蹣跚蹀躞於車輪馬足間，輒為芒背」，是出於人之常情的惻隱之心嗎？不。嚴復接著說：「非慮其傾跌也，念三十年後，國民為如何眾耳」。嚴復的眼裏，哪有個人的生命，更無論權利，他慨歎的只是「支那真不易為之國也」。嚴復的意識同樣流貫在魯迅那裏。「凡是愚弱的國民，即使體格如何健全，如何茁壯，也只能做毫無意義的示眾的材料和看客，病死多少是不必以為不幸的」。把人視為「材料」，而且「毫無意義」，分明是從國的需要來衡人。尤其「病死多少是不必以為不

幸的」，已經跌破了人道主義的底線。在論者眼裏，一個人只要
愚弱，就連生存權都可以沒有。嗚呼！對人的生命和生存，嚴復
漠視而魯迅蔑視，這已經不止是缺陷了，至少在今天看來，它是
夠觸目驚心。

　　「天地不仁，以萬物為芻狗，聖人不仁，以百姓為芻狗」
（老子）。所謂啟蒙，用魯迅的話：「我們的第一要著，是在改
變他們的精神」，如此居高臨下的口吻。「我們」和「他們」構
成了啟蒙兩造極不平等的格局，一個「改」字，實際上就把自己
的價值派給民眾，以民眾來實現自己心儀的觀念。問題是，啟蒙
者關注過個體意義上的民眾的生命、存在和利益嗎？那一系列宏
大敘事的觀念，包括科學與民主，儘管輪番登場，於民眾個人又
有什麼用？當然，這裏並非否定那些觀念的積極意義，尤其民
主。只是當這些觀念和個人利益脫鉤並要透支個人權益甚至生命
來實現自己時，它就異化了，或者說，它實際上被它的鼓吹者操
縱了。民主也不例外。民主當屬公權，是公民個體在公共領域中
所享有的政治權利，價值鏈上，它位於私權之後。由於五四時的
民主並不顧及個人私權，而脫離私權的公權又是無根的；因此，
它最終變成了一個可以被利用也事實上被利用了的抽象口號。

　　「個權」的出現是新文化運動中的事，它的旁落，也是新文
化運動中的事。可見這個宏大敘事之外的概念，在中國新舊文化
土壤中，生命力多麼脆弱。本來，權利就是一個弱概念，尤其是
在它面對「權力」時。可是啟蒙先驅不察，只重觀念不重個人，
使得 20 世紀成了一個觀念和觀念實現的世紀。可是，在業已實現
了的觀念那裏，「個權」還有它的存在空間嗎？個權的旁落，是
五四的事，也是整個 20 世紀的事，它是由五四帶出的一個世紀性
的斷裂。

　　……………

　　時間可以糾正偏差。可以看到，在「五四」八十五周年的前夕，也就是剛剛過去的 2003 年，以孫志剛案為標誌，出現了一件又一件的「維權事件」，以至 2003 年被稱為「維權年」。這是歷史教訓的饋贈。知識份子終於不再是高蹈地站在民眾之外，對他們指手畫腳，灌輸自己欣賞的理念；而是立足民間，抓住「個權」，尤其是其中的「私權」部分，如生命權、生存權、利益權等，就受侵害的公民個案進行輿論援助和法律救濟。這樣一種針對公民個體的維權活動，談不上宏大敘事，卻可以稱之為「非政治的政治和無權者的權利」。這不免讓人高興，因為八十多年後的今天，五四終於找回了它不該失去但卻曾經失去的東西。

　　以「個權」為基石，我們可以重新「五四」。

「權利」三個案

一、「黃碟事件」與自然權利

2002 年 8 月 18 日夜 11 時左右，延安市寶塔區萬花山某小診所醫生張磊和妻子李曉風在自家臥室看黃碟（指色情光碟），結果有人舉報。當地派出所（四位）民警接報後立即出動，他們以「看病」為藉口進入張家，直奔臥室。儘管兩位當事人已經關了電視和光碟機並且睡下，用張妻的話說「當時我們都沒有穿衣服」，但闖進來的員警卻一把掀開被子……。隨後的事可想而知，張磊被強行帶到派出所，罪名是「傳播淫穢物品」和「妨礙公務」，後又被拘留（16 天），再後是取保候審。最後，在媒體的強大攻勢和北京律師的幫助下，事情急轉直下，當地公安局不僅撤案，而且向兩位當事人鄭重道歉並進行了一定數額的經濟賠償。

一場震驚全國的「延安黃碟事件」就這樣以調解方式草草結束。說它「草草」，是因為張磊夫婦已經決定狀告派出所，並向司法部門提起訴訟。這個案子如果真的上了法庭，其意義遠大於這樣的調解。因為，經過雙方庭辯的法律解決才是根本的解決，而且這個案例的判決帶有舉一反三的示範性，它可以針對以後類似事件形成相應的裁判傳統——至少，英美法系國家是如此。

儘管這個事件未能上訴法庭，但，應當的裁決只有兩個字「侵權」。換言之，「黃碟事件」的要害是對公民基本權利的粗

暴侵犯。因此，延安市寶塔區萬花派出所 2002 年 8 月 18 日夜 11 時的行為從性質上應該認定為「違憲」。

為什麼這樣說？

不妨從公民的基本權利說起。所謂公民基本權利，其中一個重要的部分，就是「自然權利」。在西方，自然權利往往被解釋為「天賦人權」，意即「組成人類的一切個人都從大自然那裏獲得同樣的權利」，這個權利首先就是生命的權利，同時也包括由生命所延伸的各種其他權利。這種權利因其來自自然，所以它既不可讓渡，也不可侵犯。假如人的自然權利受到了侵害，最簡單的講法就是「人將不人」。

人類在其早期的自然狀態下，它的自然權利是得不到保障的，這個階段作為人類的原始階段，它的遊戲規則是弱肉強食或恃強凌弱。保障人的自然權利，應該是人類進入文明階段尤其是「法文明」階段以後的事。所謂「法文明」，主要是指人們為了保障自己的權利從而以契約形式建立起來的法律體系和制度。因此，就法而言，它的文明與否，其衡量就在於它是否「因權利而形成同時也是為權利而產生」。用英國哲學家羅素的話說「法的理論總要以『權利』應受國家保護這種見解為依據」。可以和「法文明」形成對比的是中國傳統意義上的法，比如韓非所謂「法者，王之本也」（法是統治的根本），管子所謂「夫生法者，君也，守法者，臣也，法於法者，民也」（君主制法，官吏執法，百姓則受法的統治），這樣的法律體系其立足點不是保護人的權利，而是為了上層統治；因此，它是「統治」性質的法而非「權利」性質的法。這樣的法不但談不上「法文明」，恰恰倒是它的反面。

現在不難看出延安黃碟事件的法律真相了。說它侵權，是因為在自己的家裏看黃碟，是每一個公民的權利，這種權利正是上面所說的人的自然權利之一。在這裏，自然權利不妨直接就是自

然需要的權利，它包括看的需要、聽的需要、愛與被愛的需要和食的需要等。僅就看的需要而言，赤橙黃綠青藍紫，無論什麼顏色，都應當是每一個公民的自由選擇。也就是說，一個公民在不妨礙他人的情況下，他看什麼或不看什麼，既不需要別人指導，也不接受別人干涉。不獨如此，這種私生活的權利理應受到而且必須受到法的保護。

然而，本應受法保護的權利，不但沒有被保護，而且侵害它的，不是別的，正是法本身（這樣的法在西方叫「違憲」）。須知，當地派出所是以執法名義闖入張家並帶走張磊的，他們的行為可以獲得國家相關行政法規甚至刑法條例的支持。比如，陝西某律師事務所就認為：黃碟本身就是國家明確規定的非法物品，因此，以任何形式販賣、傳播和觀看黃色物品都是違法行為。因此，這時需要追問的，就不僅是當地派出所如何執法的問題（現在的輿論好像僅僅是執法不當），同時更要追問的是那些相關的法規和條例，並從憲法高層對它們作司法審查。看看它們是不是存在一些尚待完善的問題，否則為什麼會給當地派出所以藉口？這樣，問題的根子就繞到了憲法那裏。如果我們承認公民在自己家中觀看黃碟是一種權利，那麼，當張磊夫婦的這項權利和派出所據以執行公務的法規發生衝突，需要糾正的是誰？答案如果是前者，那麼請問，該法規背後的法理及法理系統是什麼？或者，這個法理系統所賴以支撐的價值本位是什麼？質言之，這個法理系統到底是不是符合上述「法文明」原則的「權利」本位？如果不是，則要丈量一下，它離「法文明」還有多遠？

這一連串問題當然不是在為看黃碟這樣的行為張目，而是說，看黃碟不是一個法律問題，不能啟動法律程序去解決。準確地說，這種行為關乎個人品味，它屬道德範疇，而且是道德中的「私德」部分。個人私德上的某些行為不是不可以改進，但只要它沒有涉及別人，就是一種權利；儘管這種權利在一些人看來屬

於低級趣味，它卻仍然受到法的保護。在現代文明的價值譜系上，權利優先於道德。據此，在權利與道德發生衝突時，法只能選擇前者；因為，從根本上說，法是權利的保護神，不是道德的執行官。

今天，我們這個時代正在努力走向「政治文明」。政法一系，因此，「法文明」也就必然成為政治文明的先聲。事實上，只有在「法治」前提下，一個國家的政治才是文明政治。鑒於這樣的因果，政治文明不妨從「法文明」做起，而「法文明」則不妨從個案抓起。「延安黃碟事件」所蘊含的意義相當豐富，它看起來是一個執法問題，但，往深裏說，其實是向我們的法律體系提出了權利本位的「法文明」問題。這個問題如何從根本上解決，倒直接引向現行政治了。

二、校規中的權利問題

從本地電視台的一個法制節目中看到這樣一則報導：某中學最近作出一項規定：女生一律不得留長髮。當記者就此去採訪時，隨著攝像鏡頭的移動，校園裏果然沒有了長髮飄逸的風景，只剩下一個個剪了短髮的女生。也就是說，學生們都很自覺地執行了校方的規定。當記者隨機詢問若干女生時，她們的回答也很配合，不是說短髮很好、很精神，就是說自己正好想將頭髮剪短，還有的說這樣要求也是為我們好。一邊說，一邊嘻嘻哈哈。記者隨後又採訪了校方的一位當事人，記得這位先生先是說這不是規定而是建議，後又說凡是我們認為正確的，就要堅持（既然講到「堅持」，可見已不是建議而是規定了；既然是規定，為什麼又「猶抱琵琶半遮面」）。

看這則報導時，就想起去年六月發生在美國的一樁事。假若把這兩事放在一起，倒真有點意味深長。

2002 年 6 月 26 日，美國三藩市一個巡迴上訴法院作出了一個震撼全美的裁決：美國公立學校要求學生背誦「效忠誓詞」違憲。什麼意思呢？原來美國許多州的公立學校都有一個相同的規定，即學生每天早晨都必須面對國旗背誦效忠誓詞。這本是美國愛國主義教育的一種舉措，已經沿襲了幾十年，誰也沒有提出過非議。不料，這次偏偏出了一個「程咬金」，加利福尼亞州的一位名叫紐道的外科醫生把這一規定告上法庭，理由是他在一所公立學校就讀的女兒每天在宣誓時受到精神折磨，因為誓詞中把美國稱為「上帝之下的國家」，而他的女兒是個無神論者；這樣，他女兒的信仰權利（實際上是不信仰的權利）受到了侵犯。他指控當地公立學校和地區教育主管部門拿納稅人的錢宣揚宗教，違反了美國憲法第一修正案。

這橫跨太平洋的兩件事是不是有點同中有異、異中有同？說異，一是剪頭髮，一是背誓詞，兩者「風馬牛」；說同，雖然兩事表面「不相及」，但內中又涉學生作為個人所擁有的「權利」。筆者以為，這一問題才是這兩件事的共同的焦點。

「權利」這個概念雖然中國先秦時就有，但它本質上是個西方概念。就其西方概念而言，它雖說形成於古羅馬之時，但更發盛於啟蒙運動之後。其間漫長的中世紀，神權至上，君權次之，但就是沒有人權。這一點，法國路易十四王說得毫不含糊：臣民沒有權利只有義務。他的話同時也概括了我們這個無神論國家在現代以前的歷史狀況。

當時代車輪跨進現代門檻時，它的一個重要標誌就是人的權利意識的甦醒，這種甦醒借魯迅的話不妨叫「人的自覺」吧！人們自覺意識到權利之於自己就像呼吸那麼重要，於是以國家立法的形式來保障自己的權利就構成了現代社會與古代社會最根本的

區別。在這個意義上，西方人很願意把現代定義為「權利的時代」。在這樣一個時代裏，「權利無侵」是一條誰也碰不得的價值底線。一個人一旦感到自己的權利受到侵害，不管這種侵害來自何方、緣自何由，他都會向法律尋求救濟。

明白了這樣一種大背景，就不難理解那位外科醫生為什麼要上法庭，也不難理解法庭為什麼支持了這場訴訟。它給我們的啟示在於，無論校方的什麼規定或紀律，如果和權利發生衝突，法律的裁決是：權利先於校規（哪怕它具有愛國主義的內容）。

中國本土的權利意識素來淡薄，因此，這個學校出現學生剪髮的規定也就不足為怪。對這一現象，不同的人有不同的看法。比如筆者問及一位同事，他就認為校方有權作出這樣的規定（持此看法者當不會是少數）。筆者認為，校方雖然有權作出相關規定，但並不認為它有權作出有礙學生權利的規定。很顯然，長髮還是短髮，是每一個學生自己的愛好，由於這種愛好不會影響別人，因此，長還是短，只能是她自己的選擇。這裏並不需要學校來替她選擇，而且學校也無權替代。在這一規定面前，那些偏好長髮的學生，事實上就受到了不公正的對待，因為，她們不能像喜歡短髮的同學那樣保持自己的愛好。或者說，這一愛好──它是一種權利──受到了不應有的觸犯。故爾，從學生自身權利的角度（這也是我們不甚習慣的角度），此一規定非但不合適，而且是校方權力的一次越界使用。

從校方角度，剪短髮是為學生好。就其動機，無須懷疑。但這只是校方單方面認為好，學生和家長是否這樣認為，還不一定。況且，就是好的動機也應該訴諸建議而不是強加，否則就走到了好的反面。就像維生素對一個人好，我們卻不能非讓他吃不可。若是，則好的價值小於強制的負價值。現代同時也是一個「維權」的時代，因為權利屬於個人，它很弱小，很容易遭到來自大於個人的權力的侵犯，而且不乏好的名義。因此，在求諸各

種好的價值時，請注意它是否侵犯了權利。拿美國事例言，愛國主義不好嗎？但在權利面前，還是讓步。中國古話：家有家規，國有國法，當然校有校紀。但無論家規還是校紀，都要經得起國家憲法層面上保護權利這一基本準則的衡量。可惜我們目下尚無違憲審察機制，因此遇到類似問題，你說權利，他說紀律，各有其理。那麼到底以誰制約誰呢？這在中國，還真是個問題。

　　說起來，都是發生在學校中的事，又都牽涉到學校的紀律規定，並且事關權利；但面對事情的態度卻截然兩樣：一方是一齊把頭髮剪短完事，一方卻不依不饒走上法庭。在權利意識上，只能說這是中、美兩國的各自特色了。對比之下，不禁讓人感慨繫之。

三、權利：基於個人

　　說到「權利」這個概念時，我們指的是個人的權利，除此以外，別無他意。也就是說，權利的主體是個人，也僅僅是個人。個人以上，則不以權利言之。比如，大於個人的主體，按長期以往的說法，一國家，二集體。就國家言，它有的是權力而不是權利。就集體言，習慣上也不說權利，而說利益。雖然權利之中有其利益成分，但兩者並不是一回事。權利的內涵要比利益豐富得多。生命是一種權利，生活是一種權利，愛好也是一種權利，這些權利都與利益無關。因此，權利這個概念要則取消，要則就鎖定在個人上。

　　唯其權利屬於個人，它最易受到侵害。

　　我所在的這個城市有一家股份性質的村辦企業，效益好，紅利高。於是，這個企業的董事長也是村黨支部書記要求其中兩位副總經理各拿出屬於自己名下的一萬股轉讓給新加盟的企業領

導。兩個副總，一個遵命，一個不幹。遵命者繼續幹副總，不幹者則就地免職。後者不服，走上了電視中的法制節目，道出事情原委，聲稱自己是因為不願讓出股份才被解職，因此董事長是在報復。電視台的記者採訪了那位董事長，並且把採訪也搬上了電視。電視中，那位董事長的談話主要圍繞兩條，一、免職與報復無關，僅僅是時間和空間上的巧合。二、要從大局出發，而那位副總缺乏大局觀念。

第一條明眼人都能看出免職的真正原因，因此不表。要提出來說的是第二條。不僅因為那位董事長在鏡頭前反反覆覆地說「大局」、「大局」，以至記者一再問他大局到底是什麼；同時也因為大局是個極具迷惑力的詞，個人的振振有詞往往在大局面前就噤口無言，沒了底氣。

如果就事論事，這裏並沒有什麼大局的問題，要求讓出的股份，不是給企業，而是給新來的頭。給新來的頭如果能算大局，那麼，大局就是領導，領導就是大局了。事實也正如此，那位董事長的大局其實就是他本人，他是掌管這個企業的，大局就在他手裏。所有的人都要聽他的，如果不聽，就是不服從大局。

用行政指令的方式讓一個人把自己的私產拿出來給另一個人，還說是為了大局，這已經不能用「分配的正義」來評價了，這分明是借助行政力量的公開劫奪。這位董事長的法制觀念稀薄到令人吃驚，不說也罷。我真正想說的其實還真不是它，因為這個事件，「大局」僅僅是個藉口。我關注的是，如果不是藉口，而是真正出於集體的需要，那麼，個人的權利又怎麼辦？

所以提出這個問題，是因為長期以來，我們的分配原則，在排序上一直是先國家後集體而後個人。其實不僅在分配上，就是在其他一切方面，我們這個國家，或者說，我們這個民族在價值取向上始終是一種「後個人」（即把個人放在最後位置上）的文化；因為我們的文化在性質上原就是「群體本位」的，正不似西

方文化的「個體本位」。以至落實到非個人不可的「權利」上，也首先變成非個人和大於個人的了。

　　就連清末民初鼓吹權利的梁啟超，一則認為人之所以為人就在於生命和權利，但同時也聲稱個人的「權利都來自國家，而不是國家的權力來自個人」。這種「來自」關係的顛倒逕自發變為「會追求自己利益的人首先會看到集團的利益，個人的利益才會得到提升」。那麼，按此邏輯，個人利益和集體利益發生不一致時，前者必然讓位於後者，有時甚至是無條件的。這種根深蒂固的思想，表現在分配理念上，已經成了我們掛在嘴邊的口頭禪：鍋裏沒有，碗裏怎麼會有？

　　這其實是個笑話，它把兩者間真正的關係給搞反了。鍋如果喻指國家，碗則捧在個人手裏。國家作為一個機構，它不事生產，自己一文收入也沒有，又拿什麼給碗裏？相反，它的所有用項，倒是每個人從自己碗裏扒拉給它的，如果沒有納稅人上稅，它連一天都撐不住。因此，在真正的市場制度下，先國家後個人的「大局」理論不但不存在；而且，國家之存在，首先就在於用它從公民那裏獲得的權力保護每一個公民，包括收入和財產在內的權利。

　　如果國家保護個人的權利，那麼，作為企業的集體則應保證個人的權益。集體是個人的集合，它的利益也是個人的利益的集合，也就是說，這個大局是由一個個小局疊加起來的。如果集體的利益不能換算成個人的，那麼，剩下的解釋，集體利益也就是該集體領導自己的了。因此，要個人犧牲自己的利益去服從所謂集體的利益並無道理可言，除非對利益犧牲者以其他形式予以補償。否則，這實際上就是要這個集體中的某個人犧牲自己的利益去滿足同樣是這個集體中的另外一些人的利益。如此，對利益犧牲者來說，公平嗎？

　　因此，基於權利的個人性，我們不能用集體的（無論國家還是企業之類的）名義要求個人讓步和犧牲。至於那位董事長純屬藉口倒不難對付，難的是有時真的出現這種情況，比如城市拆遷。前幾年，拆遷中的侵權行為當不在少數，即使現在，也很難說不存在。如果不拆就有違大局的話（比如形成城市的死角），那麼，如上所說，也應當給被拆者以足夠的補償，不能讓他白白犧牲。這不僅是對某個人的利益的補償，也是對權利本身的尊重。

　　說到尊重權利，那就聽聽托克維爾的聲音「沒有一個偉大的民族不尊重權利，因為一個理性與良知的集合體怎麼能單憑強制結合起來呢」。

一篇小說、一張照片和一個問題

　　問題很偶然地緣自一篇小說，題目叫〈十三不靠〉（《北京文學》2000 年 5 期）。我讀它，不是因為別的，僅僅是開頭的話：「我還年輕的時候有一個願望，寫一本關於人民的書。」正好我也有類似的願望，當然我的願望暫時還不是書，而是一篇文章。出於這種共同心願，我這個幾乎不再讀小說的人破例讀了它。儘管讀完後發現它並不是一篇有關人民的小說，但其中一些涉及到人民的段落仍然使我感到十分精彩。比如小說第九節虛擬了一段「人民是什麼」的「仿社會學問卷」。下面就是各色人等對人民這個詞的回答。撩亂的回答頗類我在網上看過的那個一度流行的名帖「雞過馬路」。一隻雞過馬路，它去幹什麼？不同的人有著不同的看法。此刻，「人民」正如那只候審的雞，等待著各種口水的定奪。

　　某領導：我們是公僕，人民就是主人嘛。

　　某士兵：人民就是我們的爹媽呀。我們是人民的子弟兵。

　　某商場經理：「人民」是什麼？買東西的？那叫顧客。顧客是上帝。

　　某攤販：你買捆菠菜，我就跟你直說。

　　某飯館掌勺的：來這兒吃飯的。

　　某詩人：我要拯救……他們……

　　母親：你問什麼呢？這麼大了還瘋瘋癲癲的。

　　某新新人類：這詞兒過時了。現在都說線民。

　　某播音員：就是聽眾朋友。

　　某旁克：除我之外的傻×。

　　某出租司機：小姐您拿我開涮（為大陸北方用語，拿對方開玩笑的意思）吧。

　　某玩電子遊戲的少年：沒聽說過這詞兒。日本新出的光碟嗎？

　　某生物學家：直立行走的高等動物群。

　　某語言學家：形成語言體系的高等動物群。

　　某勞動部長：愛勞動的人。

　　某在押犯：鐵窗外的人。

　　某幼稚園兒童：老師說我們長大要變成的人。

　　辭海「人民」條：在不同的國家和各個不同的歷史時期，有著不同的內容。

　　辭海「民」條：1、人民。如擁政愛民。2、古代泛指被統治的庶人。3、泛指人或人類。

　　辭海「人」條：空缺。

　　以上一系列的回答雖然出自小說，不是來自社會學意義上的田野調查，但它肯定能經得起田野的檢驗，並且真正的調查還有可能是千篇一律的套話。因此，我姑且用非小說的讀法把它視為關於「人民」的一次社會學統計。根據這份統計，我個人以為，今天，我們的人民對「人民」這個詞的感覺已經大為淡漠了，甚至老大不以為然了。

　　是不是可以分析一下這份問卷。當然，為官者依然老一套的看法，如開頭那句「人民就是主人嘛」。這句話值得注意的是那個語氣詞「嘛」，想想一下它的拖腔，就不難想見說話者的虛與委蛇。弔詭的是，說你是主人的，恰恰是主宰你的人。因此，說話人不是人民。那麼，為官者之外的社群呢？從以上十多種回答來看，普遍都在回避這個詞，他們寧可使用自己的職業用語，比如顧客、比如上帝、比如聽眾朋友、比如來這兒吃飯的，等等。

甚至，還有這樣的人，比如那個司機，你說他是人民，他說你是拿他開涮。因為他沒有主人感，或許他還覺得連自己的主都作不了。想想也是，說闊者是床上高手，能不跟你急？當然也有不急的，比如那個玩遊戲機的少年，他索性不知道，還一臉無辜地問是不是日本新出的光碟，人民成了什麼？遊戲。其實，這是一種遊戲式的消解。顯然，那位攤販是狡黠的，你需要他的回答，他卻需要你買他的菠菜。在攤販的眼裏，人民不貴，不過一捆菠菜的價錢。母親呢，從來沒把那個詞當事，不但不答你，還指你瘋癲。其實，她的潛台詞是不屑的：還用問嗎，誰不知道。至於那位不知哪一年輪的新新人類，到他嘴裏就剩下一種讖言的味道「這詞兒過時了」。

　　這個詞過時了嗎？我不知道。但我知道的是，如果人民本身普遍地都在拒絕這個詞，那麼它肯定是有問題的。那麼，我是否可以尋找一個替代性的詞呢？今年 2 月 28 日，全國人大常委會第 20 次會議作出了批准〈經濟、社會及文化權利國際公約〉的決定。這個公約是聯合國成立以來最重要的兩個人權文件之一，在這份公約的「序言」中有這樣一句話：「只有在創造了使人可以享有其經濟、社會及文化權利，正如享有其公民和政治權利的情況下，才能實現自由人類免於恐懼和匱乏的理想」。這句話中的「公民」概念這些年來已經越來越廣為人們熟悉，且公約中的文化權利也就是公民的權利。那麼，今天的我是否可以用公民的概念取代人民的概念呢？

　　公民與人民，是我們在不同場合常常交叉使用的兩個詞，但它們之間的區別卻往往讓人習焉不察。就其辭彙產生而言，人民是一個地地道道的本土詞，且歷史悠久，可溯之先秦。公民呢，這個詞不自本土，而是外來。就其外來，它在本土播布的時間又短得像一節盲腸。因此，相對而言，國人身上的人民意識遠遠超過了公民意識。儘管今天我們廣大人民群眾的「人民感」已經所剩無幾，但這並不意味著國人的公民意識就必然有著反向的提

高。設若小說就公民一詞向上述那些人提問，我相信，答案依然是「難過馬路」式的，甚至人們可以通過自己在生活中的實際感知說出人民是什麼和不是什麼，而對公民不是什麼和又是什麼卻可能兩頭都無從談起，不信你問問小說中的那個賣菠菜的。

關於引帶出人民這個話題的小說不妨暫告一個段落，但話題本身卻好像還沒真正開始。現在不妨看看這張來自 50 年代的照片，它拍攝的是任何一個成年中國人都很熟悉的場景：遊行。問題是，遊行與人民有什麼關係？那麼，不是人民能有資格遊行嗎？人民是一種資格，也是一種身份，恰恰是這張照片，給我對人民這種資格和身份的言說提供了某種契機。

遊行的性質歷來分為兩類，一類是憤怒聲討，一類是熱烈慶祝。這張照片顯然屬於後者。他們在慶祝什麼呢？照片本身很難提供答案，答案可以在每一個遊行者的心裏，當然也可以在每一個讀解這張照片的人的眼裏，比如我。儘管現在我不知道他們心裏到底在想什麼，但他們心底的激動卻通過面部表情和身體語言強烈地傳達出來。看看畫面前排幾位年輕人的神情，就可以明白什麼叫發自肺腑。發自肺腑的歡呼使他們無可抑制地張大了嘴吧，我似乎能聽到那穿越時空的聲音。特別是右邊第二位，激動得身體欹斜乃至後仰了，高舉的右腕青筋凸起，左手則撫住激動的胸部。他的姿態使整個畫面形成了一種富有意味的動感。問尋的眼神繼續往後，不僅看到林立的手臂，當然還看到背景高處林立的旗幟，以及花插在旗幟中間的標語和橫幅。應該說，這張照片拍得相當不錯，它讓我的眼睛產生層次，更重要的，是攝影者抓住了人物神態的瞬間。面對這富於歷史感染力的一瞬，我不禁再度反問：他們為什麼那麼激動？他們到底在慶祝什麼？

對這個問題的回答，我並不想僅僅根據事情的原委。原委倒很簡單，查看一下畫面外的文字介紹就行了。據照片提供者告知，這張照片拍攝的是 1956 年實行公私合營後天津年輕的資本家

們慶祝遊行的情景。那麼，他們是在慶祝公私合營嗎？答案當然是肯定的。但，為什麼那麼激動？要知道，公私合營對他們來講實際上就是把私財共產。把自己和自己家族的財產拿出來使之成為國家所有，這放在當時的背景下，是一種歷史的必然，完全可以理解。不可理解的是輸出家財卻反常般的激動，僅僅是表現自己進步嗎？不像，肯定另有原委。當年法國後結構主義者阿爾都塞提倡一種「症候閱讀」，即在閱讀文本時，不是看這個文本說出了什麼，而是看它沒有說出的是什麼。據此，我倒很想嘗試著把這個照片文本沒有說出的內在的症候予以說出。

這就需要重新迂迴到人民那個問題上了。

如果把人民和公民這兩個概念作一對比，那麼，我可以說，人民是一個政治概念，公民則是一個法律概念。也就是說，一個人是否屬於人民，其解釋權在於政治。而一個人是否為公民，政治則無權定奪，它是並僅是法律上的承認。上述辭海「人民」條：人民這一概念在不同的國家和各個不同的歷史時期，有著不同的內容。這意味著，人民的內涵具有不確定性，它的外延可以隨著內涵的變動而被修改。你今天是人民，可能明天就不是了。儘管你還是你，什麼都沒有變；但政治的需要變了，你也就沒商量地隨之「變性」。舉一個例子，在抗日戰爭時期，如果你是一個地產擁有者，乾脆就叫地主吧，那麼，你可以是人民，也可以不是人民，區別只在於你是否擁護抗日。但到了 1949 年以後的土改時，你肯定就不再是人民了，而是人民的敵人，儘管你曾擁護過抗日。這就叫「在不同的歷史時期，有著不同的內容」。由於人民的涵義可以根據政治的需要不斷解釋，而解釋權又拿捏在政治統治者手中，因此，一個人生活在人民的社會實際上是沒有安全感的，你不知道自己什麼時候就已經不是人民了。這樣的事例恐怕無需舉證，史達林統治下的蘇聯和中國改革前的歷次政治運動，不知道多少人提心吊膽，唯恐一夜之間由人民變成敵人。

　　一夜之間由人民變成敵人的確令人恐怖，但反過來，一夜之間由敵人變成人民呢？

　　傳統社會主義社會是一個追求「大同」的公有制社會，在這個社會所奉行的價值觀念裏，私從來就是一種罪惡，而資產，則是每一個毛細孔都流淌著血和骯髒的東西。毫無疑問，資本家作為私人資產的擁有者，在新民主主義革命時期，出於統一戰線的需要，尚可成為團結的對象，那麼，到了社會主義革命時期，他們毫無例外地都成了人民的敵人，儘管他們不需要做任何和人民敵對的事。資產就是他們的「原罪」，他們的名字就叫剝削者，或者叫剝削階級。在無產階級專政的一統天下，「剝奪剝削者」成為一種旗幟性的口號，那麼，身為專政對象的剝削者其命運是可想而知的。周而復的《上海的早晨》應該說很準確地描寫了當年上海灘那些資本家惶惶不可終日的恐懼心態。

　　但事情並非無可挽救。社會主義革命在中國城市的進程就是生產資料所有制從私有到公有的轉換，如果你能順應這種轉換──對資本家來講，就是走公私合營的道路，自動把自己的財產像祥林嫂捐門檻那樣捐出來（當然，你可以從中獲取利息），那麼，哪怕你本來是人民的敵人。何況，人民，還是敵人，原就是一種政治定奪，而定奪的依據也就是你的表現。「捐」作為一種政治表現，表明你的血已經由黑轉紅，是「紅色小開」了。依照政治正確性的解釋，這是從敵人一方站到人民一方，並進而成為人民的一員了。那麼，請想想看吧，在那個嚴格講究敵我兩分的專政時代，本來還是人民的敵人，因為輸財贖身，現在突然成了人民的一員，致命的心病一朝化解，這怎能不激動呢？因此，他們慶祝什麼？是在慶祝自己的「新生」──由敵人到人民的新生。

　　從小說到照片，由人民而公民，我不禁給自己提出這樣一個問題：今天我們需要的是一個人民的時代、還是一個公民的時代？

　　因為擁有財產，就成了人民的敵人。這是那個時代的鐵的邏輯。如果我們用公民概念代替人民概念，那麼，即使一個人富可敵國，比如比爾·蓋茲，他也仍然只是一個公民，因為公民社會沒有敵人這一說。當人民是出於政治的裁決、而公民是一種法律的承認時，那麼，生活在這兩種社會中的人的感覺就大不一樣，至少後者不會有前者以上的擔憂。當史達林可以輕易地把他所想消滅的任何一個人說成是人民的敵人時，想想任何一位美國總統可有這樣的權力？公民僅與國籍有關，既無涉於財產也無涉於政治。對現行政治，他或她可以擁護，可以疏離，還可以反對，這一切都源於個人的自由選擇，對此，政治卻無從干涉。比較之下，在政治統領一切的人民社會，人民與否的基本尺度除了財產就是你對現行政治的態度，難道可以想像，像蘇聯那樣性質的國家，其人民也能像美國公民那樣上街遊行反對小布希出任美國總統？人民之為人民，其前提條件就是「擁護」，就像你不可想像上面那張振臂擁護的照片居然會是反公私合營的。那樣的話，你就不是人民，而是「現行」。

　　換一個角度，人民與公民，其差別即使從形式邏輯角度也是那麼明顯。人民概念的構成是集合性質的，它具有高度的抽象性。因此，它只表現為單數形式，亦即作為集體，人民只有一個。它既不能帶複數，也不能用第一人稱、第二人稱或第三人稱來指陳。為什麼？人民與個體無關。那麼，這又意味著什麼？這意味著人民作為一個概念，是一個「空洞的能指」，它在抽象過程中已然抽空了構成這個概念的所有實體。換言之，構成此概念的所有的個人都不是人民。這，是不是有點像公孫龍的白馬非馬？然而，在邏輯上，白馬其實是馬，但個人卻不是人民，人作為個體在人民那裏始終是缺席的、也只能是缺席的。一個 70 年代過來人都知曉的例子頗能說明這一點。某顧客在商場購物，服務員態度不好，顧客提出質問：你不是為人民服務的嗎？服務員振

振有辭：我是為人民服務的，但不是為你服務的。顧客唯有苦
笑，他當然明白自己不是人民。人民成了一種名義，誰又敢僭稱
它呢？於是，人民無處不在，又處處非在。它消解於抽象肯定，
具體否定。

　　相反，公民的概念是個體的、非集合的、可以用單數形式表
現的，就像我不可以說我是人民，但我可以說我是公民。和人民
相比，公民不是什麼名義，尤其不是什麼崇高的名義，它只是能
夠落實到個人頭上的實實在在的權利。當然，人民也有權利，甚
至，人民的權利高於一切。但，正因為它太高了，所以高得與你
我無關。公民不同，它是能夠落實到個體身上的，任何一個人都
可以援引它來指陳自己，用以伸張屬於自己的權利。而人民因其
所指與能指存在著的剪刀差，具體的個人往往消匿於這個巨大能
指的剪刀口下。也就是說，一個人的公民權利完全可以在「人民
的利益高於一切」的口號下而被擱置，儘管後者往往僅僅是個
口號。理由很簡單，人民的利益高於一切，而我恰恰就在這
「一切」之中。因此，不妨這樣說，高於我的權利，就不是我
的權利。如果我無法把它落實到我自己的身上，那麼，我就沒
有權利。

　　稍微考辨一下人民這個詞的歷史蹤跡吧！正如公民概念最早
形成於古希臘的城邦制，人民的概念早在先秦分封制的時代就出
現在諸子典籍裏。它有兩個基本的用途，一是用來和動物對舉，
如韓非〈五蠹〉曰：「上古之時，人民少而禽獸眾」。在該語境
中，人民這個詞乃是複詞偏義，它彰顯的是人民中的「人」而不
是民。類同的句子還有《管子》的「人民鳥獸草木之生物」。人
民的另一用途是用來和統治者對舉，在這個意義上使用它，可見
《周禮・地官司徒第二》，文本中所指陳的「閭師」職份是「掌
國中及四郊之人民、六畜之數，以任其力……」。這裏的人民雖
與六畜共一個語境，但它所偏義的，不是人，是「民」。「民」

與「官」對舉，由「閭師」之官掌「四郊之民」。所謂「古有四民，士農工商」，它們概為被統治者。而《周禮》居然將民與畜並列（不是對舉），民之地位可見一斑。

在以後的歷史沿用中，顯然，人民的第一義已基本消失，特別是現代，已用人類一詞替代之。但它的第二義即與統治者對舉的意涵卻原封不動地保留下來。當人民社會的領袖高呼「人民萬歲」，以與人民高呼領袖萬歲互致酬答時，事實上雙方都明白，領袖是領袖，人民是人民，否則領袖能高呼自己萬歲？此正如任何一個民主社會的總統不可能高呼「公民萬歲」一樣，即使他貴為總統，但卻依然是公民，比如他和任何一個公民在法律上是平等的，那麼，他能高呼自己萬歲嗎？（順便說說，總統這個譯稱絕對有問題，民主社會的總統在政治許可權上遠較人民社會中的領袖小得多，它既不總，也不統。該稱謂乃是人民社會根據自己的政治經驗對民主社會的一種誤解，而誤解本身倒不難理解）那麼，萬歲的人民和不萬歲的公民顯然是不對等的，領袖在人民之上，總統卻在公民之中。在公民之中的，自然是平等的，在人民之上的，想平等也不能。

寫到這裏，我想，我對自己的問題事實上已經作出了回答。如果說過去的我們生活在一個人民的時代，而明天我們將生活在一個公民的時代，那麼今天，我們正處於由人民時代向公民時代的過渡。讓這種過渡盡快地度過吧！這就是我，一個普通公民對我們這個時代和我們這個社會的祈禱。

誰之亞洲？何種價值？

　　無意涉足倫理學領域，因此並不清楚「走向全球倫理」和「世界倫理宣言」是怎麼回事，但讀了陳來先生的〈誰之責任？何種倫理？〉（載《讀書》1998 年 10 期）一文後，從陳文的異議中反倒知道了個大概。僅從這個大概來看，我以為一個「最低限度」的世界倫理共識還是不無必要的，而陳來先生對此的駁議，尤其是在駁議之後對所謂「亞洲價值」的闡揚，倒是令人不安的。這裏，我很想表明一下自己的看法，以與陳來先生商榷。

　　一個「最低限度」的世界倫理共識之所以必要，就在於它的出發點是以此「作為不同國家和文化之間合作解決全球性問題的基礎」，並在這個基礎上試圖建構一種相關的世界秩序，如果我們還認為這個動盪的世界的確需要一種共識性的秩序的話。事實上，全球倫理的動議產生於 90 年代不是偶然的。冷戰後的世界格局發生了某種根本性的變化，民族之間或國家之間最重要的分界線已經不是意識形態，而是各自所屬的不同的文化和文明。不同的文化和文明不但正在塑造全球的政治面貌，而且更在源源不斷地製造新的世界衝突。面對這樣一種已由亨廷頓描述過的國際關係的變化，西方一些倫理學家試圖從倫理學的角度為世界新秩序的建立提供一種倫理共識的基礎，從而盡可能避免不同文化和不同宗教之間的暴力衝突。這種出於全球性人道動機的努力，應該說不但必要，而且可嘉。

　　但陳來先生不然，他認為倫理宣言下藥下錯了地方，或者說沒找準地方。亦即這份宣言不是對應「各個宗教內部、各個民族

國家內部的道德危機、行為失範」，而是對應「國家間、民族間的衝突、壓迫」。一句話，宣言要辦的事和能辦事的「責任主體」沒搞對頭。那麼，到底是誰沒搞對頭呢？這，還需要分析。

陳文很正確的認為，道德雖然對國際事務有一定的制約作用，但發生事實上的衝突時，還是民族國家的利益佔上風。陳文據此借馮友蘭的話表示，國家之上沒有更高的社會，因而國家的行為難以用道德去規範。話固然沒錯，但理卻不對頭。如果照此邏輯，那麼，聯合國 1948 年頒布的世界人權宣言也是多餘的了。因為對利益當頭的東方國家來說，它不過是一紙空文。然而，正由於它是一紙空文，正由於人權狀況在歐美以外的國家普遍呈現為負值，它的意義方才顯得那樣重要。陳文乃是根據宣言的實際效用來判斷它的必要與否，其思路只能解釋為儒家的「實用理性」在起作用。可是，哪怕僅僅就實用而言，它也絕不是多餘的。儘管聯合國不可能強制一個國家執行人權宣言，但這個國家的知識份子卻由此明白了自己的奮鬥價值，並可以從中汲取精神力量。同理，一個世界性化了的倫理宣言固然不可能要求一個國家幹什麼；但，任何一個國家一旦違反公約而製造事端時，國際社會的制裁卻可以從中尋找合理性。

其實問題的要害倒不在這裏。當陳文認為世界倫理宣言的責任主體錯為「民族國家」時，它作出了自己的校正，即把這個責任主體（說白了就是「要求對象」）悄悄地置換為民族國家內部的「個人」。相應地，倫理宣言的任務就不再是解決國家之間的衝突，而是挽救國家內部的道德危機。因此，作為一份宣言，它應當闡明它對「改造人心狀態的看法」，並「謀求從根本上改變人類的精神生活」。這實在是一種可怕的措辭，竟敢把「人心」和「精神」作為「改造」的對象，而且還要「從根本上」。這樣的語彙應該屬於中世紀、納粹和文革，初看到時，我簡直不敢相信自己的眼睛。人心不同，其異如面。精神的個體性構成了人類

精神世界的豐富性。我不知道，這個世界誰有資格來改造別人的
精神，他憑什麼？再說，倫理問題主要解決的是規範問題，在規
範上達成共識，它一般不深入到心性的層次。因為，在這個層次
上應當保持個人的高度的自由。當然，中國儒學的發展就是從
「規範」走向「心性」的，以便把外在的「他律」轉化為個人的
「自律」。這是宋儒的作業，看來陳文是想接著做了。可是，如
果有一群倫理學家圍在那裏，專門想方設法炮製改造人類精神的
方案，那麼，我想我可能會走上前去掀翻他們的討論桌，並質問
「你有什麼權力」？也許竟或是我錯了。陳文所以不主張世界倫
理宣言的責任主體落實在國家上，就因為國家之上沒有一個能制
約它的權力社會。而落實在個人上，情況就不同了，甚至非常有
效。因為個人之上有國家，國家就是權力。只要把一種倫理規範
訴諸意識形態，不就行了。90 年代以來，新國學的文化努力有沒
有意識形態上的訴求，我想，這是不難看出來的。於是，就幸虧
這些歐美倫理學家與東方不同，他們所以把宣言的行為主體對準
國家，是因為他們明白，在國家與個人的兩造情景中，處於弱勢
的永遠是個人。哪怕就是國家對外發生爭端，還是人民承受苦
難。因此，本著捍衛人民權利（落實到底就是個人權利）的立
場，宣言試圖尋求一種最低限度的共識，期以制約國家的行為，
這個立足點，算是找準了。相反，如果不是從個人出發，而是站
在國家立場，以道德危機為由，用某種統一的價值來要求個人。
那麼，這種宣言壓根就沒出台的必要。每個人都有自我選擇的自
由，何勞你倫理學家規定。

　　權利與責任，是陳文所涉及的一個重要問題。世界倫理宣言
作為一份責任宣言，它強調自己的責任就是對《人權宣言》的承
諾加以維護，並且提高人們對它的認同態度。這引起了陳文的不
滿，說它「有著一種對人權話語的謹小慎微的態度」。我不知道
陳來先生打算對人權話語持一種什麼態度，但卻知道他打算提出

一種不同於人權的新話語。因為，「倫理不僅意味著比權利更多的東西，甚至意味著與權利不同的東西」。這個東西是什麼？原來是責任。陳文聲稱「責任與權利是如此明顯的不同」。可是，從西方權利理論的思路來看，我實在看不出這兩者有什麼根本的不同。權利與責任本來就是二位一體的，它們捉對而生，怎麼在陳文那裏成了對立的兩極？早在 18 世紀法國的「人權宣言」中，和權利相應的責任就講得清清楚楚。比如對自由許可權的規定，亦即「無害於他人的行為」，以及每個人的自由都必須「保證社會上其他成員能享有同樣權利」，這不是責任？西方任何一份人權文件都不可能脫離責任談權利，人人都不負責任的權利，等於人人都沒有權利。因此，如果誰把權利與責任分開來，很難說他不是在堅持一種「二元對立」的思維。問題是，這種分割式思維真正想表白的是什麼？陳文說得清楚：它「不含糊地申明它不贊成權利話語的倫理立場」，亦即一份倫理宣言，不應以「權利為基礎」，而應以「責任為基礎」。這樣，本來是一碼事的權利與責任，被二元對立分裂為權利是權利，責任是責任。於是，人權宣言講權利，倫理宣言講責任。看起來分工很合理，但，其間內蘊著極大的不公平。因為，人權宣言講權利時，從來沒放棄責任；而倫理宣言講責任時，卻放逐了權利。這能說公平嗎？豈只不公平，沒有權利的責任，實際上是奴役。

　　我所以贊成世界倫理宣言把人權內容作為尋求普遍倫理的出發點，是因為宣言這樣做，它的潛在的判斷是準確的，即，這個世界最重要的問題是人權的匱乏，包括世界衝突對人權的損害。而我不贊成陳文把責任作為倫理宣言的出發點，則是因為陳文認為目前需要解決的問題是什麼「道德危機、行為失範」。這樣兩種判斷，無論是就全球而言，還是僅就我自身所處的現實語境而言，我都難以和陳文認同。倒不是陳文所說不實，而是應該掂清哪個問題更嚴重。倫理宣言總不能避重就輕、棄大惡究小過吧！

　　而況更讓我難以理解的是，在陳文的邏輯中，道德危機和行為失範的原因乃是所謂的「個人權利優先」，而這又是以西方的自由主義和個人主義為其基礎。於是問題又延伸到：個人，到底是權利優先、還是責任優先？個人與國家（陳文中還包括社會），到底是以個人為本位、還是以國家為本位？正是在對這些問題的陳述中，陳文推出了他所謂的「亞洲價值」。

　　本來，就個人而言，權利與責任互為前提，在邏輯上不需要硬性強調誰為優先。一個人享受了權利，怎麼能不承擔對等的責任呢？但如若有人非要確定誰優先不可，那麼，僅僅在時間上，也只能是權利優先。就像一個剛出生的嬰兒，他並沒有責任能力，但在時間上卻先行享有了人的基本權利，至少，誰也不能剝奪他的生命。不過，這種說法沒有多大意義，它反而可能給權利與責任的兩分提供口實。實際情況是，預支的權利畢竟要用滯後的責任去償還。比如當老人喪失了責任能力後，原先的嬰兒就有責任使老人享有自己幼時曾經享受過的權利。因此，說到底，權利與責任，在邏輯上是不可分的，分之則兩害。所謂「個人權利優先」，可能使陳來先生更難以接受的還不是「權利」，而是那個「個人」。因為，「權利話語又往往聯繫著個人主義」。這不奇怪。在儒家文化的語境中，個人永遠是無足輕重的。它的倫理準則就是「倫（關係）大於人（個人）」，「人服從倫」。因此，提起西方近代以來的「個人」概念，似乎就意味著它只要自由而不負責任。這當然是誤解。遺憾的是，這種誤解在 90 年代居然還有市場。當我們習慣把個人視為自私自利時，牛津大學出版的米諾格的《政治學》卻認為它「不是指自私自利的壞品德，而是指『責任』」。個人主義的社會「要求其成員承擔這一責任，自力更生，不要依賴別人養活自己，成為別人的負擔。」而且，「尋求自身利益並不意味著拒絕和妨礙我們關心和幫助與我們相處的其他人。」所謂行有餘力，再幫助他人。因為「如果我們沒

有自力更生的能力，又豈能談得上幫助他人？」我以為，這是對
「個人」內涵的一種比較正確、也比較公正的揭示。不錯，個人
的確意味著自由，可是自由難道不也是一種責任嗎？陳文明確反
對「個人的自由權利優先」，可是陳文是否想過，一個人如果沒
有了自由，他也就沒有了責任。上述那個嬰兒所以沒有責任的能
力，不正因為他首先沒有自由的能力嗎？

在把西方所謂的個人、權利、自由批評一通之後，「亞洲價
值」終於出台了。坦率地說，一看到這個詞，反感油然而生。這
些年來，動不動就有人以亞洲的價值或亞洲的國情來抵制西方的
人權宣言，好像在做人的基本權利上，亞洲人和歐洲人有什麼不
同。因此，誰之亞洲？何種價值？這種問式雖然套用了陳文，也
套用了麥金太爾，用它作為標題，首先就是表示我的不解。因為
我的確不知道，究竟有誰可以代表亞洲講話，他憑什麼把他所推
崇的價值斷定為亞洲人普遍的選擇。如果說陳文不無正確地反對
在各宗教文化間硬找共同處，擔心這有可能導致對「多元文化的
否定」。但用一個亞洲價值（且不管是什麼價值）來涵蓋整個亞
洲（亦不管根本無此可能），這提法本身是不是也極易導致對多
元文化的否定呢？就世界整體格局而言，不同的文化不妨視為相
對獨立的個體，因而在它們之間是沒必要一味求同。但就某種文
化所幅及的國家和地區而言，它所由組成的個人不也是相對獨立
的個體嗎？因而價值問題於他們來說同樣沒必要求同。在文化
上，「多元」的單位，不是國家，也不是地區，而是個人，甚至
更重要的是個人。個人之於價值，應當擁有自由的選擇權。如果
這一點沒說錯的話，我這個亞洲人分明沒選擇也並不準備選擇陳
文向世界推薦的亞洲價值，而陳文又分明說這就是亞洲價值，那
麼，我就只好發問：這是誰的亞洲？或，亞洲是誰的？這個問題
其實有過答案。1996 年，在曼谷舉行的亞歐首腦會議上，馬來西
亞的馬哈蒂爾不是這樣告知歐洲的首腦們「歐洲的價值觀是歐洲

的價值觀，亞洲的價值觀才具有普遍性」。別說我不認這個東方專制的帳，就是在馬來西亞，我相信也有知識份子不認同這種說法。但馬哈蒂爾卻在代表整個亞洲說話，亞洲儼然是他的。而我們作為「沉默的大多數」無形中也就被迫接受了由他所聲稱的亞洲價值。亞洲價值並沒有徵求過我和許許多多其他亞洲人的意見，就成了亞洲的價值，因而也就成了我和許許多多其他亞洲人的「認同」（需知，在東方這些政教合一的國家，「馬哈蒂爾」之流不難於把自己的價值選擇堂而皇之地輸入憲法，使其成為天下人的認同）；那麼，這裏還有沒有個人的選擇自由？如果有，為什麼馬哈蒂爾的選擇卻成了我邵建的選擇？而邵建我又為什麼總是一而再地被選擇？

這個問題只有「亞洲價值」本身才能回答。

那麼，它到底是何種價值？

陳文以儒家倫理為根據概括出這種價值的五大原則。第一原則當然是綱領性的，它的內容是「社會、國家比個人更重要」。這個句式的問題首先在於沒有釐清社會與國家的關係。在西方憲政語境中，社會大於國家，而在東方傳統語境中，國家等於社會。陳文用一個頓號將兩者並列，可能是依從了儒家的習慣，如是，這就大錯特錯了。此姑不論。僅就國家與個人的關係而言，顯然，陳文是以國家為本位，而反對西方的個人本位。為什麼？在陳文看來，「人權是個人面對國家而要求的一種權利」，這種權利卻「無法界定個人對社會、家庭、他人的義務和責任」。這裏，陳文又一次混淆了個人、社會、國家之間的界線。在談權利時，所指明明是個人與國家，而談責任時，卻又轉換為個人與社會。這樣互淆，永遠談不清問題。國家與社會終究不是一回事。現在撇開社會這一元不談，不知陳文根據什麼認為，人權是個人面對國家的一種要求。這句表義並不明確的話，莫非認為人權是國家對個人的給予？那就要鬧笑話了。但願是我的誤解。但我畢

竟知道，在西方契約理論中，個人無疑優先於國家，國家無疑以個人為其本位。因為個人正是出於保護自己權利的需要，才割讓出部分權利組成了所謂的國家。因此在這兩者關係上，國家註定服務於每一個個人。至於陳文認為「國家比個人更重要」，但它沒有就此論證。而況就傳統的儒家背景而言，也有「國以民為本」之說。因此，我不知道這是什麼樣的亞洲價值，只知道這種價值缺乏對「個人」起碼的重視。我雖為亞洲人，對不起，卻堅決拒絕這種價值，除非是強加。

　　強加的可能在亞洲是存在的。比如馬哈蒂爾（當然還有其他）肯定最樂於選擇這種價值。他會這樣給我們唱經：馬來西亞有馬來西亞的特殊國情，不要以西方的價值標準作為我們自己的標準，應該選擇一條具有自己特色的馬來西亞道路。誰都知道，這是一種統治策略。只要馬哈蒂爾一旦作出了這種策略上的選擇，它也就立即成了全體馬來西亞人的選擇。因為，他代表國家，而國家比個人更重要。於是，我就明白了無數個「邵建」為什麼總是一而再地被選擇，因為有這樣一個亞洲價值在為它提供合理性。於是，也明白了為什麼陳文的倫理宣言要以「責任為基礎」而非「權利為基礎」，既然國家比個人更重要，「國」字當頭，當然責任為先了。而個人，不過是「國」字裏的那一點。一點而已，權利又何足道之。也許意識到這一點，所以在第二條「國家之本在於家庭」後（這是李光耀的理論，可惜沒有篇幅來駁了），第三條終於輪到個人了，但它依然回避了個人的權利，而僅僅是一種居高臨下的撫慰。所謂「國家要尊重個人」。這話不說還好，聽起來反而像男權社會中的大老爺兒們嗑著牙花說「要尊重婦女」。

　　由此可見，亞洲價值在陳文所歸納的五大原則中，個人權利是沒有任何地位的，並且它的整體設計，也完全是從國家本位出發的。因此，就不難理解為什麼儒家倫理能夠成為中國封建社會

的意識形態。同樣，也不難理解，為什麼有人不無理由地認為，在 90 年代各種活躍的文化思想中，新儒學最有可能成為新的意識形態。至少，從新儒學的價值取向來看，它是並不拒斥成為意識形態的。否則，弘揚儒學，本來是學問中人事，何必動不動打起亞洲的旗幡。儘管，可以理解的是，出於多元文化的需要，亞洲人是可以有自己不同於西方的價值選擇。但，這種選擇一旦以亞洲的名義出現，在亞洲範圍內，多元豈不又成了一元？因此，在這裏，重要的也許不是選擇什麼，而是選擇上的自由。如果陳來先生僅僅是進行他個人的選擇，那麼，別人無權置喙；但他分明是在為亞洲作出選擇，也等於為我作出了選擇，而這種選擇又非我所願。尤其是按照他那「什麼比什麼更重要」的邏輯，我已然失去了再選擇的自由。為此，我感到不安，不解，也不服，所以寫了以上文字。不為別的，就是為了東方人其實從來沒有真正享受過的「個人的權利」──它的縮略形式即「人權」。

「旁白」一組^(注)

一、「普世價值與文化多樣性」

「自由是人類所要達到的最高目標和境界」
「不，它只是一道底線」
……

記得這是兩年前，我和朋友圍繞自由的一次對話。把自由作為我們的共同努力，這一點沒有異議。不同在於，他堅持自由是一種高度，而我卻覺得，對於人類生存而言，自由不是什麼最高，而是最低。因為自由如同呼吸，是人的基本需要。

爭論未果。

大概是寫這文字的三、四天前，我去給學生上課，不意在教室後面的黑板上看到一則有關自由的小寓言，饒有深意。

一個農夫捉到了一隻鳥，他對鳥說：我給你充分的自由，然後就把牠放進了籠子裏。可憐的小鳥問：你不是給我充分的自由嗎？農夫微笑著：是啊，我給你充分的自由，你可以唱、可以跳、可以飛、可以叫——在籠子裏。

在籠子裏唱跳飛叫，還叫自由嗎？在這裏，或對這隻小鳥來說，自由並不是去做什麼，僅僅是指免於被囚禁。推其言，自由，從根本上說，就是「免於」的意思。英語中的「freedom」也正是「免於……」的名詞化。免於何？曰：被強制。

　　那好，回到開頭，免於被強制的自由，你說，是人類生存的最高目標、還是價值底線？

　　其實，我在這裏並不想談自由，我只是以這個詞作引子。所謂「普世價值」，在我看來，就是價值的普世性。什麼價值具有普世性？就是那些作為底線的價值，比如人的生存的權利、自由亦即免於被強制的權利、財產的權利、追求幸福的權利等等。

　　底線之於人，不在於它給人以什麼，而在於它對人的保障。一旦無它，則人將不人。可以設想沒有自由的人還是人嗎？對喪失自由者來說，人這個概念恐怕只是虛擬，更準確的詞似乎是：囚徒。

　　所以，保障一個人不作囚徒的價值，比如「freedom」，就具有了普世性；因為這個世界上沒有一個正常人自願為囚。僅從這一點，普世性又可釋之為「放之四海性」。如果說世界上沒有放之四海而皆準的真理，但肯定有放之四海而皆準的價值。

　　換言之，「味之於口，有同嗜焉」。普世價值的存在，根源於生活在這個地球上的人所本有的那種休戚相關的共同性。

　　然而，這種共同性正在受到挑戰。挑戰者正在以文化多樣性或文化相對主義的名義拒斥普世價值。它們的邏輯是：任何一種價值都是在歷史中形成的，而歷史是在不同的文化背景中展開的。不同的文化對同一價值會有不同的理解，因此，不能以一種文化中形成的價值，比如西方文化中的人權、自由等，推諸其他文化。否則，不是「文化霸權」，就是「西方中心主義」。

　　既然是混淆視聽，就難以做到天衣無縫。

　　就像人的共同性必然存在於你我他等具體的人身上，普世價值的普世性當然也不是抽象的，它只能形成於各種不同形態的文化傳統中。比如，「摩西十戒」，其中「不許殺人」、「不許偷盜」、「不許姦淫」、「不許貪戀他人財物」等，就出自西方文化源頭之一的猶太傳統，但它的普世性在我看來，是不言而喻

的。我認同這些我視為底線的東西，卻並不覺得自己被西方文化殖了民。同樣，來自儒文化中的「己所不欲，勿施於人」，也正日益被視為具有普世價值的「金規則」。當它被世人普遍奉守時，有誰會說，這是「東方中心主義」或「中國文化霸權」？

宋代陸九淵說：「東海有聖人出焉，西海有聖人出焉，此心同也，此理同也」。果如我沒錯記，陳寅恪先生曾這樣化約：東海西海，心同理同。在我看來，這正是普世性的又一詮釋，即，人類的共同守認。

那麼，文化多樣性呢？

普世價值並不抵制文化多樣性，相反，文化多樣性如果抵制普世價值，那倒要問一問，這多樣性到底是什麼玩藝。比如：

非洲大陸閹割女性快感的割禮習俗是不是文化多樣性？

為男性快感而強制女性纏足的千年傳統是不是文化多樣性？

剝奪女性學習和工作權利的塔利班「原教旨」是不是文化多樣性？

果如這些都叫文化多樣性，那麼，就有必要提供一個作為評價標準的「文化度量衡」，即：文化是人的產物，它是為人的，而不是人為它的。以此為衡，上述所謂文化非但不是「為人」，恰恰是「非人」和「反人」。因此，從本質上說，它們是反文化的，是反文化的多樣性。

東西方每一種文化，在其歷史上，都曾產生過大量的非人性和反人道的內容，這些披著文化外衣的「蠻性遺留」本應是文化發展中逐步劣汰的對象，絕不能以文化多樣性的名義讓其合法化。

其實，把文化多樣性和普世價值作為對立範疇來討論，在某種意義上，是個偽問題。當然它更多是別有用心，比如「亞洲價值」的始作俑者。這個問題我以前也作過文章，這裏姑不討論。我要說的是，就兩者關係言，普世價值與文化多樣性並非反對，

而是相輔相成。普世價值無不來自於多樣性的文化，它不過是從各種不同文化中化約出來的「公分母」，而不能化約或不必化約的那些文化份子，就是所謂的多樣性了。同樣，文化多樣性也有賴於普世價值的存在而存在，因為普世價值為其發展提供了必要的前提。多樣性即為文化上的自由選擇，自由正是具有普世性的價值之一。沒有自由的文化只能是文化專制，而專制狀態下的文化根本不會有任何多樣性可言。

因此，在這個題目下，需要警惕的不是普世價值如何遏制了文化多樣性的發展，而是專制者正在以文化多樣性的名義抵制作為人的普世價值。

二、「國家之上是人」

「Above all Nations is Humanity」

這是胡適先生一九一四年在其〈國家主義與世界主義〉的文章中所引用的美國學者 Goldwin Smith 的話，胡先生把這句話譯為「萬國之上猶有人類在」，如果再簡潔一點，不妨為：「國家之上是人」。

什麼叫「國家之上是人」？

一九八八年，澳大利亞新的國會大廈落成，它坐落在一個小丘之上，面對山崗，居高臨下，氣勢如此非凡。但，奇怪的是，大廈上面特意鋪了一層綠草地，用以供遊人在其上休憩、散步和玩耍。這樣的設計當然有其用意：人們可以活動在自己的議員頭上，因為，公民的權利高於一切，包括象徵國家最高權力的國會。

這就叫「國家之上是人」。

　　如果換一個語境，中國不是有句古話，叫做「國以民為本」。可惜這句話到此為止，如果往下續的話，按其邏輯，豈不就是：民在國之上？

　　道理是顯然的，但它常常被遮蔽。

　　既然民為國本，無民則無國。那麼，有民呢？是否可以無國？亦可。比如原始人類的伊甸園時代。但，伊甸園裏不伊甸，人類身上那永恆的蠻性遺留總是要使他們相互侵害。哪怕就是為了安全，人們也需要一種機構保護自己，而國家就是作為這種機構因約（契約）而生——這就是西方契約論中的國家源起。

　　具而言，人們是這樣組成國家的，即擁有自然權利的人們——這個權利也叫「天賦人權」——把自己的權利割讓出一部分，讓渡到那個叫做國家的身上，國家因此便獲得由每個人的權利轉換而至的權力。從權利到權力，一字之轉，前者叫「人權」，後者叫「主權」。它們的關係式，不妨就是一句話：權利乃權力之母。

　　作為母權的權利（即人權）優先於派生的權力（即主權），這本是常識。可是常識卻有意被顛之倒之，所謂「瞻之在前，忽焉在後」，比如兩三年前。顯然，那是有人故意要把水攪混。

　　還濁於清，此其時也。

　　把人權與主權放在一個國際語境中，如果一個主權國家正在肆虐自己的公民——比如當年的「前進高棉」大肆屠戮柬埔寨人民，那麼，作為一個更高的權力力量比如聯合國，是否可以對其干涉？答案是肯定的，而且毫不猶豫。與其說這是國際力量干涉主權，毋寧說是在保護遭到主權侵犯的人權。

　　此即：當主權與人權一致時，干涉主權即干涉人權；當主權與人權為敵時，不干涉主權即背棄人權。全部問題就在於主權對人權的態度。在這裏，主權其實是佔有主動權的，它被干涉，也是自找。想想兩三年前發生在巴爾幹半島上發生的一切吧！然後

再請讀讀法國知識份子格魯克斯曼的〈以歐洲的名義阻止納粹悲劇重演〉。這題目在我看來不如就是「以人權的名義……」

以人權的名義，我輯選了如上的篇什。

三、請愛護下一個地球

七月下旬，自南京往銀川，西安是中轉。兩段航程，截然不同的兩種視覺。南京到西安自然一路蔥蘢，滿目皆綠，且富有不同的色調和層次。可是自西安飛起後，綠色頓失，撲目而來的，只剩一種顏色：黃。那種單調的、大色塊的黃，如此乏味，卻無止盡，迎飛機而來遽，又棄之而去疾。說起來，天是高藍，地是玄黃，兩間之際，正可靠在背椅上一邊飲咖啡，一邊欣賞這色調的反差。可是，有心情嗎？眼睛先是注視著黃河，一線瘦弱，在山叢中孤寂地繞圈，令人感慨。爾後，黃河遠逝，逝不去的只有這黃。它一直隨我到下飛機，環顧機場四周，靜寂之外，除了風蕭，還是蒼黃。

是在飛機上就想起阿姆斯壯的那句話，這位第一個登上月球的美國宇航員，在他從登月艙向月球邁出第一隻腳時，或這隻腳剛剛落上月球地表時，說：這一步，對個人來說只是小小的一步，但對人類來說卻是巨大的飛躍。作為人類登月成功抑或人類征服自然的又一勝利的象徵，這句話在他脫口而出的當時，就隨無線電波傳遍了地球的每個角落。然而，我現在想起的其實並不是這句，而是另外一句。當他轉過身來，在黑色的無邊無際的茫茫宇空中，發現幾十萬公里之外有一顆藍色的星球，他意識到這就是地球。看起來，它是如此的孤寂，然而，它卻是我們唯一的生存家園：阿姆斯壯如是說。

　　人，大約總是在某個契機下才意識到環境問題的。雖然一九六○年代是美國生態運動勃起的時代，蕾切爾‧卡遜的《寂靜的春天》就在這個時代問世，並引起軒然大波。但我想阿姆斯壯這番由衷感慨，是因為他換了一個角度，從月球上看地球。這正好印證了維特根斯坦的話：沒有死過，就不知道生的價值；沒有離開過地球，就不知道地球的價值（大意）。至於我自己，環境意識的萌生，一直遲延到一九九七年——這使我感到很不好意思——那是新疆之行的結果。浩瀚戈壁，了無人煙，生態的荒涼，更兼無止境的抽取地下石油，情不自禁讓我對環境問題產生關注，當然，當時還關注或者說更關注的是民族主義問題，畢竟人在新疆。記得有一次談到能源問題時，同去的我單位的一位領導說：到時科技發展，從戈壁灘上抓一把沙子，都能變成能源。這樣天真的樂觀主義我無法認同，科技並非萬能，它在解決一個問題時，有時帶來的問題會更大。離疆時，我選擇了火車，想從地面好好看看戈壁。整整一個白天，看夠了戈壁的廣袤和蒼涼。想到這麼大的面積廢在這裏，無以利用，而東部土地緊張，卻又人滿為患，由不得產生深深的無奈。可是，荒廢的記憶還沒逝去，眼前的景象又讓我發慌。所謂「兩湖熟，天下足」，當我從長江上岸，由宜昌經高速公路向武漢時，親眼看到這富庶的土地給高速公路切割得七零八落，雖然，我無法確切知道這路要佔去多少地畝，但，想著中國各省份那像蛛網般輻射的高速公路，想到每它伸展一分，可耕地就萎縮一寸，心不禁隨之萎縮：我們到底還剩多少地可供鯨吞？何況除路外，每一個城市都在無止境地擴展，而城市的數目又在不斷增加。

　　新疆之行後，儘管依然不是環境主義者，但不由會關注一些環境問題。這次到銀川，就是為了編書，在這第三卷裏，有有關環境的詞條，我選擇了它。在寧夏的幾天，大家對生態問題都身同感受，因為車行處常常可以看到黃沙和土壤的交鋒以及土壤不

敵從而被沙化，另外就是水資源的匱乏。兩個多月後，本書編委
會移師桂林，在從機場去市區的路上，計程車司機的隨同，一個
三十多歲的女性，喋喋不休地向我們介紹桂林有什麼吃、有什麼
玩。說到吃，提及的是野生動物。這些也能吃？我不禁質疑？這
女子大不以為然，一邊吃著盒飯，一邊振振有詞：有什麼不能
吃？該吃就吃，人不就一輩子嗎？對話當然無法繼續，彼此差距
太遠。但這也不能完全怪她，她頭腦裏壓根就沒有一點生態意
識，誰給她灌輸過？

　　誰給她灌輸過？這的確是個問題。不用說沒接受過什麼教育
的她？昨天在課上，面對教材上歌德的話：藝術家既是自然的奴
隸，更是自然的主人，我有意識岔題，把主語「藝術家」置換為
「人」，讓學生談談自己的看法，以此作一次人與自然關係的意
識測驗。果然有學生對這樣的陳述表示認同，認為這是不言而喻
的。於是我談了自己的看法，我的意思大概是：儘管從歷史上
看，人的確是自然的奴隸，如原始時期，後來也的確成了所謂的
主人，如工業文明以來。但這種意識包括陳述是有問題的。如果
人從奴隸到主人，這就意味著，自然變成了奴隸。人類一旦以主
人自居，而把自然僅僅視為滿足自己需要的取用對象，並以奴役
的方式對待它，那麼，這個奴隸是會反過來向人類報復的。事實
也正如此。下面就談了我幾次出行所見所聞的生態感受，最後把
人與自然的關係歸結為一種倫理共同體。因為，人本來就是大自
然的成員之一，它和其他成員的關係也只能是共同體的關係，而
不是什麼凌駕其上的主人。我發現，我說的這些，就這堂課而
言，至少比我介紹的那些文學理論更引起學生的注意，因為，這
些問題學生們以前並沒有接觸過，更談不上思考。我當時的感受
是，哪怕是一個中文系的學生，文學理論知識少那麼一點並不可
怕，可怕的是居然沒有一點綠色意識，這關乎到我們每一個人的

生存。當然，這並不意味著我以後就不務正業地把文學理論課變成環境生態課。

在我上面給學生的即興發揮中，我自己以為，環境生態問題最重要的是擺正人與自然的關係。有了這樣一種認知，才可以對我們的行為有所制約，包括我們對發展的迷信、能源的攫取、生態的破壞和消費方式的任意。俗話說，知難行易，或曰，知易行難，但，不管孰難易，所謂「行知」，行的是知，不知又何以行？因此，讓我們的綠色行為從認知開始，讓我們的認知從閱讀開始。不過，閱讀之前，以下這段文字是否可以先行看一看，請不要僅僅把它讀為「黑色幽默」：

一百年後，地球上的生態危機已經氾濫成災，科學家們束手無策，只得乞靈電腦。他們輸入了一連串的資料，就等著那黑色的顯示幕給出救治。答案出來了，只有一句話：

請愛護下一個地球！

注：這一組旁白是為《大學人文讀本‧人與世界》卷我所編輯的四章內容而撰寫（這裏選三則），該書由廣西師範大學出版社 2002 年夏出版。

輯三

「梟鳴」的貓頭鷹——知識份子肖像

知識份子這一身份的另一表達就是「批判」，不批判則無以言知識份子。也許，這是知識份子所以言知識份子的一條不成文的「定律」。因為，「知識份子」的稱謂就是在知識份子的批判聲音中誕生的，它從它誕生的那一刻起，就註定了自己的批判宿命。

讓我們把目光回轉到一百年前的法蘭西。

1898 年，已經塵埃落定的「德雷福斯案」終於驚動了當時的知識界。愛彌爾・左拉基於正義，決定以書信向全國揭露這一事件的真相。這封信起初擬題為「致共和國總統」，實際上這是聲討體制有意製造冤獄的檄文。左拉在《曙光報》主編克羅蒙梭的辦公室聲情並茂地朗讀自己的傑作，這位主編當即決定撤下已經排好的稿子，立即上左拉的這封信。就在簽發稿件時，他的眼睛落在了這封信的標題上，「致共和國總統」？「這有點像地方政府給總統的信」，這位主編明確向左拉表示：「我不喜歡這個題目」。說著，他逕自拿起筆，在文章的上面另外寫下了幾個已經深深楔入歷史的大字：「知識份子宣言」（又譯「我控訴」），於是，具有明確稱謂意義的「知識份子」概念就這樣在這位主編的辦公桌上誕生了。[註] 很顯然，沒有「德雷福斯案」，沒有左拉的義舉，就沒有「知識份子」的稱謂。知識份子是和左拉排炮一般的「我控訴」的憤怒的聲音同時誕生的。這個聲音向世人宣喻了知識份子的特殊使命「批判」。

請聽——

「知識份子最大的貢獻就是保持異議。」

「知識份子的責任就是說出真理、暴露謊言。」

「知識份子從定義上講是處於對立面的」。

「知識份子是否定性的傳播者」。

「知識份子扮演的應該是質疑而不是顧問的角色」。

「知識份子在某種程度上仍然認為自己所持的是準政治的對抗立場」。

「知識份子必然被看作是邊緣化的批判者」。

「知識份子是支持國家的理念重要，還是批判更為重要？我的立場是批判更為重要」。

「知識份子具有先鋒的使命，應該逃離加之於它的法則、實踐與制度而追求某種具有可能性的東西，即『真正的批判』」。

「大學之所以為大學，只有一個理由，即他們必須是批判的中心。」

…………

這些出自鮑德里亞、喬姆斯基、薩伊德等西方知識份子之口的聲音實際上都是左拉聲音的延續。左拉的聲音和後左拉們的聲音已經形塑了現代以來知識份子的批判形象。如果給這個形象送上一個比喻，那麼「梟鳴的貓頭鷹」庶幾可以成為它的剪影。貓頭鷹那梟鳴的「惡聲」使黑夜更加淒厲，正像左拉的「我控訴」使國家大廈深感驚恐。在那些身穿筆挺呢制服的共和國將軍們的眼中，左拉恰似那討厭的貓頭鷹，他那來自黑暗深處的控訴無情地撕破了他們的酣夢。左拉的事蹟是饒有意味的，從中可以透析「知識份子」這一概念的若干含義。首先，知識份子是一個批判者，這正如左拉和後左拉們之所為；其次，它的批判對象是主流社會，即擁有各種政治權力的社會體制，這正如「德雷福斯案」的炮製者；另外，批判發生在體制之外，是外在於體制的知識份子對體制本身的批判，這正如克雷蒙梭之所以更改左拉的題目。

以上諸端分別涉及批判知識份子的行為、對象和立場，它們的融合，使我對知識份子的「貓頭鷹」肖像產生深切的體認。

貓頭鷹，「異教的神祇」——波特萊爾如是說。在《惡之花》中，他專門寫過發出這種「惡之聲」的鳥，並把它喻為愛好苦思冥想的人。作為鳴禽中的「異類」，貓頭鷹最大的特點就是拒絕光明。當所有的鳥類都在白天放飛的時候，人們是不會看見貓頭鷹的蹤影。它不是喜鵲，「送喜何曾有憑據」。也不是學舌的鸚鵡，從來就沒有自己的語言。甚至不是「鵷雛」，「非梧桐不止，非楝實不食，非醴泉不飲」，以此標榜自己的高潔。不，這些都不是它，它也不屬於這些，它只屬於黑夜。這是一個「黑夜的守望者」，也是鳴禽中的唯一。夜鶯是不值一提的，它給黑暗送上了甜媚的小夜曲。蝙蝠也難以望其項背，這個鳥類的冒充者，儘管也喜歡在黑夜中翔集，但又忍不住那可恥的趨光本性。唯有貓頭鷹，咬定黑暗不放鬆。因為它非常清醒，誰是黑夜的製造者。它不想讓黑暗一手遮天。這是一種道義的選擇，儘管它可以晝不見丘山，但卻足以夜察毫末。黑暗中的一絲詭異都逃不過它的銳目。它甚至寧可將一隻眼閉起，這是一種拒絕光明的姿態，但另一隻眼卻因此更加鋒利。洞穿黑夜、揭露黑夜，乃是貓頭鷹的職責。那「不祥之兆」的叫聲，使黑暗終於無法得逞。於是，人們明白了，貓頭鷹的存在，是為了讓黑暗現出原形。

知識份子，人類社會中的貓頭鷹。後者所以具有知識份子的肖像性質，是因為知識份子同樣具有「獵夜」的特性。知識份子也是一個光明的「隱者」，白天的朝市之中看不到他的身影，因為白天需要讚美，需要合唱。而知識份子卻偏偏拒絕加入，它無心去作任何意義上的「光明頌」。此正如老黑格爾所說：在純粹的光明中和純粹的黑暗中一樣，什麼都看不見。亦正如老黑格爾所言：密納發的貓頭鷹要到黃昏才會起飛。這時他寧可深深地沉入書齋，埋首自己的職業——人類的精神生產。此所謂天下有

道,則知識份子不議。然而,一旦光明出了問題,一旦「夕陽無限好,只要近黃昏」,密納發的貓頭鷹則隨時飛起,亦即作為「社會良知」的知識份子也立即從書齋中挺身而出。天下無道,則知識份子必議,1898 年,整個法蘭西和整個歐洲都在傾聽左拉的「我控拆」,這梟鳴的惡聲,正是批判知識份子的聲音。

可以剖析一下作為貓頭鷹形象的知識份子了。

它為什麼在職業之外堅執於一種批判者的姿態?不妨姑且把「知識份子」這個概念一剖為二,知識份子乃是先「知識」而後「份子」。「知識」是知識份子的職業所在,他總是依憑自己的專業知識與社會作交換,從而維繫自己的生存。就像左拉,小說就是他的飯碗。在這個意義上,知識份子其實是個知識者,他並不「份子」。「份子」云云,當是出於知識者在職業之外的另一種擔當──「志業」的擔當。它無關乎個人生計,卻有關於社會正義。一個知識者並不必然是一個知識份子,在「者」與「份子」之間有一個必要的間距,這就是從「職業」到「志業」的轉換。扼其言,只有選擇超越於職業之上的「志業」,才會產生真正的「知識份子」。那麼,這個志業是什麼呢?志於何業才能成為知識份子呢?還是左拉的行為啟迪了我們。正如他後來在法庭上聲稱自己的職業是文學家,他原本是以自己的寫作維持生計的。僅僅在這一點上,左拉並不足以言知識份子,這時他更多還是一個知識者。事實上,當一位年輕人給左拉寄去兩本有關德雷福斯的小冊子時,左拉並未引起重視。甚至當這個年輕人逕自上門求援,未曾開口,左拉就警告他不要對自己談什麼德雷福斯。他這樣說:「我正在寫小說,在這種情況下,我沒有精力去顧及現實世界的事,因為我已經完全沉浸在一個虛構的世界中。」誰能說左拉說的不是呢?為那個倒楣的猶太軍官奔走呼告,並不是他的「工作」。他做了,固可嘉許;但不做,似也無可厚非。左拉是在明白了事情的真相之後,改變了自己。「我不願意成為這

一罪行的同謀」，他果斷地丟下寫作，全身心地介入了這一事件。這時，只是在這時，左拉才從知識者轉變為一個知識「份子」。以一介個體與強大的體制抗衡，左拉選擇的是一種志業。但這種志業與職業無關，甚至還會相妨。左拉明白，他是冒著「誹謗罪」的危險去打這場官司，後來他又果然為體制所流放。但正如魯迅所說：「真的知識階級是不顧利害的，如想到種種利害，就是假的、冒充的知識階級」。所謂義無反顧，這正是一個有良知的知識者的選擇。由此可見，志業之於知識份子，不是別的，就是批判，激於正義的批判。

　　然而，知識份子的批判屬性並不僅僅在於批判本身，同時更在於它的批判對象。知識份子批判什麼？這同樣可由左拉的案例作出昭示。直捷地說，如果左拉面臨的不是由體制一手造成的冤案，而是那些偷盜、搶劫、綁架、販毒以及我們今天知識界流行的「車匪路霸」之類，那麼還需要左拉挺身而出嗎？答案顯然是不。這種光天化日之下的罪行，需要的不是知識份子而是法律。正像貓頭鷹洞悉的是黑暗中的惡，知識份子更清楚誰是這種惡的製造者。權力，體制的權力。哪怕就是所謂的民主國家，權力儘管已被公認為合法，但它依然內傾著「惡」的本能。那個可憐的猶太上尉不就是在一個民主國家被體制當作替罪羊的嗎？使他鋃鐺入獄的，正是那些張口「愛國」、閉口「民族」的共和國的將軍們。這一切同樣發生在光天化日下，它是一椿「光明釀就的罪惡」。但許多人只見其明而不見其惡。左拉發難，不是很多人出於單純的愛國熱情高呼「軍隊萬歲」、「左拉該死」嗎？他們不知，人類社會的黑暗與自然界並不相同，它往往出現在白天，是為「白夜」。知識份子恰恰就是白夜中的貓頭鷹，它以自己的目力穿透「白」而直逼「夜」。因為它從來不相信什麼純粹的光明。當惡憑藉權力以合法甚至愛國的名義出現時，它就變得光明堂皇了。戳穿它的外表，揭示它的真相，就是知識份子的批判作

業，儘管可能被頂戴「與光明作對」的惡名。貓頭鷹原本就是一種「惡鳥」，它的形象與聲音從不招人歡喜。但，這是天命，也是劫數，它註定要和黑暗糾纏。它的批判所指，從來不是法律可以制裁的「竊鉤者輩」，而是那些利用法律、甚至可以玩弄法律的「盜國者流」。

把權力體制作為自己的批判對象，這在西方知識份子那裏，已經形成了一個傳統。這個傳統並非始於左拉，而是古希臘的蘇格拉底。他率先給知識份子畫過一幅絕妙的肖像「牛虻」。這只牛虻所盯住的正是國家體制那龐大的軀體。因此，從遙遠的古希臘就開始了知識份子與權力體制之間的齟齬、矛盾與衝突。知識份子而非知識者乃是從體制外對體制進行批判。知識者可以成為體制的成員，用以構成它的文官系統；但知識份子卻不介入體制，並且專與體制構成對立。當然，在進入體制的知識者與批判體制的知識份子之間並不存在人格上的高下之別，它們都是一種自由的選擇。在這裏並不能以知識份子的道德勇氣來貶抑知識者，除非認可體制都是由一些沒有知識的人構成，而這在民主社會是不可想像的。但依然要指出的是，權力的「惡」的本性以及它自身的運轉邏輯完全有可能一如康得所說：知識者進入體制後，「因為掌握權力就不可避免地會敗壞理性的自由判斷」。這種判斷與其說是對權力者而言，毋寧說是對權力本身，因為權力與利益有著千絲萬縷的聯繫。因此，這就需要有另外一波知識者、一波在體制之外以文化知識的傳播、研究和教育為其職業的知識者，讓他們對進入體制的知識者行使其批判的權力，並由此對權力體制形成一種批判性的遏制。這樣一波知識者及其批判行為就使他們成為非職業意義上的「知識份子」。這是一波對權力體制說「不」的人。他們要則不張口，張口就是「梟鳴」的批判。就像貓頭鷹不唱頌歌，知識份子也沒有「讚美理論」。不妨看一看作為一個知識份子學派的「法蘭克福」吧！霍克海默門的

全部著述都是「批判理論」的展開。要問知識份子為什麼不歌唱？魯迅這樣解釋，「他們對於社會永不會滿意的，所以感受的永遠是痛苦，所看到的永遠是缺點。」不僅如此，更重要的是，知識份子的立場不是體制的立場，他們沒有義務為體制作意識形態上的賦頌。相反，他們的責任倒是像貓頭鷹那樣，擦亮眼睛，守住黑暗，以防體制的權力溢出正常的運作軌道。從左拉、法郎士、普魯斯特、到後來的羅曼・羅蘭、薩特、卡繆，以至後現代的福科、利奧塔、鮑德里亞，僅僅一個法蘭西，知識份子就這樣以其體制外的立場鑄就了自己的批判傳統。

正如貓頭鷹在中國向來被視為「惡鳥」，中國雖然有兩千多年的「士」的歷史，但卻沒有現代意義上的「知識份子」。士是不願用貓頭鷹的形象來糟蹋自己的，他們的理想人格的形象是愛惜自己羽毛的鳳凰。荀子在《賦》中如此痛悼「螭龍為蜓，鴟梟為鳳凰」。賈宜在弔屈原時亦這般自傷「鸞風伏竄兮鴟梟翱翔」。這裏，貓頭鷹恰恰是鳳凰的反面。中國士人們不僅痛詆貓頭鷹發出那「怪惡」的梟聲，而且直視梟為自食其母、違反人之大倫的「惡禽」，以至早在黃帝時代人們就欲對其「絕其類也」。所以中國兩千多年來沒有這種異端的、鴟梟也似的批判者，卻多有一件又一件鶼鶼般的「道德導師」。

然而，歷史終於逼近現代。現代中國至少孕育出一位自甘於貓頭鷹形象的知識份子，這就是魯迅。魯迅生平有過幾次富有意味的轉折，從北京教育部的「僉事」到南方廈大、中大的教授，最後成為上海灘頭以筆為生的職業撰稿人，魯迅一步步從體制撤出、遠離，最終使自己獲得了批判知識份子的自由真身。他的言論總是發出與當時體制相反的聲音。當體制到處標舉那面「青天白日」的旗幟時，魯迅偏偏晝不見白日而諷以〈夜頌〉，「現在的光天化日，熙來攘往，就是黑夜的裝飾，是人肉醬缸上的金蓋，是鬼臉上的雪花膏。」貓頭鷹一般的讖語，冷徹入骨！這就

是魯迅，向來不說一句好話，卻專門「報告著不太吉利的事」。這個「慣於長夜過春時」的魯迅，難道不正像那個時代中「月光如水照緇衣」的鴟鴞？對此，魯迅自己倒十分坦率，他說：「我的言論有時是『梟鳴』」。

　　「梟鳴的貓頭鷹」，

　　神祇般的批判本色！

　　謹以此作肖像，

　　為先生祭。

　　為知識份子勉。

注：關於這一問題有不同說法。一說是在左拉《我控訴》的題目上加了「知識份子宣言」的通欄標題。另說是左拉的信發表後，次日又刊登了法朗士等作家聯合簽名的請願書，標題為「知識份子宣言」。本文這裏取前一種說法。

所謂「知識份子」

一、

　　「知識份子」這個詞越發值得嚼咀起來。無疑，這是舶來詞，問題是「intelligentsia」在 19 世紀 60 年代的俄國，它是一個知識份子的總稱，可譯為「知識階層」或「知識階級」。而至上一世紀末的 90 年代，才在西歐即法國誕生出新的知識份子概念。海外一些學者認為，在概念上，不能把上述俄國的「知識階層」和「知識份子」混在一起，兩者應當分開。我不太清楚，這兩個概念的區別，是用以表示俄國知識份子和西歐知識份子存在形態的不同，還是僅僅表明概念自身的演進，即從「知識階層」的群體稱謂過渡到它的個體稱謂。我個人認為這裏是有所講究的（望識者有以教我）。但真正引發我興趣的，還不在這，而是它的漢譯。為什麼以上兩個外來詞，我們都將它譯為我們已習而不察的「知識份子」？或者說為什麼我們要用「份子」來指謂那些有知識的人？這個稱謂譯自何時、又出自誰手？其漢譯角度，是站在當時主流社會的立場？還是知識份子自身的立場？它所內蘊的價值指向又是什麼？——這些追問恐怕都已成為難以論證的懸題了。至少是我，還缺乏傅柯那種「知識考古學」的本事。

　　不妨「考現」。可以作這樣的擬想：49 年之後，什麼樣的人才能榮稱「份子」？排一排隊，除了在「先進者」、「積極者」這些個別的用項上是肯定意義之外，絕大多數冠以「份子」者，

恐怕都是否定的對象了。如「三反份子」、「五反份子」、「右派份子」、「四清份子」、「五一六份子」、「地富份子」、「精英份子」、「動亂份子」，等等。可見，「份子」者流，對於主流社會來說，基本上是個貶義詞。甚至就連肯定意義上的「先進份子」，也是套擬了前一個主流社會的貶義詞，什麼「激進份子」、「赤色份子」，只不過我們反其意而用之（凡是敵人反對的，我們就要擁護）。那麼「知識份子」呢？問題變得微妙起來。知識份子排在那些個「份子」之後，自然不會有什麼好果子吃。你看，歷次政治運動，知識份子不是首當其衝，就是陪綁。我很懷疑，主流社會即使沒有把它打成敵類，至少也是以「異類」視之，總之知識份子是在「另冊」，屬危險的邊緣。文革期間，如果你被介紹說是工人，你一定會為自己是個大老粗而慶幸，甚至拍那麼一回胸脯。但如果介紹你是一個知識份子，你就得不時地提肛了，以便把尾巴夾緊。當然，「知識份子」的稱謂遠早於文革，也早於 1949 年。那麼，是早先那些漢譯的先生就有如此之識、之準、之毒的預見性；還是在下意識裏，認為知識文化者天然就是主流社會的異己物？我不知道。但我知道的是，「劉項原來不讀書」，而且秦始皇上台伊始，就坑掉了幾百個「儒」，且不論是出於什麼原因。看來，知識份子和主流社會的不合與對立是有傳統的了（儘管那些儒並不是現代意義上的知識份子）。

　　也許，正是在這個意義上，「知識份子」的漢譯好極了，妙極了，也傳神極了，它應當成為一種榮譽稱號。當任何一種主流社會把知識份子打成「知識份子」時，那麼知識份子應當更響亮、更無畏地宣稱：我就是「知識份子」。雖然「份子」在中國這樣一個高度倫理型的群體社會中，歷來是個不討喜的概念，它意味著疏離、分裂、異端、獨立、不入流，但知識份子恰恰就是扮演了這份角色。當年馬克思是如此欣賞伊比鳩魯的自然哲學，

就在於這位希臘先哲的「原子論」超越了德莫克利持，它不僅強調原子的個體性，即在大小形狀及重量上的差異，而且更強調原子運動的自由偏斜，從而打破了宿命般的直線運動論。顯然，馬克思對伊比鳩魯的讀解，已經注入了強烈的現時代的精神內涵，它的理論落點，已不是古老的自然哲學，而是嶄新的人文哲學。不妨把這種「原子」視作知識份子的象喻，原子與份子原本就是物質劃分的一對概念，它們強調的都是一種「個體構成」。因此「知識份子」的稱謂，其第一要義，就是它自身存在的個體性和個別性。它所以不稱「階級」、「階層」而稱「份子」，實乃知識份子的工作原本就是個體性質的（不像工人需要在流水線上），並且，知識份子又大都以自由個性為其第一生命。它的工作和它的個性就決定了它對對象的追求永遠不是同，而是異。由此，知識份子就並非主流社會把它當作一個異己者，而是它自己先在地就把自己放在了一個異端的位置上。這樣一種異端的傳統，乃是自蘇格拉底就開始的。這位其貌不揚但思想過人的先哲，總是以抗爭好辯的姿態向主流社會挑戰。當主流社會只准人們尊崇一種神的時候，他卻宣傳另一個新的神，結果招來殺身之禍。蘇格拉底死了，死於鴆。但知識份子卻沒死，由他所開闢的對抗傳統，曲曲折折地流傳了下來。

二、

現在，到底什麼是知識份子，似乎又成了問題。從職業的角度，是不是有了一定的專業知識就叫知識份子？或者知識份子乾脆就是職業的腦力勞動者？這些問題說起來簡單，但細想開去，又十分複雜。隨著文明的發展，社會的進步，獲得文化知識的人總是越來越多，及至某一天，假如文盲消除了，人人都有它自己

相應的知識了，莫非這人人都成了知識份子？那些在大企業、大公司上班的白領階層，是幹腦力的，一天到晚坐在電腦終端機面前，他們也是知識份子？自稱「受夠了知識份子的氣」的王朔在尖刻地諷刺過知識份子之後，說：「知識份子的概念不應該只局限於過去的內涵上。這個社會必將出現新型的知識份子」。那麼，什麼是王朔所謂新型的知識份子呢？他舉了個例子：「比如許多從商的人都受到高等教育，也有研究生畢業的，碩士博士的。」這幾乎使人笑了起來，他所說的人壓根連知識份子都算不上，還談什麼新型。90 年代的王朔對知識份子的理解不但不新型，而且恰恰是過去陳舊的那一套。照他說來，讀過大學的人去做生意，就不是商人，而是知識份子了。那麼，這些年各級政府的文官系統中不乏有本科生、研究生之類，我倒想請教王朔，這些人到底是知識份子，還是政府官僚？王朔的邏輯，不就是上面那種看法：只要讀過大學有了知識便可以喚作知識份子嗎？當然，王朔這一點是對的，「不能說只有在大學裏或研究所中清貧的那種才叫知識份子」，這倒不是因為「沒有知識的人即便從商也發不到那兒去，頂多滿足個『口福』」。而是因為知識份子儘管是一種職業，但又並不僅僅是職業的衡量，更不是什麼「口福」不「口福」之類的貧富衡量。

　　那麼，知識份子到底是什麼呢？看來，要探討知識份子，有必要牽出一個相關詞「知識者」。以上談及的其實都是知識者，而非知識份子，儘管其中也「可能」包括知識份子。這兩個詞，我以為知識者的外延要大些，知識份子只是其中的一部分，而且更多還是「可能存在」的部分。就其所指言，它們的區別，一是「者」，一是「份子」。「者」者，「人」也，人人都可以成為一個知識者，這可能並不困難。難的是那個「份子」。知識份子概念，要害不在「知識」而在「份子」。就我看，自然科學或科技之類的工作者，一般不是知識份子，而是知識者。甚至一般的

社會科學工作者也可能不算知識份子。最靠近知識份子的，或者說首先應當成為知識份子的，乃是人文學科這一塊。當然，這種劃分不宜過於拘泥，因為真正的知識份子乃是個人的自由選擇，它並不囿於職業。但知識份子大體以人文為中心，兼及其他領域（至少是社科領域），這大致是不會錯的。所謂人文，即人的精神之文、理性之文、主體之文、存在之文，在這樣一種形而上的文化層次內，從事其創作或研究，這樣的人，又叫文人。由於它們最講究自身的個性，所謂獨立之精神、自由之思想、不依之人格，因而應當是最典型的知識份子。人們在習慣上不也常說人文知識份子嗎？文人所事即人文，它所以被稱為知識份子，正在於馬克思所說，它們是人類的「精神生產者」，它們生產的就是人類的文化精神。由於精神的個性特徵，所擁有的形而上的制高點，和它自身的超前維度，因而使得知識份子很自然地與作為群體出現的主流社會和大眾社會（亦即世俗社會）產生一種前衝與後座的對立。所謂異端、疏離、分裂等辭彙，正是在這種意義上產生。更要命的是，知識份子素以自身的精神尺度衡量社會事務，它似乎本能地具有一種使命感，即在價值層面上關注社會的公眾利益。這樣，知識份子的精神之「道」很容易與主流社會的威權之「術」和大眾社會的世俗之「勢」構成其抗衡與衝突。這種抗衡，又衍生出了新的辭彙：否定、批判、超越。知識份子遂由精神生產者或守望者又引申出了新的含義：批判者和否定者。精神本身就是批判的，它只有在對外對內的雙重批判中才能不斷獲得新的超越。因而，正如我在下面「導言」一文中所說：「批判者，你的名字叫知識份子」，這話倒過來就是：「知識份子天生就是一個批判家」。我以為，只有「批判」，方才構成知識份子的「份子」本義。

　　然而，又並非現在在高校中或研究院內從事人文教授或研究的都是知識份子。如果僅把知識份子理解為一種「職業」自然也

未嘗不可。那麼就是說，我所從事的，只不過是用以換飯票的，是稻糧謀。我是用我的精神產品，從市場上換取農工的物質產品。這當然是正常的，而且目下還需要特別注意精神產品和物質產品交換時所呈現出來的「倒剪刀差」（指工產品與農產品價格之間的差額）。但是，僅僅從職業的角度論知識份子，恰恰可能窒息了知識份子。因為，知識固然是能夠與人民幣兌換的，但「份子」卻是人民幣永遠也兌換不出來的。知識可以職業化，「份子」卻不是職業，而是職能、一種社會所需要的特殊職能。設若一個專業作家，完全職業化了，他甚至把自己變成了一架高速運轉的寫作機器，並因而對社會公眾事務保持了必要的疏離。應該說這在社會常態下是正常的。但是一旦社會公眾利益受到了不正當的損害，或者出現了明顯的社會不公或非正義，那麼這時，這位作家依然沉溺於書桌之前，他還是不是一個知識份子呢？答案應當是否定的（但不應否定這位作家的自由選擇，而且，不是知識份子亦不表明他在道德上就處於某種劣勢）。唐朝的韓愈，用當時的眼光，他也算得一個大知識份子了，那麼他作為知識份子的功能，是體現在那些大量的「諛墓」性的碑文上呢？還是表現在敢抗朝廷的「諫言」上？知識份子並不是一個常數，而是變數。僅僅職業化的人文知識份子，有可能不是一個真正的知識份子，而只是一個知識者。相反，遠離人文領域的，卻又不妨使自己行使知識份子的職能。儘管作為人文工作者，最切近知識份子的範疇。顯然，做一個職業化的知識份子相對容易些，而做一個職能化的知識份子，無疑在其職業之外還要另外有所擔待。然而正是後者，才能充分顯露知識份子的風骨與本質。這裏，我想起了左拉，他是一個真正的知識份子。他的身份是作家，小說是他的專業，然而「德雷福斯案」發生後，是知識份子的本能促使他放下創作介入到這個事件的漩渦中。他義無反顧地為無辜的德雷福斯辯護，為了伸張正義，他給法國總統寫下了檄

文般的長信「我控訴」。他的控訴得罪了官方的陸軍部，於是他自己也成了主流社會的受害者，最後被迫流亡國外。從職業角度，左拉完全可以超脫此事，他寫他的小說就是了。事實上，他當時整個情緒都沉浸在小說的創作中。他不參加，誰能責怪他。然而，一旦明白事件的真相，他卻會責怪自己為什麼不站出來。果然，左拉主動站了出來，「我不願看到我的祖國活在謊言和不義之中」。這樣的責任感，可謂一種神聖的天職。左拉是偉大的，他的行為是一部無字書，這部書絲毫不遜色於他的《小酒店》、《娜娜》和《萌芽》。由左拉的例子來看，所謂知識份子，並不僅僅是一種「職業」，而且更是一種「志業」。兩者之別，職業表明一種身份，志業更強調的是一種有關人類社會的責任和信念。它把它所從奉的職事信念化了。為了信念，什麼都可以付出，所謂義無反顧，所謂在所不辭，所謂赴湯蹈火，所謂義不帝秦，都是一個意思。如果說左拉是 19 世紀法國的一個偉大的知識份子，那麼，魯迅則是 20 世紀中國的偉大的知識份子。先生學養不可謂不深，通貫中西、融匯今古，但先生並非以學力逞強，而是畢其生以「份子」的姿態橫掃於汙泥濁水的中國思想界。先生去世得早，因而至死都能保持知識份子特有的鬥志和品格（儘管晚年未能倖免「向左塌陷」）。相形之下，另一位文人郭沫若就不同了，此人在早也曾是一個知識份子，但隨著時間的推移、環境和地位的變化，他不但日益由知識份子轉變為知識者；並且，即使就知識者而言，1949 年之後，其言其行，無不於節有虧。

三、

自尼采「上帝死了」之後，利奧塔宣稱「知識份子死了」。美國的艾恩・蘭德針對 60 年代美國知識界的狀況也認為「我們沒

有任何知識份子」。顯然，這二位學者對西方知識份子不是另有看法就是深為失望，這種失望其實也是知識份子的一種自省。中國知識界的情況可能更糟。但具有上述二位之清醒意識者恐不多見。那一次和朋友聊天，聊起了王朔。他對王朔頗有微詞，而我對其人則相對肯定。於是朋友問我：「你知道王朔的矛頭是對準誰的嗎？」「誰？」我一時未解。他說：「是知識份子」。我立即說：「這有什麼不可以？」朋友對知識份子是充滿感情的，這我理解，問題是要看什麼樣的知識份子。王朔雖然無以建構新的知識份子（這也不是他的事），但他對過去那種「所謂」的知識份子的批判卻令人解頤。坦率地說，他筆下那些知識份子，典型如那個道貌岸然的德育教授，能算個知識份子嗎？整個一個主流社會的應聲蟲。而從這個德育教授往上溯，如果歷時性地檢索一下中國的知識份子，那麼從整體上說，知識份子與主流社會始終是一種「毛皮」之間撕扯不斷的關係。主流社會之「皮」固然需要飾以知識份子之「毛」，而知識份子之「毛」卻更需要附著於主流社會之「皮」。這種依附關係決定了知識份子的御用性。儘管並不排除歷史上知識份子對主流社會的反抗，乃至殊死的反抗，個案如李贄；但知識份子的整體形象和整體存在，無疑是叫人失望的。利奧塔等二人的話移用到我們這邊來，也未必不可以。前段時間，有學人對極左路線橫行下的知識份子的生存表現提出了不客氣的批評，於是，又有當時的受害人站出來自衛性地進行了反批評。我認為，如果這種批評不是刻意和哪個個人過不去，而是以此說明中國知識份子的存在缺陷，這不僅是可以的，而且十分需要。事實上，那篇文章說得很輕，僅僅是「聰明」遠不能揭破問題的實質，真正的要害並不在於中國知識份子的聰明，而在於一種本源性意義上的軟弱。固然，這不能責之以個人，其中更重要的是制度因素。但，在統治階級的暴力下，知識份子精神妥協、明哲保身，乃是歷史悠久的集體遺傳。問題是，

市場經濟以來，意識形態的鐵腕漸為市場經濟所替換，於是有幸可以看到知識份子表現的另外一幕。在金錢的巨大誘惑下，不是有人宣稱「文化上的製作的時代開始了」嗎？用製作取代創作究竟意味著什麼呢？言者倒也直爽，製作就是「拒絕創作最主要的動力，即靈感與激情、嚴格意義與經典精神」。所以如是，乃在於商業社會只「需要消閒與娛樂」，而製作，正是有效地迎合了這種需要。然而從創作到製作畢竟是以精神個性的犧牲作為付出的代價，如果作家熱衷於此，中國知識份子的雙重劣根性已經暴露無遺了：對主流社會，「枉道以從勢」；而對大眾社會，則「曲學以阿世」。

　　我個人主張：知識份子，舉起你的左手，批判主流社會；舉起你的右手，批判大眾社會。我始終認為，知識份子作為第三種力量（前兩種社會分別成為兩種力量），它與統治階層和社會大眾最基本的關係，就是保持一種內在張力的批判關係。批判是社會進步的維生素，也是一種啟動劑。任何一個社會，如果不允許知識份子批判，那無疑是一個專制社會。而如果沒有來自知識份子的批判，那就是死水一潭的社會。然而，我的惶惑在於：難道知識份子天生就是一個合法的批判者？如果依然是那種德育教授式的知識份子，他能擔當起批判的責任？而上述所揭示的兩種病症，乃知識份子之痼疾。這樣一種狀態，他又有什麼資格行使其批判權力？問題是嚴峻的，然而知識份子的自我感覺卻又是十分良好的。他們慣以「精英」自居，又虛妄地以「天下」為己任，然而卻不曾自省，他自身未必不是中國社會最糟糕的一群。我所以對王朔持一定的保留態度，蓋在於他那「一點正經沒有」的調侃方式，往往對問題是蛇打七寸。知識份子不是被封又自封為「人類靈魂工程師」嗎？這本是極其粗暴的一種說法，這裏姑請注意「師」的角色。知識份子之謂「師」，可謂淵源久矣，「天地君師親」，師僅次於君之後。這究竟是個什麼樣的「師」呢？

一面是意識形態的牧師，另一面又是大眾精神的導師，以牧為
導，知識份子幹得正是這份營生。所以王朔偏偏不買這個帳，什
麼靈魂工程師，還不如說是「靈魂的扒手」。好乾脆、直接！直
抵事物之本質。不必嫉恨王朔那種來自大眾文化方向的批判，因
為批判並不是知識份子的專利。知識份子固然可以對大眾文化行
使批判，對方也當然可以作反批判，這是一種合理的交往。儘管
這種批判特別是出自王朔之口，鹹酸苦辣令人很不舒服，但它確
實是一帖發汗藥，它可以使知識份子由發燒而自省，誰叫知識份
子自身中沒有利奧塔和蘭德呢！這就牽涉到知識份子「自我批
判」的問題。此前在作「導論」一文時，其立意就是談知識份子
對主流社會和大眾社會的雙重批判，其間也曾考慮到「自我批
判」問題，但未能插得進去，這裏先作補充。也就是說，知識份
子在進行上述兩種批判的同時，沒有理由忽視「第三種批判」即
自我批判。把自己當作批判的主體，同時又作為批判的對象，乃
是出於重建自身的需要。從邏輯上說，自我批判當是他者批判的
先在前提。正因為缺乏這個前提，所以知識份子無論在主流社會
還是大眾社會面前，一遭其衝擊，休論批判之力，就連招架之功
也近乎沒有。然而，囿於現實情狀，知識份子批判也不可能歷時
性地機械排座。把第三種批判和前兩種批判結合起來，融前者於
後者之中，讓其同步進行，此乃可行之策。所謂自我批判，大體
包括檢肅知識份子自身的本源性軟弱，回頭清算自己的知識譜
系，重構自己的話語形態，重審自身一貫的價值立場，重新確定
自己的人格形象，等等。這是一個由批判而自新的過程，也是重
返知識份子存在的過程。知識份子的傳統狀態再也不能繼續下去
了，它需要一種真正的自我革新。而我則希望自己有幸成為發生
這種革新或變化的參與者。

「知識份子」讀札

一、

　　人文知識份子之所為，唯「靈魂」二字，所以人們常說，知識份子是「人類靈魂的工作師」（這當然首指教師和作家）。不知怎的，我對這個耳熟能詳的稱謂則有點感冒，總覺得它太使命、太教化、太館閣體（字體烏黑、方正、大小如一的小楷字，用以明清的科舉考試）了。有一種說法讓人耳目一新，說知識份子是「靈魂的獵者」，很精彩，但不知話主是誰。他分明把人的靈魂當作一個同外宇宙一樣浩瀚無際又神秘無比的內宇宙，當作有著無限誘惑力而又深不可測的「黑洞」，知識份子則如驍勇之獵者，縱橫其中、追逐其中、求索其中、冒險其中，它所追獵的是什麼呢？人類靈魂的無限可能性。當它在這無底的黑洞中獵逐出一塊精神的處女地時，無疑便是給這黑洞投注了一束人文的輝光。

　　「獵者」也好，「工程師」也罷，儘管價值評價不一，有一點共同，都認為人文知識份子以「靈魂」為業。「靈魂」不免有點縹緲，自然是個象喻，它喻指什麼呢？人類的精神世界。「精神」才是「靈魂」的實在內容。精神謂何？它是本能的對立，是人類物質生命的「巴比塔」，也是人類自然之軀的形而上。人猿相揖的兩個輝煌成果，除去外在自然世界的人化之外，另一就是人類精神生命的誕生。它是人類最深刻的文化創造和現象。如果

說外宇宙日月星的天體變化謂為「天文」，那麼內宇宙知意情的精神現象則謂「人文」。所謂人文並非人類文化的縮略，而是文化最內在的結晶，它晶化為以語言為表徵的精神本身，故人文實乃人之文化的精神現象學。今有討論人文精神者，殊不知，人文本身即精神，人文世界即精神世界，它超越於人類的物的世界和自然世界之上，成為人類詩意棲居的託命之所。反者，人類也正因其人文的潤澤與精神的濡染，那黃土摶成的生命才受到莎翁「宇宙之精華、萬物之靈長」的禮讚。

　　誰是人類精神的鍛造者？知識份子。是知識份子在人類感性生命的混沌裏建立了一個帶有詩性光澤的精神王國，作為馬克思所說的精神生產者，知識份子以其自身的職責和使命為這個智性王國制定價值規範、提供觀念系統、形成知識譜系，從而造就一種形而上的「意義形態」，為人類社會輸送有效的精神資源。宋張載「橫渠四句」曾為多少人激賞：「為天地立心，為生民立命，為往聖繼絕學，為萬世開太平」，那首句所謂，正是這份意思。《禮記》曰：「人者，天地之心也」，為天地「立心」，這便是「立人」，人之不立，則無以成為「宇宙之精華」。而人之所立，又在於「立命」，「人稟天地之衷以生，所謂命也」（《左傳》），命者，性也，故《中庸》有言「天命之謂性」。然則「立命」並非儒學所謂盡其天性，在我看來，恰恰是在人的本性之上，額外地鍛造人類精神，熔鑄人類的理性靈魂，這，才稱得上是「立」，而這份「立」的工作，便是「人文」，從事這立的人文工作者，就叫作「知識份子」。在個人的意義上，我一般不把自然科學工作者和社會科學工作者劃在知識份子的範圍，他們更多是作為知識者而存在。知識份子和知識者當然還有更重要的區別，但在最外觀的層面上，則是這種工作域的不同。

二、

　　現在來看所謂的「人文精神的失落」。我以為這種失落可以分為兩個方面：一是知識份子的人文話語的失落，二是其精神品格的失落。

　　具體言，人文的失落指謂知識份子沒有自己的獨特的話語形態和知識譜系。近半個世紀以來，知識份子的精神生產者的身份已經意識形態化了，它僅僅困在社會統治的體制內從事被動的精神運作，以「注經」的方式成為社會統治思想的一種闡釋性存在，這樣從根本上來說，知識份子已經喪失了在社會統治精神之外，建構另外一種精神話語的可能性，當它狹隘地、單一地被容納進統治社會信仰需要的功能渠道，它便只能成為這種信仰體系的「代言人」。從「精神生產者」到「代言人」，乃是使知識份子從自我言說的精神主體質變為一種言說他者精神的工具性媒體。「述而不作」便是這種狀態的最好的描述。其結果便是以知識份子自身話語的取消加固了意識形態的霸權地位。而在我看來，知識份子的話語形態是在意識形態之外的一種建構，若為其命名，我個人傾向於稱它為「意義形態」，意義形態是作為與「意識形態」相對應而存在的又一種知識譜系。其不同在於，「意識形態」表現為統治階級的思想，它的存在便是為政治統治服務，因而在本質上它是一種政治文化體系；「意義形態」的差異性是它的人文性，作為一種理性的價值體系，它的研究領域不在政治而在人類自身之精神，它所提供的當然不是符合統治階級需要的思想信條，而是給人的世俗存在提供各種形而上的超越，如哲學的超越、美學的超越、文學藝術的超越和宗教超越。因此，就像意識形態最後完善的是本階級的政治，意義形態則力圖完善人的存在。這兩種話語形態的關鍵字不一樣，一個姓

「政」，一個姓「人」，一個屬於「政統」，一個則表現為「道統」。退一步說，即使兩者都是一個穩態社會所必需的「合理性存在」，然而我們看到的卻是，一種合理性的存在卻極其不合理地遮蔽了另一種存在，意識形態的話語霸權的「在場」幾欲吞噬了意義形態出場的可能，儘管「政治」在姿態上一概地承認人文，但卻把它控制於自身的意識形態的鐵門限內，人文打上了它的烙印，幾乎本能地政治化了。而知識份子則在這種政治化了的人文領域內，讓人文本身完全地去為政治服務（比如過去對「為學術而學術」的排斥），由此可見，知識份子的失落，首先就是這種本位性意義上的自身話語的失落即人文的失落。

　　人文的失落，必然導致知識份子精神品格的失落。這種失落的表現一是崇拜權威，二是成為附庸。知識份子的責任就是對人類精神的擔當，在這一點上，它的工作和宗教非常接近，所不同者，宗教乃是使人的精神趨赴於「存在的神性」，而知識份子追求的則是「存在的詩性」。因此，在宗教那裏，神是絕對的權威，如上帝，而對知識份子來說，只有打破所謂神聖的權威才有自我精神建構的可能。當年尼采冒天下大不韙宣稱「上帝死了」，並以一種知識的勇氣宣布「重估一切價值」，並把它稱為「人類最高自我覺悟活動的公式」。因此他成為兩個世紀之交的文化重鎮不是偶然的。中國知識份子不然，儘管他一向不重神權，但他卻像奴一樣臣服君權；他可以輕鬆地拒絕超驗的上帝，卻一點也不能突破世俗的政治。他和政治的關係，倒正像宗教上信徒與上帝的關係，在政治這位世俗的上帝面前，他天生就有一種「原罪感」。因此，知識份子儘管仍然號稱精神生產者，但他並不能像尼采那樣，以個體的權力意志去創立屬於他自己的「權力意志」的學說，相反，在一切需要精神運作的地方，他總是戰戰兢兢地以權威作為自己的知識原則，而崇拜權威則是他的思想方式。這樣我們就不斷看到了那種「貶杜以揚李」式的以學術作

迎合的知識鬧劇。然而當知識份子一旦放棄自己的精神原則和價值立場，異化就不可避免地發生了，其結果便是知識份子以其主流社會附庸性的存在取代了自己作為獨立精神主體的存在。道理很簡單，語言是存在的顯現，當知識份子失落了自己的語言時，他的存在也就變得可疑起來。然而附庸性的存在不是本然的存在，而是一種「被存在」，那個著名已久的「毛皮之喻」便是這種被存在的最精彩的注腳。

三、

　　現實是歷史的延伸，歷史是現實之鏡。現實中人文精神的失落，或曰知識份子本位的失落，不難於從知識份子自身的歷史傳統中捕捉其遠因。

　　說起知識份子的黃金時代，學者們總是言必稱先秦，那個時代諸子百家自由爭鳴的盛況確實令當代知識份子追慕不已。但我對此獨不以為然。先秦諸子，雖姑且可號「知識份子」，但究其出身，無不出於某種官守，所謂「諸子起於王官」。後世知識份子與政治那化解不開的死結，早在周秦之時就布下了。不同在於，愈往其後，知識份子愈是被動地為政治所控制，而在先秦，卻又表現為知識份子主動地側入。「夫陰陽、儒、法、名、墨、道德，此務為治者也」（司馬談）。我尚不太清楚先秦諸子是如何由周代職官演化而來，但我知道，周代學在官府而又官學合一，職事之官同時又兼職事之師，隨其王朝衰落，官職解體，官學便也散落民間，慢慢變成私學。而諸子是否正是由私學中成長起來？至少儒學如是。值其天下大亂，諸侯並爭，各種私學，或者沒有聚徒講學的紛紛搖其口舌、振其筆桿，急急申張各自之道術，諸子終於蜂擁而出，蔚成氣候。這雖然是據情推測，恐未為

確，但，中國知識份子的原始身份是「王官」，卻是無以復疑的，套用文革中的「血統論」，只能說，中國知識份子出身不好，他出之於政又歸之於政，永遠也就繞不出政的怪圈。受政治的控制是一回事，問題更在於自己本身就想成為一種政治。試看當時諸子爭鳴，爭來爭去的是什麼呢？儒家是要「助人君」、「明教化」；法家則主張「信賞必罰，以輔禮制」；道家一反儒法，鼓吹「清虛以自守，卑弱以自持，此君人南面之術」；名家苦於名實之辯，蓋因其「名位不同，禮亦變數」；墨家強調「選士大射，是以上賢」，何也？「尚賢者，政之本也」；雜家自己說不出個子丑寅卯，乾脆「兼儒墨，合名法」，故「知國體之有此，見王治之無不貫」……事至此已明矣，所謂「助人君」，所謂「政之本」，所謂「南面之術」，所謂「王治」，真正是「天下一致而百慮，同歸而途殊」。途殊者，「各引一端，崇其所善」，同歸者，「以此馳說，取合諸侯」。說到底，中國這第一代知識份子本質上都是搞政治或熱衷於政治的一群，雖然他們各有其學問，但這般學問究竟是問「學」還是問「政」？從先秦開始，諸子們就鑄定了中國知識份子與政治之間的關係模式。

知識份子的本位正是由此淪失。知識份子使命政治化，實際就是知識份子的取消。這並非說知識份子可以不過問政治，這在後面我們將會看到。但它卻不必直接進入政治並操作政治。知識份子從業的是人類精神創造的領域，政治則是世俗利益管理的領域，兩者本不同道，亦不相謀。因之，知識份子如若棄取對人類精神形而上的追求，而是以其學問問鼎政治，並且身體力行，那麼這就是「串位」。「立人文以建精神」，乃知識份子安身立命之所在，固然這人文可為政治所取納，但它並不主動取納於政治。這裏是很有區別的。《新約‧馬太福音》載：法利賽人企圖陷害耶穌，故意問他「納稅給凱撒可以不可以」，他們希望聽到否定的回答，但耶穌知其惡意，坦然地指著印有凱撒頭像和名字

的銀錢說：「凱撒的物當歸凱撒，神的物當歸給神」。這椿記載後來成了西方著名的典故「凱撒的歸凱撒，上帝的歸上帝」。凱撒是世俗界的統治者，耶穌所以把稅收的事務推給凱撒，正表明他對自己的職事十分清楚，他從事的是上帝的事業，而非下界政務。因此在人類社會的政治生活和精神生活之間。耶穌劃出了一道「三叉線」，這道線並不在於兩者互不相犯，它的意義只是強調上帝的事務和凱撒的事務是兩回事而非一回事。他們身事「上帝之業」（借喻意義上），卻又以此過問凱撒的業務，所以先秦中幾乎沒有哪一家潛心去做自己的精神學問，相反在他們看來，學問做得如不能有助於時，那無異於「謬悠之說、荒唐之言、無端涯之辭」，而只有說這話，並以此自鳴的莊周，才是一個「獨與天地精神往來」的例外。

　　這一切，歷來都被視為「社會關懷」和「使命意識」而成為中國知識份子的正面傳統，但它那巨大的負面效應卻往往為人們所忽略，人文與政治的混淆，導致人文政治化和政治人文化，然則人文與政治歷來是分則兩利，合則俱損。中國傳統人文，以儒學為主體，不是在人的精神存在上開拓，卻專在人的德性上下功夫，「大學之道，在明明德」。因此這種人文類型，於哲學上展開不夠，在倫理上擴張有餘，上迄天子，下自庶人「壹是皆以修身為本」。修身即修道，身稟天地陰陽以生，而修道之謂教，故修身之道即成為儒學文化之「道統」。這是「內聖」，它雖然強調「修」的功夫，但「修」並非目的，內聖還要走向「外王」，故從修而齊而治而平，這才是儒家治理社會的步驟與模式。如果說「內聖」為「道統」；那麼「外王」則為「政統」，非內聖無以外王，非道統則無以政統，也即非上帝無以凱撒。看起來道統至尊，位於政統之上；但恰恰相反，道統直指政統，它是因為政統才成為道統，因而它必須宿命般地走向政統，「化精神為操作」，將已融於政統之中。上帝與凱撒，原本是兩個獨立並列的

結構性空間，在這裏卻變成了一個線性的空間，它因果目的一體化了。對道統的闡發即學統，道統融於政統，學統也就隨其而入。梁任公說：「內聖外王之道，一語包舉中國學術之全部」，這實際上就是說，中國學術的全部一舉包括於「外王」之殼中。人文至此，已然全盤政治化、御用化了，它喪失了自己自由的精神空間，也喪失了獨立發展的可能。它的命運牢牢地與政治綁在了一起，並以意識形態的形式為政治服務。

人文政治化的另一面即政治人文化，當政治干涉人文之時，人文也在干涉政治。以道統御政統，歷來是儒家以知識為權力的欲望，它所希望的是「天下以道而治，道以天子而明」（王夫之）。所以即使貴為天子，也得同庶人一樣「修身為本」，使自身成為「有大德者」。以此而治，是為王道。因此王道所施乃仁義之德，在孔丘看來，「政者，正也」，「其身正，不令而行」，這種政治推行的是統治者個人的道德風範及其教化作用，因為只有「君君」，方才「臣臣」。就像柏拉圖認為哲學家才配當統治者，或者統治者應當是個哲學王，孔儒眼中的統治者無疑應是個「道德王」。然而，政治與這種人文的教化畢竟是兩回事，前者本質上是一種利益性的管理，這種管理最重要的是依一種契約式的「法理」，而絕不能僅僅依賴統治者的個人風範，無論是孔儒的道德風範，還是柏拉圖的智慧風範。後者所形成的政治，依馬克斯·韋伯的觀點，只能是「卡里斯馬型」的個人魅力式政治，它所導致的是獨斷型的「人治」而非公平型的「法治」。因此，儒家這種「政教合一」、「人文化政治」極大地延宕了中國政治現代化的進程，乃至二十世紀歷史，中國政治仍未能走出「卡里斯馬」的陰影而達於現代法理水平。

政治人文化本不在文章的議論範圍，且不再表。人文政治化的結果非但是人文的異化，而且也是知識份子的異化。當人文成為意識形態時，知識份子也就從精神生產者變成了政治上的「候

補」。在上我們看到，先秦諸子本來就與王官有著割不斷的血緣關係，周王朝的衰落，使它們脫離了原來的體制並逐漸演變為自由的學派，然而，隨孔學在漢朝成為欽定的「經學」之後，知識份子再度重返體制，集體成為「政統」的幫辦。從中國知識份子的歷史存在來看，驅使著他要在政治上主動入夥。孟子說「士者，仕也」，猶農人之耕稼也，把知識份子為政做官，當作天然的職份，這與古希臘赫拉克利特「寧肯找到一個因果解釋，也不願獲得一個波斯王位」恰可形成對照。並非簡單地說中國知識份子喜歡做官，真正喜歡做官以光宗耀祖者，此處不議。他們之做官，乃是為了從政，而從政又是為了「治天下」。正是在這點上，知識份子常有「天降大任」的自作多情感。因為「治天下」從來不是也不應是知識份子的職份，知識份子除去其形而上的精神探求之外，當然還有「關心天下」的義務感，但，「關心天下」並不等於「治天下」，兩者不是一回事。一個在外，一個在裏，一個操作，一個輿論，它們各有不同的方式和功能，行使不同的職責，完成不同的任務。因此，知識份子與其直接去「治」，不如站在它的對立面，對「治」進行輿論之「治」。然而這在封建社會又是完全行不通的，不僅統治者不允，「率土之濱，莫非王臣」，就連知識份子自己亦不取。所謂「君子出所學以事主」，「匡君而靖國」等等，知識份子總是要縶在體制之內克盡職守，這是古代讀書人的唯一道路，除此而外，便是遁跡山林，但走上這條路的一般都是廟堂上的不得志者。從這反面也可見，知識份子乃志在廟堂，似乎只有在體制之內，才能實現自己的志向。這種情狀帶來的問題是，知識份子一入體制便不再可能是他自己，體制是一種強大的制約，既在體制之內，首先就要對它負責。這時，「天下」的概念常常不知不覺為「君主」的概念所替換，「治天下」變成了「佐人主」，對「天下」負責變成了對「君主」負責。封建社會愈往後，知識份子的忠君傾向愈發嚴

重，明代東林，雖以「天下事」為懷，然黨爭失敗，天下百姓激
於義憤，群起而圍攻前來捉拿他們的閹黨，然而東林的表現何其
令人失望，他們居然拒絕人民的聲援，自就鐐銬以不負「君
恩」。在閹黨面前，他們寧死不屈；可在君主面前，他們卻又寧
可屈死。「君王」是他們過不去的一道坎，在「君王」那漫長的
政統內，中國知識份子留下了多少可歌可泣的篇章，又上演了多
少可慨可歎的悲劇。

四、

　　「知識份子何為」？即做一個真正的「知識份子」。什麼是
真正的知識份子？它肯定不是中國傳統社會中的「士」，當然也
不是柏拉圖的「哲學王」。真正的知識份子在我看來倒是柏拉圖
的老師蘇格拉底，這位形貌醜陋但頭腦過人的智慧者把古希臘的
哲學從天上拉到地上，以一種哲學的目光關注人本身，探求人生
的底蘊及其意義（這正是知識份子的話語形態），除此之外，他
與他的弟子柏拉圖最大的不同是他非但不主張知識份子參與國家
政治，相反，他身體力行的倒是批評國家政治，甚至為此付出了
性命。蘇格拉底是這樣闡述自己的使命──在我看來也是知識份
子的使命──「我這個人打個不恰當的比喻說，是一隻牛虻，是
神賜給這個國家的，這個國家好比一匹碩大的駿馬，可是由於太
大，行動迂緩不靈，需要一隻牛虻叮叮牠，使牠精神喚發起來。
我就是神賜給這個國家的牛虻，隨時隨地緊跟著你們，鼓勵你
們，說服你們，責備你們。」這段著名的自述，不但有效地述及
知識份子的神賦任命，而且也擺正了知識份子與國家政治的位置
和關係。知識份子不是在體制內部充當它的零件，需要在其外成
為它的對應的力量。所以蘇格拉底宣稱：「不敢參加你們的議

會」，「決不能擔任公職」，並將此託之於神，「就是這個靈機阻止了我從事政治活動」。蘇格拉底是正確的，不進入體制，乃是保持知識份子獨立存在的空間，議論政治，則是行使知識份子自由批評的權力。

「論政而不治政」，自蘇格拉底之後，幾已成為西方知識份子的別一種傳統。這種傳統在中國則是難以找尋的。儘管中國知識份子並不缺乏論政的熱情，「齊有稷下先生，喜議政事」，但這一切都是在體制內進行的，就說春秋齊國的稷下學派，人們常稱其為「不治而議論」，但事實並非如此。「不治」僅僅表明不具體操作政務，但官的職位分明是有的。司馬遷指出，稷下先生「各著書言治亂之事，以干世主，豈可勝道哉？」這是稷下先生對官的主動求取，「於是齊王嘉之，自如淳於髡以下，皆命曰列大夫，為開第康莊之衢，高門大屋，尊寵之」。可見他們享受大夫之祿，盡的是謀略之策，這實際是為統治階級豢養了。後代的所謂「諫官」，很可能就是由此發展而來，宋代歐陽修派定給知識份子的兩種身份，一是台階上的宰相，另一就是台階下的諫官了。它們都在政統之內，用不同的方式為統治階級服務。然而有著蘇格拉底傳統的西方知識份子，顯然是另一種景象。以薩特為例，作為自由知識份子，為了保持自己的獨立，他和卡繆「都痛恨戴高樂主義，都拒絕了那掌握大權的朋友想要授給他們的榮譽勳章」。薩特後來發展到拒絕諾貝爾文學獎，他的拒絕的格言是「我從來不接受任何官方的榮譽」。實際上，這種拒絕的「政治原因是他不想被打上屬於歐洲分裂的意識形態的任何一方的印記」。薩特在拒絕了西方之後，蘇軍坦克入侵捷克，他又馬上發表談話，譴責蘇聯為「戰爭罪犯」，並親赴布拉格，在蘇軍的坦克的對面公演自己的《蒼蠅》和《骯髒的手》以示抗議。薩特的言行是知識份子風格的一種表現，從薩特的身上，不難讀解出知識份子的精神品格，即知識份子不是一個無政府主義者，但卻是

一個「反」政府主義者。它在它的人文專業之外，對天下的關懷就表現在它對任何政權形式都保持一種前傾的批判姿態。或者說，它本能地就是官方的挑戰力量。

知識份子何為？這正是知識份子之所為！然而，批判，是知識份子的基本職能之一。卻不是它的唯一的職能。批判是「破」，它自己還須有所「立」，這個「立」也就是前文所引張載之言：為天地立心。這是一種為人類創造精神價值的使命，是知識份子第一之所為。也正是依據於這種形而上的精神尺度，它才有權利對世俗政治保持不介入的批判。但，現在的問題是反過來，只有走出政統，走出由漫長歷史所形成的單一的政治社會，知識份子才有可能重新獲得獨立的精神立場，在這個前提下，也才能談得上不傍不依、以自律性的精神追求去建構新的知識譜系，這樣一種人文性而非政治性的話語形態，即我所謂的「意義形態」。意義形態的生成，最終表明了知識份子的獨立。作為知識份子自己的話語，它擁有自己的人文語法，貫徹自己的價值標準，因此它無須受控於意識形態的運作，也不必看意識形態的眼色行事，更不必像過去為完成某一「中心任務」而為意識形態幫腔。根據意識形態的需要，知識份子曾經把《水滸》統統讀解為「要害是投降」，然而本著「意義形態」精神自由的原則，每一個知識份子在對象面前無疑都擁有自己的判斷權和論斷權。你可以把《水滸》讀為「投降」，也可以說《水滸》是「不法之徒，替天行道」，怎麼說都在允許範圍，關鍵是見由己定、論從己出。「意義形態」不搞輿論一律，這樣一種知識話語，權威是它的死敵，反權威則是它的思想方式。不妨借用法國學者利奧塔德的意思：意義形態奉行的不是專家的同一推理，而是發明家的謬誤推理。同一性在它那裏沒有市場，差異性則成為它的天然追求。也正是這種求異不求同的精神品格，才能有效地使知識份子對人類精神的無限可能性作無止境的探究。

知識份子工作

90 年代中期以後，由於對知識份子問題產生了興趣，因此便逐漸把寫作的精力轉移過來。幾年下來，寫出了一本書《知識份子與人文》，儘管難以找到出版的地方，但自己對這幾年的工作總算能作出一份交代了。現在應約寫一篇電話裏不好意思推辭的類似個人體驗的文字，由於實在沒什麼體驗可言，就想到了這本出版不了的書，是否可以從中尋一個話題呢？電腦裏調出目錄，一遍看下，自己就奇怪起來。該書上編「知識份子論」的構思，原是要闡釋知識份子批判之類的問題，比如體制批判、社會批判、大眾批判等，可是寫著寫著卻不知不覺地調轉槍口，把批判的矛頭對準知識份子自己了。當時只是跟著感覺寫，沒什麼異樣。可是現在，看著從「他者批判」到「自我批判」這樣一個反差甚大且與本意相違的文本，就禁不住想，這到底是怎麼發生的呢？

90 年代初期，市場經濟啟動，迅速導致消費主義盛行。作為一種抵抗，人文精神的討論在知識界——主要是人文學科內——掀起了熱瀾。我是這場討論的關注者，且相當認同其中的一些觀點。記得本地一家電台的讀書節目約我作過一次對話，我雖然沒有貶低物質，但卻高蹈地大談精神。節目下來，主持人說「太高調了」。我一楞，隱隱約約就覺得哪裏有點不對勁。又有一次，和一位外地編輯通電話，那邊說要「重返中心」。我當然能明白他的意思，80 年代是一個文化啟蒙的時代，那時知識份子身處社會文化的中心。90 年代情況發生了變化，由於大眾文化成了龍

頭，人文知識份子遂從昔日的文化中心退居邊緣。因此，重返中心可以看成是知識份子 80 年代文化情結的一種流露。問題是，隱藏在這種中心情結後面的文化心態是什麼。這時我再一次覺得不對勁。同樣，在一次當代文學的討論會上，一位朋友批評王朔，說他反對知識份子。話是沒錯。可是，知識份子又為什麼不能反呢？中國知識份子的歷史記錄一向不好，從古代的「士」到今天，大抵是充當「三幫」的角色，從根子上反一反也許不無必要。而且知識份子一向都是批判別人，別人為何不能批判批判他呢？他什麼時候有了批判的豁免？甚至，知識份子在批判別人時首先就應該先行自我批判，以便檢肅一下自己的批判的武器。這時我覺得自己變了，不是那麼一味認同人文討論中頻頻出現的有關精神、理想、崇高之類的詞了，而是多多少少對此產生了質疑。尤其是讀到一些由人文討論偏鋒為道德理想主義的華章，那些聲稱「抵抗投降」的憂憤文字大都居高臨下、辭氣激昂，甚至痛心疾首，它反而使我產生了警惕。並非這些文字本身有什麼不對，而是我從中嗅到了一種精英主義的專制氣息。

　　於是開始「反水」。以知識份子的姿態反知識份子就成了我批判工作的一部分。那麼，我反的是什麼呢？知識份子的立身姿態，一種精英式的範導天下的姿態。這個姿態概括為一個字，就是「師」。古代知識份子既想為「王者師」，又想為「天下師」。今天的知識份子沒有氣魄為「王者師」了，但指導天下的勁頭卻從來沒有消歇。他們為什麼念念不忘指導天下呢？因為他們自認為掌握了有關天下的知識，即「道」，所以不免要用道統支配政統和社統。再者，便是出於自古及今一以貫之的使命感，也即宋張載那著名的四句話「為天地立心，為生民立命，為往聖繼絕學，為萬世開太平」。這樣的句子自是激動人心，我自己就曾深深激動過。如果要說什麼是崇高，那麼，這就是了。可是，以我後來的眼光──亦即反思的眼光來看，價值不但要重估，而

且還深陷著許多問題。以天地之心自許，這本身就很可疑，更可質疑的是，你又憑什麼以己之心立人之命？謂己為天下之心，目天下人為「生民」，無形中就把自己凌駕於大眾之上。而所謂為其立命，實際上就是以自己的意志來塑造天下人的意志，這中間潛沉著的顯然是傅柯所指出的「知識／權力」的情結。在這裏，知識份子意志的正確與否可能並不重要，比如一個人堅執一種崇高理想，作為自己踐行之目標，這不僅無可非議，而且肯定令人尊重。但他設若要求別人和他一道踐行，那麼，無論他所秉持的理想多麼崇高，這時的他都已超出了自身權利的範圍，或者說他已經把自身的權利「不正當」地變成了支配他人的權力。當然，他完全可能認為是正當的，其正當性在於理想本身的正確。可問題在於，正確的並不是唯一的。條條大路通羅馬，這其中自然有一條道是最好的，比如捷徑吧。那麼，你是否能因這捷徑是正確的，就強制別人也走它？別人當然可以走它，此正如別人也可以不走它，甚至還可以南轅北轍，果如他不怕繞路的話。在這裏，走什麼路並不重要，重要的是人人都應該有選擇道路的權利。

　　然而，知識份子偏偏就喜歡給別人指路，因為他認為自己掌握了歷史走向的那個「道」。以道自任，從其動機論而言往往無可非議。孔丘力圖克己復禮，讓歷史的車輪轉回到西周，這固不可能。你可以嘲笑他不自量力，也可以用今天的觀點批評他開歷史倒車，但你可以詆毀他的動機和目的嗎？歐洲那些空想社會主義者們為人類社會的發展畫出了美麗的藍圖，他們的企盼肯定是人類明天的完美。同樣，90 年代的道德理想主義抨擊當今理想沉淪、物欲橫流，在動機上也有無庸置疑的合理性。因此，僅就這一點而言，我很願意向這些知識份子獻上我誠摯的敬意。轉而我要指出的是，對於人類的社會生活，動機並不足以保證結果。如果在動機和結果之間的過程或程序有問題的話，儘管動機良善，結果依然不堪。歷史一向是「論跡不論心」的。而況，歷史無目

的，它不需要任何人為它打草稿，也不需要任何人以超驗的動機
來為它規劃方向。無數有著各種不同目的的人為著各自不同的目
的去行動，就形成了所謂的歷史。設若歷史按照知識份子根據
「道」所設計的路徑去發展，即把某種美好的動機作為歷史實現
的目標，那麼，問題很可能不在目標或動機，而在實現它的過程
和手段很可能是專制的。因為目標的「好」就合法化了它對別人
的支配，這時別人就得放棄他自己本來的目的而以此為目的。不
信可以翻翻柏拉圖的《理想國》，從其動機來說，不可謂不好。
可是為了實現這個好，又不得不訴諸專制。

　　以專制的方式來實現所謂的「好」，這其實是知識份子非常
樂意的事。可是，對我而言，我寧可放棄這個「好」，也不要什
麼專制。好當然是一種價值，但它具有相對性，是因人而異的。
專制呢，絕對是一種負價值。兩相比較，專制在其負價值上大於
「好」的正價值，這樣一道簡單的算術，就讓我作出了選擇。我
當然明白這種選擇的代價，它很可能使「好」——比如「理想
國」那種整肅向上的氣氛和崇高的精神——成為一種不可能。但
天下沒有白吃的午餐，任何一種選擇都要付出相應的代價。「理
想國」作為一種理想，實現它所要支付的代價又是什麼呢？自
由，個人在選擇上的自由。因為道路都已經給你規劃好了，需要
你的僅僅是在這條路上走下去，去實現它的目標。誰都知道，理
想國這樣的目標，是絕對需要萬眾一心而不允許任何人有二心
的，沒有這樣一個合力，它則無以實現。可是，站在個人自由的
立場，萬眾一心實在使人感到可怕。人心不同，其異如面，這是
古話，也是自然。而欲使其同，無他，只有通過強制。因此，擺
在我面前的，實際上是一個兩難選擇。一個是「好」和實現這好
所需要的強制，一個是自由以及由此帶來的各種消極。所謂「林
子大了，什麼樣的鳥都有」。自由社會就類似一個大林子，它不
可能像理想國那樣清一色，而是什麼樣的人都有，什麼樣的弊病

都有；並且你還得寬容，除了違法。那麼，在這個兩難面前，我為什麼作出上述那樣的選擇呢？

這應該源於我個人在思想上的一種認知體驗。在東方文化傳統中，你或許可以說什麼都有，就是沒有個人的權利和自由。因此，我對海外鼓吹「新儒學」的人普遍感冒。他們呼吸著北美上空自由的空氣，卻揮著文明杖對我們指手劃腳地說：你們要克己復禮。可是，儒學終結後的現代，亦即 20 世紀以來我們所形成的新傳統，雖然在意識形態上以西方的某種思想取代了儒學，但這兩者在個人權利和自由的忽視上毋寧說是驚人的一致。它們都致力於某種「大同」理想的實現。其區別一個是「歷史烏托邦」，即什麼都是過去的好，所以要「克己」走向過去。一個則是「未來烏托邦」，人間的天堂明天一定會實現，所以要「克己」奔赴未來。然而，這兩種烏托邦在過去與未來之間忽略的恰恰是「現在」，或者說「現在」在它們那裏不過是實現過去大同或未來大同這兩個目標的手段。令我感到不安的是，由於與「現在」相聯繫的正是生活在當下狀態中的每一個人的選擇權利和自由，設若「現在」一旦成為過去或未來的手段，那麼，生活在「現在」中的人的權利與自由也就相應地被取消了，「大同」足以把這種取消合理化。在所謂的「大同」面前是不會有「個人」可言的，相反，為了實現這個「大同」，要的正是每個人都「克己」。而克己不就是放棄自己現在的權利和自由嗎？為了未來（包括歷史烏托邦那種過去式的未來）放棄現在，無異宗教中的為了來世而放棄現世。客觀上這是一種欺騙，儘管在動機上可以原宥；因為，誰也無法掌控未來。為未來描畫藍圖，畫什麼最新最美的圖畫，這種超驗作業，是知識份子的擅長，但它分明出於「理性的膽妄」。能否實現姑且不論，僅就它把人眾視為實現這藍圖的工具，動不動就以運動的方式搞「玩具總動員」，這本身就有違起碼的人道主義。人是活在現在中的，它不為未來而活，因此，最

重要的就是落實或尊重只有「現在」才能兌現的人的權利與自由。我這樣說，是因為我長期生活在權利與自由處於匱乏狀態的文化傳統中（這於我是一種刻骨的體驗），它註定我無法不把自由看作呼吸一般重要。

如果視自由為一種呼吸，那麼，自由也就成為人所以為人的底線了。試想，人可以沒有呼吸嗎？儘管呼吸並不能給人帶來更多或更好的什麼。自由亦如是，僅憑它，無法保證什麼崇高的道德理想、也無法保證那美麗的烏托邦，可是，人一旦缺了自由，立即成為非人。因此，自由是一種基本價值，不是那些可以冠以「好」和「道」字的更高的價值。對一個人來說，他為了他心中的某種更高的價值而放棄自由這種基本的價值，這屬於他的自由選擇，別人無從干涉；但對一個社會來說，任何一個人、任何一種勢力都不應為了任何一種理想之類的更高價值而犧牲每一個人的基本價值，因為誰都沒有這個權力。果如這種權力已成為一種現實，那麼，它所欲達的理想哪怕是「最好」，而現實的狀況在我看來已經是「最壞」了。專制所以最壞，是它剝奪了人所以為人的自由。在這樣一種有關「群己權界」的社會倫理上，我的選擇寧可是帶有各種弊病的自由，也不是那種唯好是求的道或理想。換言之，我的選擇不是那種一味上行的「最好」，而是踩住自由這道底線的「最不壞」。

這就決定了我不再可能成為一個「高調」的知識份子，我毋寧是低調的。我慢慢從那個高調的陣營中分離出來，並且現在想想那次高調的言論都臉紅。我憑什麼聲色俱厲地要求所有的作家都必須恪守一種精神高度？要恪守，自己守去。一個通俗小說家以文字謀生，我似乎並沒有批評他的權力（那麼，批評到底是幹嗎的呢？這不妨是一個新的疑問。人總是處在不斷的問題中）。於是我逐漸對一張口就是道德、理想、良知、崇高或者真善美這樣的知識份子產生了懷疑，他們說著說著好像就成了這些褒義詞

的化身，似乎不說這些詞就不是知識份子。這樣一來，知識份子就被狹隘化了，好像啥都不會幹，就成了說這些詞的機器。我並不完全懷疑這些詞本身所具有的價值，尤其是它們出於一個人對自己的要求時。我的問題是，有沒有另外一種形象的知識份子呢？知識份子有沒有另外的或者說相反的一種工作呢？比如，以一種歷史的和理性的態度剖析這些詞，指出它們後面不為人所察覺的陷阱。畢竟我們民族所經歷的那麼多的災難都和那一個又一個且層出不窮的褒義詞有關，有時那些褒義詞僅僅是一種藉口，有時又不僅僅是藉口。於後者而言，我們並不乏這樣的行為，即以一種絕對的方式實現那些褒義詞所體現的意志。那麼，我為什麼不可以用批判的眼光檢視一下這些褒義詞的另一面呢？同樣，我為什麼不可以對專以褒義詞自許的知識份子也作一種批判的審視呢？

　　當然可以。而且，這本身也應視為知識份子的一項工作。知識份子的工作就是批判，批判什麼？批判權力。可是知識本身不也是權力嗎？知識份子不也是權力的化身嗎？知識份子的權力意識至少不亞於體制。權力並非絕對的壞事，這個世界總是需要權力的。體制有運作公共事務的權力，知識份子相應就有批判它的權力。問題是知識份子必須對權力的使用和限度要有所省察。在我看來，知識份子的權力更多地是體現在它的批判上，而不是用各種各樣的褒義詞來立人或立社會。相反，批判那些立人或立社會的權力意識，批判擁有這種情結的知識份子，應當是知識份子批判的一個有機部分。正是出於這樣的體認，我在知識份子一書的寫作中就發生了開頭所說的「批判的轉型」。現在，這本書寫完了，但知識份子的工作還沒完，也許我還想繼續做下去。那麼，現在我是否能用一句話把知識份子的這種工作陳述清楚呢？應該可以。不過，還是先徵引傅柯的一段話作為鋪墊吧：「知識份子的角色並不是要告訴別人他們應該做什麼。他有什麼權利這

樣做？想想兩個世紀以來知識份子竭力表述的那些預言、承諾、指示和藍圖吧，那產生了怎樣的後果，我們現在可以看得很清楚了。知識份子的工作不是要改變他人的政治意願，而是要通過自己專業領域的分析，一直不停地對設定為不言自明的公理提出疑問，動搖人們的心理習慣、他們的行為方式和思維方式，拆解熟悉的和被認可的事物，重新審查規則和制度，在此基礎上重新問題化（以此來實現他的知識份子使命）。」我很欣賞傅柯的表述，因此，就想這樣概括知識份子的工作：

把正確的東西再問題化，以其批判的方式。

案：《知識分子與人文》已於 2008 年 1 月由秀威資訊科技出版。

知識份子：現代中的反現代

　　去年春末，我所在的城市召開一次文學理論方面的會議。會議當晚，一部分人出去喝茶，分別坐了兩桌。一桌人談的是當下文學，另一桌人卻聊出了文學以外。我碰巧坐在文學以外這一桌，無言地做一個聽眾。裏面有一話題是現代化，座中兩位教授一個援引「東亞經驗」，一個談及「南美模式」，言語之間，俱有認同。知識份子慣以天下為己任，像現代化這樣一個有關國計民生的問題，如何實現，不免成為關心。可是聽著聽著，我卻產生了異樣。因為無論東亞、還是南美，它們都是憑靠威權和強力來推進現代化方案，所不同者，一個是文人宰製，一個是軍人主掌。那麼，這有什麼不對嗎？聽起來似乎沒啥不合理。但我坐在那裏，分明有很深的失望。我感到以強力的方式推動現代化，這其中失落了的，也許比得到的東西更重要。過後，我說了我的看法，但表達得糟糕，幾乎言不及義。也許當時只有感覺，卻未經分梳。不過，從那一刻起，我便清楚地知道，我已經逸出了原來的自己，亦即逸出了一味擁抱現代化的知識份子群落。比如現在，我更多地是一個現代中的反現代者。

　　現代中的反現代？是的，我將它視為與現代幾乎同時發生的過程，或者說它本身就是現代的一個有機組成，抑或，現代與反現代構成了現代進程中相反相成的兩個方面。前一方面是現代的正題，後一方面則是反題。設若沒有反題的存在，現代作為正題，往往容易跑題。因此，反題的作用是以批判的方式遏制現代（化）的單向發展，從而擴展其內在空間。當然，這並不僅僅是

一個理論問題。反現代與其是理論的，同時更是歷史的，它分明
表徵於啟蒙以來西方知識份子的歷史實踐中。

　　從現代化的發展過程來看，當西歐即英法率先現代化之後，
一種反現代化的文化思潮就從英法以東的德國開始了。當時的普
魯士知識份子哈曼、謝林、赫爾德等都是反對英法現代化同時也
反對本土現代化進程——這個進程主要表現在經濟和軍事兩個方
面——的思想家。尤其赫爾德，這位給後來的柏林以相當啟示的
文化相對論者，站在文化民族主義的立場反對法蘭西那種普世性
的絕對進步論，主張任何一種文化都有不可取代的價值，沒有任
何一種文化可以成為另一種文化的工具，且不論這兩種文化在物
質層面上有多大差別。這實際上是在抵制本土現代化中的西化或
法國化傾向。自德國拉開了現代過程中反現代的序幕之後，隨著
現代化的東擴，反現代化的思潮也一路迤邐向東。其波及路徑從
左近俄羅斯的斯拉夫主義者一直擴展到遠東印度的甘地主義者和
中國的新儒家們。也就是說，現代化的箭頭指到哪裡，反現代化
的思想就旋踵繼武地跟到哪裡。

　　轉換一下視角，現代中的反現代不僅發生在以上那些後發現
代化的國家和民族，它同時也發生在原發現代化的民族國家內部
如英法。如果說以德國率先開始的反現代思潮多少有點外在於現
代化本身，比如它更多站在文化守成的立場，強調本土傳統文化
的價值並批評現代化使這種依然有其價值的傳統文化喪失其價
值，從而使自身的批判帶有明顯的防禦色彩和抵抗性。那麼，英
法知識份子則是從現代化的內部對其解構。因為他們從現代化的
成熟中內窺到了現代化的軟體系統亦即現代性所存在的問題，這
個問題用美國學者卡林奈斯庫的形象表述則是，現代性具有互為
矛盾的多種面孔。他甚至區分出這樣兩種對抗的現代性，即啟蒙
現代性和文化現代性。前者運作為啟蒙運動以來的社會俗世化過
程，後者則表現為藝術現代派對這一過程揭竿而起的反動。饒有

意味的是，當年面對英法現代化的擴張，是德國及其以東地區反對那種整體性的現代化。現在，情勢似乎發生了逆轉，倒是德國知識界比如哈貝馬斯在堅擎作為整體性的現代性大旗。而法國知識份子傅柯、利奧塔、德里達等則頻頻以後現代的小型匕首對那種現代性的整體性進行外科手術般的穿刺，試圖將其肢解為多元的碎片。

　　粗略地描述以上兩種現代中的反現代現象並非是為自己的作為張目，毋寧說我正需要找尋另外的批判思路。當現代或現代化不再作為一個整體性的口號而顯得那麼天然合理甚或永遠合理時，當這個龐然大物終於成為人們的反思對象乃至批判對象，尤其是西方知識份子在其批判中形成了一套又一套的知識理路時，這時我要做的事就不是順著他們的路走下去，以它的批判作為我的批判，而是轉過身來認真審視我們自己在現代化中的問題。我的意思是，現代化固然是有問題的，但這個問題在不同的語境中有著不同的表現。英法知識份子所面對的現代化問題很可能並不是我們今天的當務之急；反之，他們所沒有的問題，也許恰恰是我們致命的隱患。果如我簡單照搬他們的批判，就像 20 世紀 90 年代中國知識界照搬歐美後現代來終結中國的現代性一樣，那很可能導致理論上的「誤炸」。知識可以啟發思考，但不能代替思考。思考與其來自知識，毋寧源於對現實的內在體驗。後者是我的批判出發點，前者頂多是我的批判武器。

　　那麼，源於我對現實的體驗，我們在現代化過程中所存在的問題是什麼、什麼又是我的現代化批判的出發點呢？

　　在回答這個問題前，我想先指陳一下世界範圍內現代化運動的兩種不同的性質。一種是英法那種原發性的現代化，它的特點是自發的、主動的；一種是英法以外那種後發性的現代化，它的特點則是非自發和不主動，甚至被動，比如東亞、比如南美。被動的現代化因其落後，它要迎頭趕上原發現代化的國家，因此，

這種現代化──我個人稱之為「被現代化」──大都表現為國家行為，它具有不容置疑的強制性，顯示出濃厚的威權色彩。由於它往往以國家動員的方式推進，因此我們的耳邊不難聽到這樣的聲音：落後是要挨打的，發展是硬道理。這意味著現代化對這些國家的每一個人來說，不是你要不要的問題，而是國家註定要你服從。於是這裏就容易產生一種緊張，即現代化要求和個人權利衝突的緊張。這個緊張從理論上來說不存在於西方，英美諸國的現代化不是國家發起的運動，它是個人權利的充分張揚並在市場經濟和民間社會中自然而然形成的，甚至直接就表現為個人權利得以實現的結果形態。「第三世界」國家不然，現代化成了國家事務，為了實現國家現代化，卻更多要求個人先行犧牲自己的權利作為付出的代價。

　　既然以上兩種現代化具有如此不同的性質，因此，作為後發現代化國家中的知識份子，我的批判就不能簡單地照貓畫虎。我既不是站在上述文化守成的立場抵制現代化進程，如赫爾德、如甘地、如梁漱溟；也不是用什麼文化現代性來批判啟蒙現代性，這正是國內學人近來談趣甚濃的問題。我的問題是，西方幾乎不存在而東方卻普遍存在的「現代化對個人權利的遮蔽」，它的合理性究竟在哪裡？正是對這個問題的思考，「逼」出了我反現代的批判立場，即個人權利的立場。換言之，面對現代化的宏大敘事，那個非但不宏大甚至顯得格外弱小的個人權利卻成了我毫不動搖的批判出發點。

　　我不妨這樣假設，一個城市要在某地開闢一個新的用項，可是這個地方有一個居民區，居民們卻不願拆遷。因為這裏地勢好，上學、購物、交通樣樣都方便，而一走，不但是去城市的邊緣，並且無法獲得充分的拆遷補償。那麼，居民們不走怎麼辦？很簡單。不走也得走，停水停電，並且限期，甚至付諸強力。理由很正當，城市要發展，而發展是硬道理。這樣的事情在現

實中委實不需要我來設假，寫這篇文章時，我的身邊就在上演這一幕。

更有其甚。也是寫這篇文章的時候，隨手從一張幾天前的本地晚報看到了這樣一則報導：〈馬來西亞：閒人有罪〉。報導說馬來西亞某地的員警最近有了一項新的特別任務「抓閒人」，並且已經立竿見影地「抓到 200 多名在街上閒逛的青年」。為什麼？因為「在當地，政界人士、宗教領袖或公眾人物無不日日提醒人們閒逛是國恥」，並且「馬來西亞總理馬哈蒂爾希望到 2020年，馬來西亞能實現工業化，且以馬來人為主導，而閒逛對這一目標的實現毫無助益」。

以上兩件事印證了我對後發現代化國家的判斷，在這些「泛東方」的國家中，無不存在著現代化和個人權利之間的緊張。這樣的緊張也許已經讓人視若無睹了，我曾就第一個事例和周圍的人說過，可是大都無動於衷，臉上的表情甚至是：不然怎麼辦，要不啥事都幹不了。如果是土事官員這樣認為，我一點也不奇怪，但知識份子也如此認同，我感到無法理解。國人對權利的漠視由來已久，它同樣體現在知識份子身上，宏大敘事搞慣了，小小的個人權利實在不入他們的法眼。上述事例不過是個小小的證驗，不難看到的是，知識份子之於現代化，無論出於推進的態度還是相反，有多少是從個人權利的考慮出發？在現代化這個壓迫著我們的巨大的符咒面前，權利似乎成了一塊被遺忘的飛地，至少，它在知識份子有關現代化的各種時髦話語中不痛不癢地被擱淺了。

所以，回到開頭的場景，我聽著那些關於東亞經驗和南美模式的高談闊論，想到它們那種實現所謂現代化的方式，心裏實在不是滋味。我想，這樣的言論不相當於策論嗎？難道知識份子在現代化面前僅僅是個類似顧問的角色？我以為，知識份子對現代化的態度，隨著它的具體進程應當有不同的表現。當一個國家和

社會尚未開始現代化或根本拒斥它的時候，知識份子應當是現代化的積極鼓吹者，此正如八十年前五四先驅所表現的那樣。然而，當現代化已經成為一種國家意識形態、一種強勢的權力話語時，時變則事變，這時知識份子應當盯住的是現代化的問題，並高度警惕，它是一種什麼樣的現代化？它在往什麼樣的方向發展？在這些問題上，知識份子應當更多地發出自己質疑和批判的聲音，而絕不僅僅是從建言角度，出謀劃策般地談論什麼現代化模式。

　　我之反南美和東亞的模式，原由很簡單，它們的現代化有問題。第三世界國家的現代化一個致命的痼疾，即它僅僅體現在經濟這一個維度上。因此，這樣的現代化也就單純地表現為城市的亮度、樓房的高度、高速公路的寬長度以及各種統計指數的增長度。看起來五光十色、眼花撩亂，其實患有先天的貧血。為什麼？現代化原非一維，而是多維，它不是經濟一個平台，而是經濟、政治、文化彼此呼應的多面體。除了經濟上的增長外，政治制度的民主化和文化價值上的多元選擇也是而且必須是現代化的題中應有之義。可是實際情況如何？經濟掛帥，其他一概為之讓道。甚至，人為地以發展為口實，用經濟一頭壓住其他兩頭，此種情況在南美和東亞端不少見。這樣的現代化無疑是「殘疾型」的，其結果就把活生生的人也殘疾為畸形的經濟動物。

　　何況，就是這樣一種劣質現代化，在東亞和南美，居然是以犧牲和剝奪個人權利的「非現代」方式進行，並且它在一些知識份子那裏還成了所謂現代化的模式（是模式，不過是專制型的模式），這就更加讓我難以容忍。馬來西亞的例子還不夠典型嗎？閒逛，是每一個人的權利，它是不可剝奪的。你可以反對閒逛，但你所能做的，就是自己不閒逛，頂多以言論的方式去批評，斷不可以訴諸員警。然而不幸的是，已經有兩百多年輕人為此獲罪。我不知道是被抓者有罪，還是抓人者有罪。當今世界，侵犯

人權才是罪中之罪。但，在馬來西亞，它卻神奇般地獲得了馬來西亞特色的合理性，因為它是為了保證國家工業化指標在 2020 年的兌現。為了 20 年後的一個工業數字，就消解了今天年輕人閒逛的權利，這真是現代化的大手筆。只是我不知道，連散步都不准許的現代化還要實現它幹什麼？不難追問的是，現代化本身到底為的又是什麼呢？

馬來西亞的例子固然極端，但由此體現出來的現代化和個人權利的衝突在後發現代化國家卻是普遍的存在，雖然衝突的形式可能因國家不同而有所緩和。這種衝突只要發生，個人權利的透支或無從保證幾乎就是必然。那麼，面對構成衝突的雙方，我的價值立場在哪裡？我想我別無選擇，我只能站在權利的立場，批判那種以現代化名義出現的漠視人的權利的行為，不管它來自公眾還是國家。道理很簡單，不是人的權利為所謂的現代化服務，而是現代化作為手段本來就服務於人。現代化壓根不是目的，弔詭的是，國家一旦把它作為必欲實現的宏偉藍圖，它無形中就被權力目的化了，這時，本來應該是目的的人和人的權利反而成了自己的手段的犧牲。這樣的錯舛，我只能說是現代化的異化，也是人的異化。面對嚴重的異化，一個知識份子的態度是什麼，就請想一下當年的卡·馬克思吧！

那麼，這是否意味著我真的是在反對現代化呢？可以說「是」，也可以說「不」。說是，我的確反對那種強制的、尤其是為了經濟而訴諸政治且又不考慮個人權利的現代化。說不，我想問的是，那種沒有個人權利的現代化，能叫現代化嗎？現代與前現代的區別，就人本身而言，就是權利與否的區別。中世紀不談人的權利，它只有神的權力。喚醒人的權利意識，用人權反抗神權，正是現代化的開始。十六世紀發生的宗教改革運動實際上是一次聲勢浩大的人權運動，它所力爭的就是當時市民階層的信仰權利（比如不必通過教會）和經濟權利（比如爭取地產）。由

這個人權運動所形成的新教和新教精神有力地推動了資本主義的發展，因此後來我們才看到了那種所謂的物質層面上的現代化。這樣一個歷史因果，馬克斯‧韋伯已經梳理清楚（儘管有人對此有異議）。可是我們呢，卻試圖給歷史打反，還振振有辭地說什麼等實現了現代化，再談什麼權利。閉嘴吧！歷史給我們的「黃牌」是，不是有了一個現成的現代化，才有你我之間的個人權利，而是一旦沒有了個人的權利，你就別提什麼現代。

　　現代之為現代，其根本標誌不是亮麗的高樓大廈、不是豪華的個人轎車，不是眼花撩亂的電視廣告，也不是什麼變來變去的新潮服裝，這些都是現代的表象，而非它的根本。現代的根本標誌不是別的，就是權利。現代所以現代，就因為它是一個「權利的時代」。這意味著每一個個人都有權利自由地選擇自己所認可的生活方式。而以上所有的物質層面上的對象，恰恰就是人們自由選擇的結果。然而，現代的更深意味在於，你有權利選擇這些，同樣，你也有權利不選擇這些，甚至你還有權利反對這些；而別人──這個別人可以是個人、可以是社群、也可以是國家──卻沒有任何權力干涉你的選擇，如果你的選擇並沒有妨礙他者的話。進一步說，衡量這個時代是否現代，端看人們是否有權利拒絕它。願意過現代城市生活的人是他的自由，同樣，願意過「灶邊有柴，袋中有米」的農業文明生活的人也有他拒絕現代的自由。比如現在生活在北美新大陸的那些「古代歐洲村民」社群，他們依然保持著古老的中世紀的生活方式。他們不用電，不用汽車，服飾是幾百年前的，房舍樣式是幾百年前的，勞動工具也是幾百年前的。在 21 世紀到來的今天，他們居然以這樣不可思議的態度拒絕現代，那麼，你能說那裏是中世紀嗎？不，是現代，真正的現代。相反，在東亞，人們只可以現代，但不可以不現代，亦即不允許作出與國家支持的現代相左或相反的選擇，那麼，它即使可以創造出令北美都驚歎不已的經濟奇蹟，恕

我不敏，我不認為這是什麼現代。至少不是「真現代」，頂多是個「偽現代」。

至此，我終於可以為自己破題了。現代中的反現代——這個題目曾讓一位朋友不解，其實，題中的兩個現代在價值上並不一樣。前面一個現代是有關「權利的現代」，後一個現代指的則是「權力的現代」。兩種現代並置於我們的現代的時空中，並且在打架。我以現代的權利反對權力的現代，就是因為後者對前者的反噬，儘管它頂戴著現代的名義。因此，反過來，同樣以現代的名義反現代——那種只強調權力而不管顧權利的現代，也就成了我作為一個知識份子的選擇、道義上的選擇。在我看來，知識份子既然意味著對權力說「不」，那麼，這種權力無論以現代名義、還是現代本身，概不例外。

「知識份子立場」

　　若干年前，當我開始考慮知識份子的有關問題時，首先碰到的是徐坤一系列以知識份子為題材的小說。這些小說很好看，尤其是語言，姿意任情，幾近放肆。說「過癮」並不為過。既然準備研究知識份子，又碰上這麼好的知識份子小說，那麼，做一篇評論也就很自然了。因此，題目就擬為「知識份子寫作」，發在了《作家》1996 年 2 期上。只是在文章結尾時，以「關於『價值立場』」為題，提出了一點閱讀上的遺憾。當然，一半是遺憾，一半也是慣例。

　　今年，1998 年第 3 期的《作家》刊載了一篇對徐坤的「訪談錄」，題為「另一種價值和深度」。其中訪談者就我兩年前的「遺憾」徵詢了徐坤的意見。他是這樣說的「邵建在那篇文章裏首先就徐坤小說的知識份子話語特徵進行了比較全面的討論之後，到了『結語』部分，他流露出了某種遺憾。他說，『這種努力可以從正面作文章（建構意義上），也可以從反面作文章（解構意義上），但無論正反，無疑都需要擁有一個自己的價值立場。正是在這一點上，徐坤小說令我有點遺憾，儘管她的解構是那麼有力，那麼過癮，也很有意義，但我在那鋒利的解構之後，尚未看出徐坤的價值立場何在。』」

　　對此，徐坤這樣回答：「對於他這個結論，我想首先我是反對的，我不同意他這種觀點。」為什麼呢？徐坤認為「我們都是在同一教育背景下長大的，基本的東西，雖然在『文革』當中摧毀了一些，但傳統的價值觀念，最基本的人性善呀，真呀，還有

美的那些東西，還是一直都在我們心中的，比如學雷鋒呀，老師
教我們做人要本本分分的呀這些東西還是有的，」也就是說，
「這種基本的價值體系，一些對於傳統的認識等等，實際上並沒
有崩塌」。因此，「我想我的小說還是有一種價值立場的」。

　　結論當然是「誤讀」。

　　我誤讀了嗎？我在想。

　　如果把「一種價值立場」說成了「另一種」，這可能是誤
讀，而我的問題卻是「有與無」。我居然把有說成了無，因此，
不是我「沒看出來」，就是我「看不出來」。總之，都是看者的
事。那麼，為什麼看不出來？我尋思，可能是作品的傾向性不太
符合自己的「心理預期」，或者，是以自己的心理預期潛在地要
求作品，一旦發生某種不合，自己意中的「有」也就成了對象中
的「無」。因此，「遺憾」云云，作為一種批評，儘管委婉，不
但暗藏著可能的「粗暴」，也顯得多餘。你遺哪門子憾，畢竟寫
作是按照自己的意志而非閱讀的意志。（不禁對批評感到困惑。
批評到底是按照誰的意志進行？自己的、還是作者的？如果是後
者，批評根本就沒必要發生。如果是前者，那麼你又憑什麼？至
此，我對批評的必要性和合理性產生了根本的懷疑——此姑不
論。）

　　現在，我想追問（或剖白）的是，當時我自己的「心理預
期」到底是什麼？為什麼徐坤小說讀來那麼過癮卻又讓我不滿
足？徐坤說得明白，「我觀察和打量這個世界的時候，站的立場
是屬於知識份子的立場，這一點我有足夠的自信，不管別人怎樣
誤讀和誤解。」徐坤當然沒有說錯，對此，我也有足夠的相信。
問題是，我所理解的「知識份子立場」肯定和徐坤有所不同，而
我又希望在她的作品中能看到我所需要的那種立場，這只能責己
一廂情願了。在我看來，徐坤的知識份子立場更多地體現在一種
「知識的目光」上，她所營構的那些小說，豈止是知識，更需要

超乎其上的「學識」，否則作品不會有那麼強的穿透力。如果說當年從事「知識份子寫作」的徐坤本身就是一位「知識」份子的話，那麼，從我作第一篇知識份子論時，我所理解的知識份子就不是「知識」份子而是知識「份子」。當徐坤以「另一種價值和深度」的知識對知識份子的現狀進行有力解構時，由於我並沒有看見我所理想的知識「份子」形象的誕生，同時，也未曾從小說的傾向中看到這種可能，因此就產生了某種「遺憾」。現在看來，這種「遺憾」未必不是變相地「強加」了。你，有什麼資格要求別人成為知識「份子」，哪怕只是潛在的。

以「知識份子立場」為題，在我已是第三次了，它一以貫之堅持的是知識份子進行體制批判的「份子」行為。就我個人語境言，所謂「份子」，原本是面對體制才成立的。後者是一種勢力，前者則是自由批判的個體。或者說，後者是其權力的中心，前者則是邊緣化的個人。知識份子不但不應謀求中心的權力位置，即進入體制，而且他的立場就是批判的邊緣立場。也就是說，我個人對「份子」的強調，意在突出知識份子的批判位置和話語所指（亦即批判對象）。固然，「體制」的所指也是形形色色的，比如徐坤的《梵歌》就是批判那種荒誕不經的學術體制。但這不是我的所指。我的所指乃是作為主流社會的權力結構。對權力結構的批判是現代以來逐漸形成的一個知識份子傳統，它由法國小說家左拉發端，迄今已經有一百來年的歷史了。可是這種歷史在中國的書寫幾乎是空白。是中國不需要這種批判嗎？非也。僅以 90 年代而論，如果不曾忘卻 80 年代那段歷史的話，那麼，左拉式的批判所指本來更應當成為知識份子的用力之處。可是偏偏本土所發生的批判（比如批判「世俗化」之類）卻避重就輕了。這其中當然有隱曲，我並非不知。同樣，我也不是慫恿別人幹什麼，要幹，也是自己。但，90 年代以來的文化形勢，無論

是批評界的人文批判，還是創作上的小說文本，儘管氣象可觀，我卻感到難以言喻的不滿足。這竟或就是我所謂的「遺憾」了。

不過，今天我已不再抱有什麼「遺憾」了，正如不再抱有什麼希望一樣。因為，我基本上告別了對文學的閱讀。我雖然沒有資格希望別人按照我的需要寫小說，但我卻可以不讀小說呀！何況小說的作用畢竟有限，它也實在擔當不起那種「份子」批判的使命。小說就是小說，小說家的用力本是在藝術之上。我所在的城市就是盛產小說家的城市，那一波 60 年代出生的作家，幾乎個個都是藝術上或語言上的探險者。藝術之外的一切，比如體制和市場，他們概不關心。這種「斷裂」式的唯美或唯藝術的態度，你能說有什麼不是？但他們的小說我仍然不看。不看就是不看，一看又會「遺憾」。因為，「唯美」對我來講太奢侈了，至少我目下的心態更傾向於「唯批判」。

「唯批判者」不讀小說，但卻讀文章。就在我與文學「漸行漸遠」之際，我的桌上多了本借來的《火與冰》，作者余杰。前此讀過此人的文章，已有印象。把書翻過一遍，不禁滿心欣賞。這不僅因為書中所論所言，正符合我的閱讀胃口，而且訝異於 70 年代的晚生子，居然選擇這樣的寫作路徑。這比較稀罕。我作為 50 年代人，在思想情感上已與 60 年代人疏遠了，70 年代就更感到難以溝通。也曾讀過 70 年代人寫的小說，比如那些女作者，純粹的自敘風格和裸露的寫真行為，雖然對個別作品不無欣賞，但整體上更感隔膜。隔膜的不是藝術，我這裏不談藝術，隔膜的是彼此的生活和生活的背景。她們是生活在消費化的城市空間裏，小說的場景經常是迪斯可、酒吧之類。而我的生活更多是思想化而非消費化的。生活的差異，加上二十年價值觀上的差異，我想，我是無法與 70 年代人的文字有所溝通了（這並非我不贊成她們的生活，況且，世俗生活難道不應該是這樣嗎）。只是沒料到，余杰給了我一個意外。他的出現，使我的眼睛一亮。原來 70

年代也不盡是瀟灑、瀟灑、再瀟灑，宣洩、宣洩、再宣洩的一群，他們中也有痛苦的思想者和冥頑的批判者。很好！

好在什麼地方呢？《火與冰》，正如書上「序言」所引的話，「余杰的文章，是還在呼吸的中國的聲音，帶著血的蒸汽，是真北大的聲音，是真青年的聲音。」沒錯。不過請注意，余杰的聲音是真北大的聲音，那麼，真北大的聲音又是什麼聲音呢？今年是北大 100 周年的校慶，五四那晚，我無意打開收音機，沒想卻聽到一位人物講話時，滿場劈里啪啦的鼓掌聲，一陣又一陣。我立即關上收音機，遙望北天，心中一片蒼茫。發自北大的聲音不一定是真北大的聲音，真北大的聲音絕對不是廉價的掌聲，它毋寧是老校長蔡元培為北大二十五周年校慶的題詞：「風雨如晦，雞鳴不已」。雞鳴不已啊！這是自由主義的雞鳴，這才是真北大的聲音。可是七十五周年後，它卻變成一片掌聲（所謂「何意百練鋼，化為繞指柔」）。痛惋之下，當即草成一篇短文，「北大還有多少『知識份子』？」其時，我尚未接觸到《火與冰》，現在看來，余杰就是一位真北大的知識份子，他的《火與冰》就是真北大的聲音。

如果說北大為二十世紀中國所作出的最大的貢獻，就是它那自由主義的聲音，那麼，余杰的文章就賡續了北大的自由主義傳統。我個人很願意從自由主義的角度讀解余杰，我以為他的一系列文章大略可稱為「自由主義批判」。自由主義批判什麼？專制極權。這在余文中多有體現。比如那篇評論奧威爾《動物莊園》和《一九八四》兩篇小說的〈魑魅人間〉就是批判極權主義的佳構（當然，它所評論的兩篇小說本身就是批判極權主義的佳構）。我相信，任何一個人讀過這篇文章後都不會無動於衷，至少是我。僅僅是一篇評論文字（原書 80 年代就有中譯，可惜沒有讀過），就讓我產生極強的語境感、身入其中的語境感。沒辦法，太熟悉了，這種莊園實在太熟悉了，莊園中的邏輯和莊園中

的語言哪樣陌生於我？莫非我真在莊園中生活過？我悚然。一九
八四早就過去了，但「莊園的時代」過去了嗎？沒有。只要權力
存在，就有莊園時代的可能。何況，極權的存在並非人類昨天的
夢魘，而是今天的現實。因此，批判極權，從自由主義的角度，
便是余杰一系列文章的貫穿性主題。比如〈領袖的真面目〉、
〈從唯美主義到極權主義〉、〈法西斯：未死的幽靈〉、〈六月
四日的隨想〉、〈革命與改良〉、〈中國太監〉等。用〈領袖的
真面目〉一文的最後一句話來講：「自由是一切理念中的最高理
念」，這個最高理念就是余杰展開批判的制高點。

　　制高點即立場，知識份子立場就是自由主義的批判立場。幾
年前，我讀徐坤小說時未曾讀出來的價值立場，在余杰這裏，我
卻看得格外清楚。當然，徐坤的用力之處本不在此，這不好勉
強，而且她也有她的價值。但不管怎樣，幾年前的遺憾於今得到
了補償，尤其是從 70 年代的人身上，這既讓我感慨，又讓我振
奮。我所振奮，並不僅僅因為余杰年輕，文章又寫得好，能夠擊
中苦難。雖然這些都是事實，但它卻不足以說明余杰的意義。余
杰的意義，我以為，90 年代末，他和他的文章使北大開闢的自由
主義批判傳統重新回歸。

　　自由主義的聲音雖然真北大的聲音，但這種聲音在本世紀始
終斷斷續續，缺乏連貫性。其緣由，既有時代的因素，也有知識
份子自己的「忘卻」。遠的不說，即以 90 年代為例，它也可謂一
個知識份子批判的時代，比如 90 年代中期以來一度頗有聲勢的
「文化批判」。但這種批判顯然不是自由主義的，而是道德主義
的。在我看來，後者就屬於一種「忘卻」。它忘卻了什麼呢？自
由主義的反面是極權主義，道德主義的反面則是世俗主義。世俗
主義當然是一種弊病，但極權主義卻是苦難，制度性的苦難。兩
者相衡，知識份子的批判立場，到底應該堅執什麼呢？換言之，
90 年代的一系列問題，到底是什麼問題構成了這個時代的癥結？

可以說，余杰的頭腦是清醒的，他拎的清。儘管也有一些批判世俗化的文字，但他顯然更致力於自由主義批判。他的這些文章，有一些正是寫於道德主義風頭正勁之時，這種背風而行的寫作，肯定是寂寞的。豈止寂寞，他的文章不是被稱為「抽屜文學」嗎？但這些抽屜文學卻接上了北大自由主義的血脈。現在，抽屜文學已經走出了抽屜，就像文化批判已經走出了道德主義。90 年代的思想史是很有意思的，上半段如果是「後學話語」和「人文話語」互峙的話，那麼，下半段則是道德主義和自由主義在批判上的「交替」。而余杰的文字大概就是這種交替的表徵之一。

知識份子的公共責任及困境

　　向來，「知識份子」的概念在我這裏是兩開的，「知識」與
「份子」。前者，是一個職業，知識份子用它來吃飯；後者，是
一種志業，通過它知識份子顯示自己作為個體的社會擔當。因
此，知識份子是一個「職志混合」的稱謂形態。當然，對知識份
子的這樣理解是非常部建化的，它不是什麼定義，也無心定義。

　　為了說明這一點，我不妨以自己為例。我先要聲明，就我個
人所理解的知識份子而言，我自己並不夠格，除了知識因素外，
它更表現在「志業」上。也就是說，在一個極權時代，如果一個
知識人患有「犬儒病」，比如我，那麼，他就不必視己為知識份
子了。因此我援己為例，並非說明自己是什麼什麼，而僅僅是為
了分析方便。

　　我在我所在的一個城市中的小高校教文藝學，這是我的職
業，也是我和社會進行勞動交換的一種方式。我給我的學生上
課，然後從學生的家長為他們子女所交納的學費中領取應對我勞
動的份額，我用它去買米。因此，對教師是什麼「人類靈魂工程
師」之類的說法我向不以為然。我經常對學生說，我和那個百貨
店的售貨員一樣，都是在賣，所不同，我出售的是知識性的商
品。如此而已。正因為我賣的是知識性的商品，所以我是個「知
識人」，一個憑靠專業知識「稻粱謀」的人。

　　僅僅是這樣一個人應該不是知識份子。知識份子作為一個現
代概念，它的前身是中國古代的「士」。「士志於道」是士自先
秦起就形成於儒家並始終不輟的一個傳統，這個傳統在中國最後

一代士大夫如康、梁、嚴等人身上依然弦歌不絕。這樣一份遺產，無疑為知識份子身份提供了一種參照。由於這個「道」不關生存而表現為一種價值關懷，因此，一個讀書人，必須具有這種超越個體生存的關懷，才能稱為「士」。比如，春秋時孔丘困厄陳、蔡，不失為士；而有清一代，在縣衙裏為官僚做幕友以求「菽水之資」，就不是士而是師爺。同理，今天，如果我僅僅是在知識專業的圈子裏打轉，而沒有「士志於道」那樣的社會表現，哪怕學術再精圓，像陳景潤那樣，也不必是知識份子。

　　從知識人到知識份子，這一步就要從職業（專業）上邁出去，邁到與職業（專業）無關的社會公共領域中去。「士志於道」的現代含義，就不是什麼儒道、墨道、老莊之道等，它指的是知識份子在社會生活中所自覺承擔的公共責任。一個人，大凡都有兩種生活領域，一為私人生活領域，一為公共生活領域。由於人天然是群體生活的動物，除了私人生活外，它必然還有公共組織的生活，比如在古希臘，人們組織為城邦，而在現代，人們組織為國家。無論當時的城邦事務，還是現在的國家事務，都是私人生活以外的公共事務。這種公共事務具有政治性。按當年孫中山的說法，「政治」本身就是對公共事務（政）的處理（治）。因此，政治與公共事務只是不同的「能指」而已，或者說，是公共事務中最重要的部分。在古希臘，公共事務的地點是廣場，那是一個人人參與的時代，當然是指自由民參與。現代公共事務的地點主要不是在廣場而是在議會，它不是人人參與而是委託代表例行。這是從「直接民主」到「間接民主」。目前，在一個世界範圍內，歷史已經普遍地進入了「間接民主」的時代，這個時代的知識份子並不直接從事政治，因為政治已經職業化了，它為政治家或政客所操辦。然而，民主（包括憲政、自由、公正等）作為公共事務的價值指向，它依然是知識份子的關懷在所。這裏當有兩種情況，一，對一個民主體制而言，知識份子是

在體制外對這個體制進行監督與批判，因為體制本身就是一種權力集結，它對權利、自由、公正等價值譜系天然就具有侵犯性。所以，美國的薩伊德作為一個知識份子，扮演的是一個在政治上說「不」的人。二，對一個前民主體制來說，知識份子是以自己的建言與批判促進這個體制脫胎換骨，從而向民主和憲政體制轉化。由此可見，無論民主制，還是前民主制，一個知識人，只有把自己職業和專業以外的社會政治事務作為一種公共責任給擔當起來，這種擔當還不是外在要求，而是一種自律。這時，他（請允許我用「他」作為兩種性別的指代），才是一個「知識份子」。

不妨以胡適為例。上個世紀二、三十年代，胡適寫文章、造輿論、辦雜誌，行啟蒙，都是為了中國政治體制的轉型。1926 年 7 月胡適去國參加英國庚款會議，次年春他在美國準備回歸時，接到他的學生顧頡剛的信，其中說：「有一件事我敢請求先生，先生歸國以後似以不作政治活動為宜。……而先生歸國之後繼續發表政治主張，恐必有以『反革命』一名加罪於先生者。」四月份，胡適的船已經到了日本，顧放心不下，再次致信：「我以十年來追隨的資格，摯勸先生一句話……從此以後，我希望先生的事業完全在學術方面發展，政治方面就此截斷了吧。」如果胡適從其勸告，以後「完全在學術方面發展」並就此「截斷政治」，那麼，他可以是一個學者，也可以是一個專家。事實上，胡適在上海三年半，著述甚豐，也的確是一個專家和學者，並且還先後在上海的光華大學、東吳大學任教，同時出任中國公學校長。但，這一切，都不足以說明胡適是一個知識份子，這正像顧本人勸其老師「截斷政治」而自己也一輩子鑽研學術，因而他一生只是一個知識人而非知識份子一樣。胡適不然，當年留美養成的對社會事務關心的習慣，使他無以接受自己學生的忠告。果然，國民黨 1928 年訓政以後，胡適因認定這是具有歷史性倒退的「一黨

專政」,故一邊「故紙生涯」,做學術考證(如考證《水滸》);
一邊就在《新月》雜誌連續發表另類文章(如〈人權與約法〉、
〈我們什麼時候才可有憲法〉等),從法治角度批評國民黨,呼
喚民主政治。正是胡適在《新月》上的作為,以民主政治為己
任,卻不顧橫逆而來的政治非難和打擊,所以,胡適才堪稱知識
份子,並且也堪稱 20 世紀中國知識份子的表率。

　　「表率」之說,是出於一種比照。1990 年代以來的中國知識
份子在充分「學院化」的同時,表現出一種「公共性」的衰落。
有人說 90 年代是一個關注「學術規範」的時代,學術規範當然需
要關注,可是,在同樣需要關注的社會公共問題上,知識份子隱
身了。這是頗為明顯的歷史落差,如果和 20 年代胡適那批知識份
子相比的話。當然,彼此的歷史境況大不相同,當時知識份子至
少還有較為廣闊的言論空間。而 90 年代對「學術規範」的強調,
除了學術本身的原因外,還有類似於有清一代小學興盛的非學術
因素。這些因素並發出知識人令人遺憾的「犬儒症」。需要指出
的是,在公共言論路徑被切斷之後,學院職稱體制的門洞卻由此
大敞,它以專業教授、副教授的學術科層為吸附,若干年下來,
碩導、博導們從這個門洞裏被批量生產出來。實際上這是誰都知
道的一樁彼此心照不宣的利益交換。知識份子的犬儒化,與這種
帶有「雙贏」性質的利益勾兌不無有關。這是一筆劃得來的生
意,唐太宗再世,想必也會發出當年「入彀」的笑聲。這裏,我
不是在譴責,甚至不是諷刺,而是描述。我自己也在學院,還沒
有混上什麼「導」不「導」,這固然說明我在知識上的短斤少
兩,但我更短少知識份子在「份子」層面上的作為。我本人 90 年
代寫過一系列有關知識份子的文章,強調的都是它的「志業」上
的公共性。一旦以己言衡己行,卻也是典型的言動分離。考其
因,其分裂人格依然自於利害關係中的苟且意識。而胡適說「不
苟且」。

　　上個世紀末迄今，情況逐年發生變化，知識份子公共性的輿聲不僅日漸強烈，而且逐步落實到實踐。今年上半年孫志剛事件就是一個很好的例子，該案發生後，一些法學界知識份子聯名上書中國人大，力陳勞教制度之弊端，並提出廢除動議。這表明，社會一旦有了一個彈性的空間，知識份子就會在其中伸展自己的言論和行為。當然，這個空間不是從天上掉下來的，它之有無或大小與否，則有待知識份子去爭取。在這一點上，知識份子為自己的言論權利而努力，本身就是知識份子的公共責任。問題是，當一個社會的彈性空間慢慢擴大時，知識份子拿什麼來履行自己的公共責任呢？

　　這個問題如果在前民主社會尚不明顯，民主社會中的它卻已非常突出了，而在前民主社會向民主社會的轉型中，其問題性則日益顯露。今天我們就處在它的顯露階段。這個問題的意思是這樣，知識份子為什麼能夠履行公共責任，所謂「士志於道」，為什麼是「士」而不是其他人？答案只有一個，「知識」。也就是說，知識份子所以履行公共責任，是因為他具有他人所沒有的知識。知識，不僅是知識份子成為知識份子的前提條件，也是他介入公共事務的合理性所在。這一點，17 世紀英哲（培根）說得很清楚：「知識就是力量」，上個世紀的法哲（傅柯）說得更明白：「知識就是權力」。果如把知識視為知識份子的言動之據，隨之而來的問題是，現代社會是一個知識分工日漸細密的時代，知識份子在公共領域發言時，他所據以說話的知識是什麼？這裏必須考量時代變遷的因素，所謂時變則事變。在現代以前的漫長的古典社會，知識分工的規模遠不能和今天比，因此，知識份子的前身「士」是以各個領域中的「通才」出現的，不獨中土，西洋亦然。「士」抑或傳統知識份子通常都是些文人、藝術家、傳教士、哲學家，他們在世俗生活之上為社會制定精神原則，從文化、藝術、哲學、歷史等領域確立價值標準。用孟子的一句話，

則「勞心者治人」。可是，現代社會，傳統「士」的價值優越性已經蕩然，他們不再從世俗之上俯瞰芸芸眾生，而是職業化於這個社會的分工體系之中。當他們的知識都已轉化為謀生性的專業時，這種知識已經不具備古典知識的「普遍性」，因此，它的專業化已使它不足以在專業之外繼續有效。比如，我吃的是人文學科中的文藝學的飯，我可以把這種知識導向志業，用它在公共領域中（比如憲政問題上）說話嗎？

「道術將為天下裂」，這就是現代知識份子在職業和志業之間的困境所在。這個「道」，如前，指的是知識份子在社會生活中所自覺承擔的公共責任，而他的承擔又必須以知識為前提，可是，知識作為「術」日益已成為專業化的「學術」，它和那個超專業的公共性的「道」非但不對應，而且距離甚遠。這樣一種非榫合的狀況，我稱之為「道術分離」。與之相應，就是知識份子的「知識」和「份子」分家。

怎麼辦？

一種情形，是專業相適應的知識份子說話，比如這次作為一個法律事件的「孫志剛案」，兩波簽名的都是法學知識份子，他們是用他們的專業知識在公共領域中發言，既義勇又專業。這雖然值得提倡，但，如此一來，非專業則不能發言，知識份子的外延豈不大大縮小。龐大的人文知識份子群因其形而上的特點，豈不在任何社會事務上都得閉嘴。而恰恰人文型知識份子又是最願意作社會發言的呵，這是傳統。況且，社會公共事務老是由相應專業的人去說話，久而久之，相應的專業人員慢慢就會把自己的利益訴求考量在內。一旦如此，他就是一個知識從業人，而非不計利害的志業性的知識份子了。

另一種情形，非專業的向相應的公共事務靠攏。這並非不可以，但卻不現實，也不經濟。記得一次和朋友喝茶，座中有位台灣來的文學教授，當大家聊起台海問題時，他卻只聽不說，有人

請他談談，他搖搖頭說：我說也不專業。這是一種負責任的態
度。如果要他負責任地說，他勢必要作專門研究，而這又與他自
身專業在時間和精力上相剋。當然，美國的薩伊德是這樣解決問
題的，他強調知識份子的「業餘化」，即知識份子行為不為利益
所動，而是出自自己的關切、喜愛和信念，同時他也喜好行業之
外眾多的觀念和價值。因此，知識份子作為業餘者甚至有權對最
具技術性和專業化的行動提出道德上的議題。可是，你是業餘
的，人家是專業的，你的話是否有人家到位。就像薩氏本人專治
比較文學，他又業餘性地「志業」於中東問題，可是他在這個問
題上的發言，說老實話，我就不敢輕信。

　　還有一種情形，也是東方國家最常見的情形，即知識份子是
憑道義說話而非憑知識。這就意味著知識份子公共責任的價值資
源不是「知識」而是「道義」了。應當說，在一個極權社會，道
義力量的確比知識力量更重要。因為極權社會是一個前現代社
會，與極權相對的是蒙昧，對公眾進行啟蒙是常識層面上的事，
像類似潘恩的《常識》一書就可以了，它更需要的是反極權的道
德勇氣，比如前蘇聯的薩哈羅夫就是這樣。但，一個時代一旦由
前民主社會向民主社會轉型，知識就與道義同樣重要。而隨著該
轉型的深入和民主制度的漸進，知識份子的道德壓力減輕，這
時，知識就逐漸比道德更重要。至於一個完型的民主社會，如美
國，知識份子的公共責任同樣含帶道義因素，但這時起主要作用
的就應當是知識了。只是知識與道義，作為兩種價值資源，如果
僅就人文知識份子這一生態群落而言，它往往很自然地就傾向後
者而疏落前者。

　　19 世紀末，法國小說家左拉因介入「德雷福斯案」，已經載
入知識份子的史冊了。當年左拉放下小說挺身而出，顯然是基於
道義。但這裏並非就沒有問題，因為，那時的他顯然激情有餘而
知識不足。他在法庭上慷慨陳詞時曾遭遇來自法學專業上的質

疑，對此，他居然這樣說「我不懂法律，也不想懂法律」。所以，他的一位同行這樣評價他：「這位小說家干擾軍事審判，在我看來，比一個憲兵隊隊長打斷一個句法學或是詩韻學方面的提問更為愚蠢和放肆」。細思之下，這種批評沒有一定的道理嗎？今天，我們在面對孫志剛案時，還能用左拉那樣的口吻說話嗎？儘管我們也是基於道義。

因此，知識份子的公共責任，即使出於道義，同時也要出於知識，抽去知識資源的道義，可能會帶出其他問題，甚至變成「道德秀」。美國麻省理工學院的喬姆斯基是著名的語言學家，他在自己的專業領域內有極高的造詣。而作為一個知識份子，他的公共關懷使他經常就國際政治和美國外交政策發言。可是他的言論，有時人家連和他爭辯都不願意，因為他的觀點「處於可接受的辯論和共識之外」。為什麼這樣說，比如此公可以否定柬埔寨「紅色高棉」的大屠殺，可以把越南說成是世界上最民主的國家，與此同時，則把美國和納粹法西斯相提並論。美國不是不可以批判，只是我不知道，像喬姆斯基這樣的批判是知識批判還是道義批判？這樣的批判又負不負責任呢？

以上，出自道義的嫌其沒有知識化，業餘的又嫌其非專業化，專業的則嫌其利益化，這樣一種多米諾骨牌似的困境，叫知識份子在公共問題上如何是好？

好在就這篇文章言，我只需要提出問題，而不需要提供答案。

走出法國式的知識份子世紀

　　「知識份子」一詞出現甚早，但這個詞能夠對歷史產生影響卻是因為 19 世紀末法國的「德雷福斯事件」。是法國的左拉最早揭開了這個詞的歷史序幕，而後主要是由法國的文人書寫了這個詞的歷史。一百多年來，法國文人的歷史變成了我手中三卷本的《法國知識份子的世紀》，它以「巴雷斯時代」、「紀德時代」、「薩特時代」為貫穿，描述了一百多年來法國文人在「知識份子」的名義下左右搖擺的扭曲身軀。

　　「巴雷斯時代」的法國知識份子是左右並駕，圍繞「德雷福斯事件」，左拉是左，巴雷斯是右。但左拉在事件後不久去世（相傳被反德雷福斯份子謀殺），而巴雷斯的影響一直持續到 20 世紀 20 年代。作為作家的巴雷斯，我贊成他的那句話「只要存在理性，就不可能統一思想」。但，巴雷斯的另一面是一個頑固的民族主義者。他其實是相信德雷福斯的無辜，但他仍然反對此案重申，緣由在於「民族利益」高於一切。在巴雷斯看來，「軍事法庭是國家防衛和軍隊紀律的象徵，是集體安全的工具，需要全體公民團結一致的支持。」在抽象的意義上，這話沒錯。但，現在畢竟面臨的是國家軍事法庭造成的冤案，國家沒有任何理由以個體的犧牲來免於自己的糾錯。如果它對公民的態度是這樣，那麼，公民又憑什麼團結一致的支持它？可能有必要釐清民族國家和民族主義的區別，民族主義把民族國家「主義化」的同時也絕對化了，它恰恰遮蔽了西歐民族國家形成中的權利本位的背景。因此，民族國家是必要的，民族主義卻不可取。某種意義上，民

族主義很可能是民族國家的一副毒藥，按照它的慣性走下去，比如德國，結果居然是納粹化。

　　走出「巴雷斯時代」的法國，尤其是經歷兩次世界大戰的法國，文人知識份子開始從右翼的民族主義向左扭曲，而且 S 形的篇幅還很大。蘇俄式的極權主義乘一次大戰而起，二次大戰後更是成為一種霸權。一個老牌資本主義國家的文人出於對資本主義本能的憎惡，他們根據自己樸素的感情選擇了那種新興的極權主義。這樣的名單可以開列很長。比如以《蒂伯一家》而獲得諾貝爾文學獎的法國作家馬丁・杜・伽爾以樸素的筆墨寫道：「我反對一切專制，反對一切國家干涉主義。不過，如果確要讓我的個人主義本能服從一種主義的話，……我還是情願要無產階級專政」。這位作家聲稱自己富於感情，以至人經常「就像電唱機上的唱片一樣在發抖」。他在稱頌紀德時，為紀德的「天真」所感動：「最崇高的，是一個人在 58 歲的時候，還能像 15 歲到 25 歲的善良人那樣義憤填膺。」是的，那位寫過《蘇聯歸來》的紀德，在進入公共領域時，也是激情以為主導，他這樣描述自己：「我在會上一無所能：我失去了平靜；我的心激烈的跳動，我只能發出喊叫和哽咽，而不是發言，或者說幾句理智的話」。拉丁人果然感情充沛，但，我的擔心是，如果一個國家的知識份子以作家和藝術家為主導，如果他們不是在從事個人創作，而是在說服公眾，或，進行公共選擇；那麼，激情，那種僅止於 15 歲至 25 歲的天真的激情，會把他們帶到哪裡？而他們以他們的聲望，又會把 15 至 25 歲的年輕人帶到哪裡？20 世紀的法國知識份子，幾乎就是一個長期徘徊在 15 歲至 25 歲心智水平的文人群體。

　　在我的閱讀中，文人型知識份子還有另外一個頑固的特點，他們像分泌荷爾蒙一樣分泌自己的正義感，這種正義感也正如同荷爾蒙具有強烈的生理性而缺乏理性，它更多是文人激情和本能衝動的混合物。但，文人的優越感使他相信：我的感知就是正

義，而且唯一。比如韓戰發生，他們堅定不移地認為是南韓侵略北朝，因此採取了堅定的反美立場。盲見、激情、排他，獨斷、正義感，再加上他們信奉的理念，讓他們多次走入歷史的誤區。特別是，文人的正義表現也是激情形態的，在這種正義激情裏挾下，身形短小的薩特可以情不自禁在協和廣場振臂「恐怖主義者萬歲」。正義變成了「正義秀」。而常被我們恭維的後現代巨擘之一的傅柯，稱讚 1792 年發生在巴黎監獄的九月屠殺，那幾百個殺人如麻的劊子手，殘忍地屠殺那些毫無反抗能力的受害，其中受害的德・朗巴勒公主，身體被卸成八塊，而頭顱卻紮在一根長矛上，所謂身首異處。這是法國大革命極為可怖的一頁，但，傅柯認為這是「民眾的裁判權」，他們是在「伸張正義」。看來正義在法蘭西知識份子那裏經常是和嗜血聯繫在一起的。

　　《法國知識份子的世紀》展現的是法國知識份子的百年史，穿越這道由三卷本構成的混亂的歷史長廊，目睹了法國知識份子自右而左的一路偏斜，我感到閱讀中的疲憊和窒息，只想快點走出去，走出這三個里程碑式的知識份子時代。面對這些法國文人構成的知識份子形象，我感到我們需要重新打量知識份子。比喻地說，知識份子應該是它所處的那個時代的理性器官，如果社會是一個有機體的話。在公共領域中，知識份子可以有理念，但理性比理念更重要。知識份子可以有激情，但需要的是「激情的理性」而不是「理性的激情」。知識份子當然有正義訴求，只是這正義應該昇華為正義理性而不僅是正義感。同樣，知識份子離不開批判，那麼這種批判豈能見止於道義的層次，它更當是理性的批判，而批判本身就意味著理性分析。

　　以這樣一種「清明的理性」來掃描法國知識份子群，我當然注意到了雷蒙・阿隆，他不是文人而是學人，是書中很難得的亮點。在認同右的民族主義（巴雷斯）和認同左的極權主義（薩特）之間，雷蒙・阿隆是堅持自由主義的「中道」。但，那個時

代只能以薩特來命名，而不會是雷蒙‧阿隆，他註定是邊緣化的，他的理性的聲音在那個時代是那麼微弱。這位《知識份子的鴉片》的作者，只有在我們過足了右的尤其是左的鴉片癮之後，才能為我們注意和珍惜。

　　讀完全書，我不由得發現，20 世紀的法國知識份子不就是 20 世紀中國知識份子的鏡子嗎？在這面鏡子中，我們照出了我們自己，甚至是今天的自己。

輯四

學術「價值」與政治「倫理」

中國學界知道馬克斯・韋伯當是 80 年代中期以後的事。1985年歐洲的一次史學會議上，與會的中國代表大多數聽到這個名字時還感到驚愕，這種驚愕理所當然地也引起了其他與會者的驚愕。這大概也算是一次小小的國際洋相。不過這種局面很快就得到改觀，知識界不但很快接納了韋伯，並且一旦接納就剎不住車，韋氏研究的勢頭十餘年來幾乎是曲線上行，歷久不衰（不妨和佛洛伊德研究的高開低走作一比較）。去年，三聯書店組譯的「學術前沿」叢書又在第一輯中重新出版了根據英文轉譯的韋伯生前的最後兩次講演《學術與政治》。說其「重新」，是因為早在 1988 年國際文化出版公司就出版過了這本書，它是根據德文直接翻譯的，書名為《學術生涯與政治生涯》。一書兩出，未必不說明知識界對它的看重；時跨十年，也未必不預示學人們對韋伯研究的興趣又再度深入。

韋伯無疑是學術研究中的經典人物，而他生前這最後兩次講演由於濃縮了他一生學術思想的精華，因此，它的經典性也是毋庸置疑的。這兩次講演，其聽眾是當時慕尼克大學的年輕的大學生們。他們當中有後來成為聯邦德國第一任總統的豪斯，也有後來成為法蘭克福學派創始人的霍克海默。他們都曾對乃師的講演做過中肯的評價（儘管在價值上各有褒貶），也就是說韋伯的講演影響了後來的政治家和學者，並且不止一代。直到現在，這兩篇講演仍然是西方大學生的必讀書目之一。

今天，當我重新展讀韋伯的講演，雖然無法親聆謦咳而感受氛圍，但依然能夠從中感受到不帶一點煽動性且透析力極強的理性力量。應該說，講演給人的啟迪是多方面的，它除了哲學的深邃外（雖然韋伯不是哲學家），更有著社會學的廣闊。但弱水三千，取一瓢而飲。在韋伯所談論的諸問題中，有兩個觀點──即學術講演中「價值無涉」和「價值多元」以及政治講演中「信念倫理」和「責任倫理」的觀點──最為吸引人，至少是我。我以為，這兩個觀點的展開，如此深刻地表現出韋伯在闡釋問題時那獨步他人的「理性的靈光」。

有關「價值無涉」的觀點，是韋伯在 1917 年提出的，當時就引起了廣泛的非議。在兩年後的學術講演中，韋伯儘管沒有明確張揚，但實際上他仍然堅持並光大了這一觀點。所謂「價值無涉」是指在學術研究中研究者應當盡可能避免自己先在的價值傾向從而力圖在學術立場上保持中立。因為只有這樣，一個以學術為業的人才能進行客觀的知識分析、確定事實、並研究事實間的邏輯關係。在這次講演中，韋伯以教師為例，反對一個教師利用教壇向學生傾銷自己的立場和觀點，他說「在課堂上沒有政治的位置」，此即不要把自己任何一種政治傾向拉進教室。比如要在課堂上討論民主問題，教師就「應當考慮民主的不同形態，分析它們的運行方式，以及為每一種形態的生活條件確定具體的結果。然後還要將它們同那些非民主的政治制度加以比較，並努力使聽講人能夠找到依據他個人的最高理想確定自己立場的出發點。」當教師在做這一切的時候，他應當注意不必把自己的價值偏好或明或暗地塞給學生。如果各種可能性都給學生分析清楚之後，那麼，所有的選擇將由學生自己作出。

韋伯所以堅持這種貌似冷漠的「價值中立」的立場，其原因之一，蓋出於他對這個世界在哲學上的體認。從本體論的意義上來講，我們所生活的世界乃是一個多元的世界，本體的多元必然

導致價值上的多元，而在多元的價值之間勢必產生矛盾與紛爭。
這就是「世界上不同的價值體系有著相互衝突的立場」。韋伯指
出，在講授教會形式和國家形式的課程上，很難讓一個天主教徒
和一個共濟會信徒得出同樣的價值判斷。這是一個令人不舒服的
事實，也是一種必然的文化命運。而教師的責任就在於教會他的
學生面對這種「諸神衝突」的局面，而不是灌輸教師本人的某種
價值觀念。所謂「諸神衝突」是韋伯以比喻的方式用以揭示不同
價值觀念之間的「非共容性」。為了深化這個問題，他甚至就真
善美以及神聖之類的概念進行了鞭辟入裏的分析。當人們不假思
索地認為真善美是一個價值整體時——想想我們是如何把真善美
整天掛在自己的嘴邊吧！韋伯卻出人意料地指出「一事物雖然不
美，但卻可以是神聖的，還不僅如此，而且神聖就神聖在不美
上……一事物雖然不善，但可以是美的，還不僅如此，而且美就
美在不善上……一事物雖然不美、不神聖、不善，卻可以是真
的，還不僅如此，真就真在不美、不神聖、不善上。」這樣突兀
的議論看起來聳人聽聞，但細思之下卻不無道理。韋伯把這種現
象稱之為「日常真理」，並富有機趣地將其喻為「諸神又打架
了」。是的，諸神的打架意味著價值的衝突，價值的衝突則揭示
了存在的多元。由於元與元之間往往並不相容，因此，面對這樣
一種複雜的文化現實，以往的宗教總是「廢棄了這樣的多神論，
而贊成『唯一的必然的神』」。這實際上就是把矛盾的多元化約
為簡單的一元。然而人們囿於成見卻往往慣於一元的包攬而怯於
對多元的正視。鑒此，韋伯反其道而行之，他力主教師不要忙於
傳播自己那一元性的價值，而是努力教會學生突破一元的迷障去
坦然應對多元的事實，並引導學生盡可能以自己的知識和方法，
爭取做到對多元的各方都有所助益。

　　韋伯的「價值無涉」在認識論上根源於他的「價值多元」，
但人們往往樂於接受後者卻很難認同前者，包括後來成為法蘭克

福學派大宗師的霍克海默。他在日後回憶當時的講演時這樣說
道：「1919 年，我作為一名大學生在慕尼克聽到了韋伯講的價值
無涉。像我的許多同學一樣，我對瞭解俄國革命興趣極深……可
是韋伯顯然使人失望了……我們在兩三個鐘頭裏聽到的是對俄國
體制的縝密的字斟句酌的解說……一切是這樣入微入細，這樣科
學，這樣價值無涉，結果，我們只好傷心地回家去。」我當然不
難理解年輕的霍克海默，但同樣能夠理解韋伯。且不說韋伯就在
這次講演中並沒有恪守他自己的「價值無涉」的立場（這一點實
在很難完全做到，比如「布爾什維克和斯巴達克思份子的意識形
態所造成的結果，同任何軍事獨裁者毫無二致……工人和士兵委
員會的統治，除了掌權者的人員構成及其票友水平外，同舊政權
還有什麼其他區別嗎？」這裏的價值傾向還不夠明顯嗎？只是尚
不能讓血氣方剛的霍克海默滿足而已）；而且我更想指出的是，
韋伯的「價值無涉」有其特殊的語境，他主要是指知識上的研究
和課堂上的教學。他從來沒把這個命題推向絕對，相反，他認為
要想表明自己的價值立場，那就到街上去向公眾演說。在這種場
合，「立場鮮明甚至是一個人難以推卸的責任」。韋伯的意思很
明確，課堂不同於集會，正如同研究知識哪怕是政治上的知識不
同於政治活動。一個主要是在學科範圍內窮盡對象的各種可能，
一個則是在實踐中作出自己的價值選擇。它們的「遊戲規則」不
一樣，也不應當一樣。

那麼，韋伯的這次講演是屬於課堂性質還是集會性質呢？也
許是在兩者之間，但顯然以課堂性質為主。正因為如此，所以才
有霍克海默的不滿。可是霍氏的不滿是出於他個人的心理預期，
也許他太急切地想要從韋伯的講演中得到他想要得到的東西了。
如果換一個人，換一種時空，比如幾十年後不在現場的我，以文
本的方式閱讀這篇講演時，就無法認為韋伯是純粹的「價值無
涉」了，尤其是在他進入第二個講演──即政治講演中的尾聲

時。這個尾聲，私以為是全書最精彩的部分，精彩就精彩在韋伯對政治倫理——亦即以政治為業的人以什麼樣的倫理規則來規範自己的政治行為——的二重分析上，並且就是在這個分析中，韋伯並不如他素來所主張的那樣，把自己的價值傾向韜光養晦，而是明白無誤地表明瞭自己的態度。

韋伯認為，所有具有倫理取向的人類行為都可以歸諸兩種根本不同、並且是勢不兩立的價值原則，它們就是「信念倫理」和「責任倫理」。這兩種倫理的不同，在於前者總是把眼睛盯在屬於目的層面的「信念」上，一切按信念原則行事，並且不管它將產生什麼樣的後果。借用宗教的語言，那就是：基督徒的行為是正當的，後果則委諸上帝。與此相反，「責任倫理」的眼睛則牢牢盯住「信念倫理」所不顧及的後果上，它強調一個人必須考慮自己的行為所可能產生的結果，並且他必須對自己行動的近期結果負責。韋伯對這兩種倫理原則的價值態度如何呢？在當時的歷史形勢下，他無疑更傾向於一個政治家應當按照理性色彩甚濃的「責任倫理」行事。「信念倫理」由於僅僅從信念出發而不計其餘在韋伯看來往往容易導致非理性。韋伯這樣對他的聽眾說，如果對一個篤信「信念倫理」的工團主義者指出，他的行為有可能增加反動的機會而使他所屬的階級遭受困境，那麼，這位信念倫理主義者是不會為此觸動的。他甚至認為：「如果源於純潔的信念的行動造成了惡果，那麼在他看來，責任不在行動者，而在這個世界，在於別人的愚昧」。至於他，如果有什麼責任的話，那也就是「盯住信念之火……不要讓它熄滅」。因此，韋伯指出，這位信念倫理者的行動目標，「從可能產生的後果來評價，他的行動全無理性，只能有也只會有楷模的價值。」

後人有對韋伯的分析不以為然者，比如一位瑞士學者就把信念倫理和責任倫理視為一種「假對立」，並批評了韋伯在闡述這個問題時的絕對化傾向。的確，韋伯是從截然對立的視角來分析

這兩種倫理取向的，在我的閱讀中，亦感到部分文字不乏有絕對化的可能，並且，我同時還看到，韋伯自己也似乎意識到這一點，因而在講演的最後作了力所能及的逆挽。但簡單地把韋伯對兩種不同倫理的揭示───這其實是一種類似哥倫布的發現，不僅獨闢，而且偉大，我不知道在此以前是否有人觸及過這個問題───說成是「假對立」，這本身則是更為絕對化的表述，畢竟這兩種對立可以大量表徵於歷史和現實。尤其是處於第一次世界大戰和俄國革命不久的歷史氛圍中，韋伯對「信念倫理」的氾濫親眼目睹，感受髓深，為了提請注意，因而才有此對他來說不無言重的表述（不知道念念於俄國革命的霍克海默為何看不到這一點）。請看韋伯舉的發生在他那個時代的實例。第一次世界大戰期間，革命的社會黨人在瑞士的齊默爾瓦爾德集會，其中一派人所主張的原則可以表述如下：「如果我們面對這樣兩個選擇───或者再打幾年戰爭，然後來場革命；或者立刻實現和平，但沒有革命。那我們選擇再打幾年戰爭。」革命作為一種「信念倫理」和「神聖目的」，如果需要幾年戰爭───讓各國人民血流成河的戰爭───作為引爆國內革命的手段，那麼，就不惜讓人民血流成河。這就是「信念倫理」的思路。而在「責任倫理」看來，重要的不是什麼革命，當務之急是立即停止戰爭、實現和平。這個故事展示了當年第二國際在瑞士會議上實實在在的分歧。只要看一看哪個國家在大戰後舉行了國內革命，就可以知道究竟是誰為了所謂的革命而不惜讓人民繼續血流成河，並且出具的理由還那麼冠冕堂皇。作為同時代人的韋伯，正是洞悉了「信念倫理」的這般危害，並認為它最容易迷惑充滿浪漫激情的年輕人，所以才在這次講演中寧可放棄一貫堅持的「價值無涉」立場，也要明確地表露自己的價值取向。

　　然而，問題似乎並不到此為止，它還可以從歷史引向現實。為了革命，不惜流血。流血是殘暴的，但革命作為目的則是純潔

的。因此，上述命題可以置換成，為了純潔，不惜殘暴。這並不是我在人為地偷換命題，而是事實（或邏輯）就是如此。韋伯把它解釋為「用目的將手段神聖化」。不僅當年的布爾什維克如此，而且後代依然不乏其人。這裏輪到我自己來舉例子了。我舉的依然是恪守「信念倫理」的例子，不過是在中國，甚至就是當下。90 年代的一位道德理想主義者、也即當年紅衛兵出身的作家曾為 60 年代的紅衛兵行為作過這樣「精彩」的辯白，他說：「在紅衛兵一代人身上發生的很多事情，其動機其潛力其源泉完全是正常的乃至是美好崇高的。……使我們追隨毛澤東的最根本的原因畢竟不是醜陋、不是私利、更不是恐怖。一個紅衛兵的忠誠和英雄的靈魂，其外在表現是愚昧、盲從、打架、兇暴，可是在他的內心中是正義的烈火、友誼的信念、斯巴達克思的幽靈，是壯美的精神境界和不屈不撓的追求。」這是一段充滿激情的詩化表述，也是一味尊奉「信念倫理」而不管不顧「責任倫理」的話語樣板。在這位論者的邏輯裏，紅衛兵的兇暴算不得什麼，因為這種兇暴的動機是美好崇高的，這就是動機決定論的「信念倫理」，也即韋伯所謂「善的目的把倫理上危險的手段和副作用神聖化」，它使「崇高目的／邪惡暴行」這兩者之間產生了奇妙的悖反與統一。顯然，在這兩者之間，「責任倫理」力圖避免後者而「信念倫理」則不顧後者。令人不安的是，按照上述這種不顧後者的動機決定論，文革的暴行不但可以一概赦免，而且在世俗氾濫、人欲橫流的今天，為了信念，為了清潔，甚至還可以把它重演一遍。因為這是「清潔的暴力，是不義的世界和倫理的討伐者」。在這位前紅衛兵的道德理想主義者眼中，世界上「沒有什麼恐怖主義，只有無助的人絕望的戰鬥」。在這裏，「信念倫理」的鐵腕毫不含糊：為了崇高，可以殺人。

　　我應當感謝韋伯，如果不是明白了上述兩種倫理的界分，那麼，面對這段激情充沛的文字，我想我的批判肯定找不到比它更

合適也更有力的角度。事隔幾十年了，可是韋伯的論述不僅沒有
過時，而且對我來說是這樣的及時。儘管瑞士的學者也不無道
理，他提醒我任何一個命題都不能絕對化。但，兩種倫理的對立
卻無可爭辯地既是歷史又是現實。理性地看待這個問題吧！正如
韋伯理性地分析這個問題。「責任倫理」講的是理性，正如「信
念倫理」講的是激情。韋伯對「責任倫理」的推重，本身就是理
性的表現，而且這種理性同樣表現在他並不一味排斥「信念倫
理」上。他所希望的也許是這兩者的統一吧！在講演的最後一
節，韋伯已明顯地向「信念倫理」傾斜（這就是我上文所說的逆
挽）。想想也是如此，一個政治家，如果不講一點「信念倫理」
的話，那麼，他很容易成為政客。此正如一味追求「信念倫
理」，則很容易成為帶有血腥味的「紅色殺手」，比如波爾布特
以及我在此不便點出的其他東方同類。

學術非思想及思想泛學術

　　學術與思想是什麼關係？當兩者日益成為一個合成詞，比如「學術思想」，並同時又成為學界慣用的稱謂時，我想，是應該強調一下它們的不同了。

　　這個不同，其實也是顯而易見的，比如李澤厚先生對 90 年代的知識界曾表述過這樣的看法：思想淡出，學問凸顯。這在客觀上已經把學術與思想分作兩途。王元化先生許是感覺到了這種分離狀況的非理想，提出了一個主張：學術思想化，思想學術化。儘管王元化先生希望兩者能「化」到一起，水乳交融；但在未化之前，似乎水是水、乳是乳，思想是思想，學術是學術。

　　的確，在初始意義上，思想與學術是兩樣東西，並非一物。一個比較明顯的差別，學術可以是一種職業，思想則不是。所謂學術就是吃知識飯，馬克斯・韋伯臨終前有兩個著名的講演，第一個「以學術為業」，這個「業」就是可以吃飯的職業。所以講演一開頭就從學術研究的外部環境談學術與生計的關係。那麼一個人是否可以以思想為業呢？一般不可以。思想只管腦袋不管胃（不但管不了胃，有時還會妨礙之）。申言之，現代教育體制下的大學，大都按照術業專攻形成相應的系別（以滿足不同興趣的人以後捧上不同的飯碗），如文學系、哲學系、史學系……，但聽說過思想系嗎？當然，大學裏可以開設思想史或××思想研究之類的課程並成立相應的機構，如英國的伊賽亞・柏林吃的就是這碗飯，他是牛津著名的思想史方面的教授，但不是什麼思想教授，思想也無以教授。兩者不同在於，思想史是把思想作為一個

學術對象來研究，它本身屬於可以當飯吃的學術而不屬於吃不上飯的思想。因此，學術與思想的一個外在區別，如果從大學建制來看，我以為是學術有系，思想無系。

系者，系統也。學術分系，是要求一個人系統地掌握他所研究的這門學科的知識，哲學系便是哲學作為一門學科在知識層面上的系統化，它注重的是知識自身的演化和秩序，並且要遵守一定的規範。比如 90 年代學術凸顯的一個標誌，就是知識界對學術規範的強調。思想呢？思想無系也許首先就在於思想不需要什麼系統，也沒有什麼規範。一句話便足以是一個思想，就像學術很難是一句話一樣。並且思想是個動詞，具有當下性，不像作為名詞的學術，在時間上已然是一個後於思想的知識對象物了。因此，即時性的思想並不需要學術上的演進和秩序，它為什麼不可以是突發的、跳躍的、單刀直入的、神龍見首不見尾的呢？當學術必然遵守循序漸進、孤證不證、文有出處等一系列形式規範時，思想更多像決堤之水，不擇地而流，且隨物賦形。因此，學術有「系」，在其規範意義上其實就是《說文》裏的「約束」之意。系統即約束，不約束無以成系統。可以想像取消知識邊界後的各門學科會是什麼樣的嗎？當然，學科的互化與融合是另一層面的話題。但思想是無所束約和規範的，一旦有之，即使是學術意義上的，思想也告窒息。

如果再行比較一下「學」與「思」在造字上的不同，或許更能看出兩者的區別。繁體「學」字構體為三，上部為兩手持「爻」（即八卦）狀，中部的寶蓋即家，下面的子指孩子。合而謂之，「學」的古義是孩子在家識八卦。那麼，「思」呢？這是個上下合體的會意字。上面的「田」是「囟」即腦門的象形，與下面的心會意，「思」即心腦之運作。造字之異顯示了兩者重心不同。學是有外在對象的，如「爻」，其任務就在於識得它，因此它用力於外。思則不然，它是人在對象缺省狀態下的考慮，其

用力側重於內。當然，側重於內並非不要對象，只是不以對象為務。那麼，是否可以這樣說，學術是一種有關外在對象的知識，思想乃出於主體個人所形成的識見？根據這一分殊，今天的學術界有一個不成文的行規，即你的研究必須有一個外在的對象，它可以是一個人（如康德）、一本書（如《存在與時間》）、一個學派（如「法蘭克福」）、一種現象或思潮（如「後現代」），你就它們寫出了論文，達到一定水平，便能獲得發表。但你假如不以它們為依憑對象，或者把它們作為泛對象來言說自己，抑或乾脆如蒙田「我所研究的就是我自己」；那麼，對不起，你的文章恐怕就不易在學術刊物上發出，至少你的文章在學科分類上就麻煩。其實這類文字的非學術性是因為作者在文本中陳述的是自己而非對象，或者說對象只是個借體。因此，學術與思想的分野，如果就主客對待之不同（學術研究更多融己於他，思想運作更多融他為己），那麼我就有理由認為：「我注六經」是道問學，「六經注我」是尊思想。

現在，我要問自己一個問題。你把思想與學術視為兩途，難道學術就不要思想、也沒有思想了嗎？非也。孔子早就說過「學而不思則罔，思而不學則殆」，所以兩者應當是合一的。那麼，這豈不是自相矛盾？不。為什麼？如題，學術非思想。什麼意思？我的意思是，學術當然要思想，也有思想，但那是學術思想，學術思想是專業思想，而非人們通常所說的那種外在於任何專業的思想。所以，在本題語境裏，學術思想非思想。是否可以示例？可以。比如，當年水木清華的四大導師梁啟超、王國維、陳寅恪、趙元任，他們各自在國學、文學、史學、語言學領域內，哪一個沒有形成自己的（學術）思想？但你能因此而稱他們為思想家嗎？反過來的例子是魯迅，就以上四個領域而言，魯迅在學術思想上的造詣分別不如他們，但誰又能說魯迅不是思想家？果如把學術思想和思想等同，那麼，愛因斯坦因為他的相對

論也可號稱思想家了。但，如果他被人稱為思想家，卻肯定不是因為相對論。

　　既然學術非思想，那麼，人們通常所說的思想到底又是什麼？這裏的計較是，學術及其思想如果是一種「知識關懷」的話；那麼，通常意義上的思想主要是出於「社會關懷」。相應地，學術及其思想乃是對學術本身或學術對象發言，思想不同，它的發言對象則是社會、歷史、現實、人生、文化、宗教等，或者說思想是對它們所形成的具有穿透力的識見。魯迅是一個思想家，正是因為他在上述有關方面形成了自己的獨闢的見解。比如歷史，又有誰能夠像魯迅那樣把一部長達幾千年的中國歷史僅僅讀為兩種時代的交替，一是「做穩了奴隸的時代」，一是「做奴隸而不得的時代」？比較一下與魯迅同時代的歷史學家顧頡剛吧！「層累地造成的中國古史」的「古史辨」思想在當時的史學界造成了多大的影響。但，蘊含在這兩種思想背後的文化關懷能是相同的嗎？顧頡剛是從史料層面切入中國歷史，他是「為知識而知識」的，目的在於弄清中國歷史的真相，這無疑是一種知識關懷。魯迅關心的顯然不是知識，他關心的是當下的社會現實。正如思想具有當下性一樣，社會關懷也永遠是當下的。儘管思想的觸鬚可以伸至空間與時間上的無限遠，果如它能夠的話；但它瞄準的卻是當下的社會與人生，是對當下社會人生的發言與啟示。就剛才的魯迅思想言，問題顯然更在於，我們今天需要一個什麼樣的時代。因此，什麼是思想，什麼是學術（思想），在魯迅和顧頡剛那裏分解得清清楚楚。

　　或曰：既然思想出於社會關懷，但社會科學關注的本來就是分類意義上的各種社會現實，那麼是否可以說，在社會科學中所形成的有關對象的見解就不僅是知識，同時也是思想呢？比如，政治哲學中對民主的看法。我的解釋，它們依然不是一回事。學術、學術，學得有「術」，作為經驗形態的社會科學，這個

「術」不僅僅是一些具體的方法，更重要的是一種總體意義上的方法論，這個方法論所恪守的一個原則，用馬克斯・韋伯的概念來表示，即「價值無涉」。思想呢，思想非但無術（並非不學），而且，在其傾向上，任何一種思想都不可能是價值無涉而必然是價值分明的。即以剛才的民主為例，1998 年獲諾貝爾經濟學獎的阿瑪蒂亞・森，他在〈民主的價值觀放之四海而皆準〉裏所談論的內容顯然就不屬學術而是思想，其價值傾向甚至在題目上就一覽無遺。但如果是轉至學術層面上談民主，按照韋伯，就應當盡可能去做到「價值無涉」了。也就是說，應當盡可能具體地研究民主的不同形態，分析它們的運作方式，包括每一種形態的生活條件所能產生的結果，並且還要將它與非民主的政治制度進行比較……。總之，一切都是技術的。技術地分析各種可能性，而並不在各種可能之間寓其褒貶，這就是所謂的「價值無涉」。因此，價值無涉，還是價值分明，也就形成了學術（思想）和思想這兩者互動的不同區間。當然，「價值無涉」不能絕對化也難以絕對化，因為更多的人習慣於把學術問題和思想傾向融到一起。於是，學術和思想互相靠攏了，與此同時也帶來因錯綜而產生的某種不便。比如前段時間有關經濟學是道德還是不道德的爭執，其所以說不到一起，就隱含了說話者是學術維度還是價值維度的分歧。這個問題假如放在我這裏，我想我會這樣權宜：經濟學是不道德的，不是不道德，而是非道德；但出於某種社會選擇的經濟思想則肯定是道德的，且不管是什麼道德。

　　以上的陳述大致表明了我對「學術非思想」的看法，下面說說標題的另一半「思想泛學術」。王元化先生提倡「思想學術化」，我有一個看法，一旦「思想學術化」，即化為學術，那麼，思想則不復為思想，而是學術了。因此，思想、還是學術？雖然不是什麼哈姆雷特式的生死抉擇，倒也的確是一種選擇。果

如我個人願意保持思想原來形狀的話，那麼，我的選擇可能就不是學術化，而是泛學術。

思想家至少有兩種不同的類型，我上面是以魯迅為例，屬於這一譜系的，大致有法國的蒙田，德國的尼采，美國的愛默生，俄羅斯的赫爾岑等，他們大抵可稱為文人思想家，是不把思想往學術上做的。另一類思想家則相反，他們有意識地把思想做成了學問，並形成相應的思辨體系，從而使自己成為思想家族中的哲學家類型。這一點，在以善於思辨而著稱的德意志民族尤為突出，康德、黑格爾、胡塞爾、海德格爾，都是一流的顯例（大致說來，德意志思想家以思辨型見多，而法蘭西思想家以文人型不寡）。兩種類型的思想家本無也不應有地位上的高下，若有，那也在於思想家本人對問題思考的力度與深度，而不在於他採用了什麼形式，比如文的還是哲的、體系的還是碎片的。我所以這樣說，是因為思想的學術化或泛學術其實也就是思想的形式化選擇。選擇固然是自由的，但，不同的選擇卻會形成思想和學術的不同分流。

康德、黑格爾、胡塞爾，是哲學家、還是思想家？果如我這樣問自己，那麼，我的第一感覺，恐怕以前者居多。原因即在於他們把自己的思想最終變成了一個自洽的、圓融的、也是概念林立的學術體系。尤其黑格爾，「絕對觀念」是他的思想核心，圍繞它所外化的三部曲，運演周密，體大慮精。但這個體系完全是學術上「做」的結果。做當然是頭尾俱全、邏輯貫通的功夫，雖然黑格爾不難於在形式上做得功德圓滿，問題是，思想不是圓的，做圓了反而會失去思想本有的銳角。因此黑格爾的理念論最終成了一個學術研究對象而非思想啟示的對象。這一點不知是否可以部分地說明海德格爾為什麼後來放棄《存在與時間》的寫作，而直接以無學術遮蔽的方式──亦即以詩的方式敞開自己的「思」。比較一下翻閱《存在與時間》與《林中路》的感覺吧！

讀前者是問學，讀後者則像是在傾聽。和黑格爾相比，海德格爾是不是更像一個思想家，同時也更接近思想的天性呢？

　　思想泛學術不是不要學術，而是不要使思想化為學術。不要學術，一個村頭老叟也能根據經驗冒出一兩句睿智的思想，但人們並不以思想視之，原因就在於他的經驗形態尚缺乏相應的知識內蘊和背景。而泛學術不脫離的就是這個背景和內蘊，並且也不企圖超越之。也就是說，以知識為其內蘊的思想，儘管具有一定的學術意味，但卻不刻意往學術上做。這種比較可以在 20 世紀自由主義的兩位代表人物柏林和哈耶克那裏展開，柏林的《兩種自由概念》是泛學術的，哈耶克的《自由秩序原理》則是學術化的。就哈著而言，它與其是自由主義本身在思想上的發微，毋寧是一本有關自由主義論證的學術大著。而思想學術化，很大一部分功夫就是花在對思想的學術闡明上。思想原本是一個銳角的點，但論證的展開使它擴展為一個面。其利弊在於，思想因其學術化可以顯得細密而周備，但它由一個點變成了面，本身力量也就相對地稀釋了。因此，思想之為思想，也許並不需要在學術上深文周納，而保持泛學術，可能是一個合適的「度」。泛者，浮也。思想之舟以學術之水為依託，它浮於水上，卻不吃入水中。因為思想作為當下躍動著的精神生命，有如風行水上，自然成文。最適合它的狀態往往是思無定質、言無定形、文無定體。

　　進而言，思想既出於社會關懷，它面對社會發言，其傾聽者就是整個社會，功能也在於對社會有所發揮。如果一味轉向學術，思想變成了知識，它便從社會退踞學院，成了學人討研的對象。當年作為西馬勁旅的「法蘭克福學派」是一個以批判為務的思想流派，六十年代歐美學生運動和它（主要是馬爾庫塞的思想）有不解之緣。可是這個流派在今天發生了某種轉型，以哈貝馬斯為代表的它越來越學院化了。哈氏的「交往理性」討論的是社會問題，完成的是學院作業，因而它是一本供學者們在案頭作

專門研究的書，其影響力是不太容易穿透學院的圍牆而成為一種滲透到時代和社會中去的精神氛圍（當然，所謂社會影響往往有時效性，而學院的影響則更久遠）。

如果再行比較一下學術轉型前後的法蘭克福（前者的社會批判和後者的交往理論），在學術與思想的分野上，我似乎傾向於一種哪怕是很個人的看法：思想的本質在批不在立。也就是說，思想的任務就是說破一種被遮蔽的真相。而形成此種遮蔽的往往是長期的積習、歷史的慣性、流行的見解、社會主流的趨同或體制的威權。這就要求思想家敢於以挑戰這一切的姿態把他所認為的真實說出來。學術轉型前的法蘭克福是這樣，魯迅是這樣，魯迅思想資源中的尼采也是這樣。因而後兩者之作為思想家，我以為，比蒙田、帕思卡這類溫和睿智而又不乏深邃的思想家顯然更具思想本有的鋒芒。馬克斯·韋伯作為一個力倡「價值無涉」的學者，當論及思想家的責任時，也認為一個思想家如果有什麼職責，就是對盛行的觀念哪怕是傾人的觀念，都要保持個人才智的清醒，並且必要時「反潮流而動」。因此，當思想對思想本身和思想家提出這樣或那樣的相應的要求時，這些要求對學術來說既無可能，也無必要。它們分屬不同的領域，也就存在著不同的「遊戲規則」。

最後，把話說回來，學術與思想到底是什麼關係，這純是一個理解的問題，其可能性不止一途。你想它們成為什麼關係，它們就可以是什麼關係。不同的人在它們之間建立了不同的關係模型。當然，每一種模型都是一種選擇。而我所以選擇它們的不同作文章，實乃出於我個人對既是學術主體又是思想主體的「知識份子」這種身份的體認，本來應該訴諸文字的，用以支援我上面的分析。但這樣一來，幾乎又是一篇文章了，只好暫付闕如。

柏林的最重要的思想遺產

　　還沒忘當年看《列寧在一九一八》的開頭。那是一個禁慾主義的時代，影片開始就是男女擁抱，自然難忘。其實，對我來講，更難忘的倒是那句對白。當列寧的衛隊長瓦西里接受任務離家時，和妻子告別，其時正是蘇維埃政權最困難的時侯，首先就是糧食短缺。因此，這位衛隊長一邊和妻吻別，一邊既像是安慰，又像是喃喃自語：「會有的，麵包會有的，一切都會有的」。

　　我想，我們很多人，都是重複著這句話長大的，事實上，它也成了那個時代的口頭禪（儘管其中不乏自慰和調侃的成分）。那句話其實是理想主義的一種樸素表述。瓦西里的意思，眼下困難是暫時的，只要跟著伊里奇，不但麵包會有的，一切問題都會解決。同樣，理想主義也正是以它所標舉的理想能解決天下所有問題，並達至諸如「真善美」、「大同」、「千年王國」、「太平盛世」之類的境界吸引其信眾。而信眾，包括當年的瓦西里，也包括當年的我，對這種具有「最終解決」魅力的理想是多麼深信不疑。

　　「對人類的問題，追求一種唯一的、最後的、普遍的解決，無異於是追逐海市蜃樓。有許許多多理想值得追求，其中有些理想是互不相容的。以為對於所有的人類問題，可以找到萬事大吉的解決辦法，如果有許多人反對的話，還可以採取必要的強制措施以確保實現，這種理想只會導致流血，增加人類的苦難。」這是以賽亞·柏林反對理想主義、提倡多元價值的一種表述，語見

柏林和一位伊朗學者若干次對話的《柏林談話錄》。這本翻譯過來不久的小書我剛讀完，其中最吸引我的，就是對話中多次談及的「價值多元」的思想。它是柏林留給這個世界的最重要的思想遺產，我以為。

理想主義大凡都是價值論上的一元主義。在認識論上，它認為世界的面相雖然複雜，但它卻起源於「一」，所謂九九歸一。只要抓住了「一」，一切就迎刃而解。正如柏林所引一位西方哲學家（康德）的話：「自然用一條不可分離的鎖鏈，把真理、幸福、美德都繫在一起」，那麼，只要你找到這「一」把開鎖的鑰匙，就打開了通向真理幸福美德的道路，於是人類的問題統統擺平。在柏林看來，自柏拉圖以降，直到黑格爾及馬克思的最後門徒，都是這樣的一元論的理想主義者。理想主義者往往將它所信奉的一元之「理」──它在不同的理想主義那裏有不同的表述──視為天堂的開啟之門，同時也視為通往天堂的必然之途或康莊大道。但在柏林看來：認為人類可以找到某種單一的公式，使人類的多樣目的都可以在一種和諧狀態中實現，說輕了是一種幻想，說重了是一種妄想。然而人類出於自己身上那種深刻的「解決一切問題」、「擁有一切善」的天性，卻很容易將幻想或妄想作理想，並願意為之付出。正如柏林指出：「那些相信可能有完美無缺的社會的人必定以為，為了實現這種美好的社會，作出多大的犧牲都是必要的，為了達到這種理想的目標，付出多大的代價都是值得的」。然而，事實並非人們所以為的那樣「不打破雞蛋怎麼能做出上等的蛋捲」。事實是，「雞蛋打破了，蛋捲卻沒做成」。更糟的是，為了這做不成的蛋捲，卻可以無限制地打破雞蛋。

柏林是個價值多元論者，在他那裏，人類所追求的積極價值，不是一個，而是很多。這些很多的價值儘管值得人類去追求，但它們不是被一條鎖鏈繫在一起，而是處在一種彼此衝突和

不相容的狀態。比如，無論我們常說的「真善美」、還是法國大革命的口號「自由平等博愛」、抑或上面康德提及的「真理幸福美德」，在價值一元論那裏，它們是「三位一體」的。這「一體」就像一隻「看不見的手」，把它們聯繫在一起，就看誰能擒住這背後的手。但，價值多元論卻認為：真就是真，既不是善，也不是美；就像善就是善，既不是美，也不是真。它們之間沒有同一性。也就是說，價值多元論僅僅承認「三位」，卻拒絕承認「一體」。顯然，含「三位」之「一體」是一種一元論，而不含「一體」之「三位」就是多元論了。如果說這只是價值一元和多元很表象的說法，那麼，再往深處，一元與多元的不同，更在於，一元始終相信人類的所有問題和所有追求有一種根本的解決，只要你抓住了「三位一體」中的「一」，一切都會有了。多元不然，它有點像我們經常嘲笑的那隻鑽進玉米地的熊瞎子，掰下了這個玉米卻丟掉了另一個。價值上的衝突，使得它們不可兼得。因此，不是一切都會有的，而是一切「不」都會有的。一把鑰匙只開一把鎖，卻不能開所有的鎖。在多元論這裏，沒有從「一」到「一切」的直通車。

　　應因於樂觀主義性質的價值一元論，柏林的聲音是：「我有一種深信不疑的看法，有些道德的、社會的、政治的價值是互相抵觸的，任何一個社會總有些價值是不能彼此調和的……。既然是這樣，那麼，人類的問題（歸根到底是如何生活的問題）就不可能全都求得完滿的解決……因為，這些價值本身在概念性質上都是有缺陷的」。案之以例，比如，自由與平等是全人類頗為心儀的兩種價值，整個法國大革命就是在這兩個口號的鼓動下完成的。但正如托克維爾所說：人對自由的愛好和對平等的愛好，是兩碼不同的事。在民主國家，它們還是兩碼不可調和的事。什麼意思？自由即「由於自己」（胡適的說法），由於每個人的自然能力和後天教育乃至機遇不同，他們從社會資源中所獲得的份額

也就肯定不同，這就必然導致事實上的不平等。而要做到事實上的平等，則須遏制這其中一些人的自由。由此可見，自由與平等這兩種價值互不支持，或者說彼此無關。它們既不可比較，也無法通約，實現了此，就損益了彼，反過來也一樣。這就是它們「在概念性質上的缺陷」。

如果價值多元的問題在認識論上獲得了解決，那麼，由知而行，在社會實踐中，它就必然導向「自由」與「寬容」。既然人類的問題歸根到底是如何生活的問題，既然如何生活和一個人所抱定的價值取向有關，既然不同的價值取向之間又互有衝突，那麼，我們所能做的是什麼呢？自由選擇和互相容忍。一個人當然有權利在自己的生活中選擇自己所認同的某種價值，而且他（她）的選擇如果沒有侵犯別人，任何力量都不應對其干涉：這就是柏林「消極自由」的含義，自不待言。需要說的是寬容。因為價值之間是互相衝突的，因此，不同的選擇也互相衝突，面對這種衝突，要想人類這個共同體相待以安，除了彼此容忍，還有什麼辦法？如果一味各執己對，勢力強的就會壓制勢力弱的，從而形成「對」的專制。然而，究其實，被壓制的一方很可能並非不對，所謂「各對其對」，只是它們「對」不到一起而已。因此，柏林說：「為使某一真理或基本的人生目標不遭受壓制，進而避免在某些條件下出現可怕的專制政治，那麼，就必須實行寬容的妥協」。

說話間，問題又牽涉到政治哲學（本質上，柏林也是個政治哲學家）。在民主體制下，政治哲學在價值問題上所奉持的立場是只能是「價值中立」。你（指體制）不能支持一種價值，也不能反對一種價值，無論這種價值的對錯。為什麼？因為體制是擁有權力的，而權力是一種公共資源。當它僅僅被用於支持某一種價值時，那麼，對於另外那些不被支持的價值來說，至少是不公正的。進言之，體制非但不能支持一種價值，更不能認同哪一種

價值為進步並以代表自居。因為，你既然可以動用手中的權力把一種價值解釋為進步，你就同樣可以動用手中的權力把你所不認同的價值解釋為落後、反動、邪惡。由於你的解釋是用權力支撐的，而權力無疑又是一種巨大的社會導向，這樣，在邏輯上就會導向「政教合一」的文化專制。就像奧威爾筆下的《一九八四》，「大洋國」國家體制有四個部，其中一個叫「真理部」，它就負責向民眾提供報紙、影視、廣播、教科書、文學作品等，它之所以壟斷文化提供權，就在於它認為它所提供的是真理。儘管我們其實知道「真理不止一個」，真理也不獨由誰（包括它）來包辦，但，它之作為一個體制，其專制性卻反而昭然若揭。

「恕道」的現代表達

　　和過往堅持道德理想主義的知識份子不同，我個人始終認為道德倫理問題與其「理想化」、「主義化」，不如實實在在地「規範化」。空談心性是宋明之儒的一大毛病，道德理想主義走下去的話，難免重蹈此途。空疏與姿態可見是道德理想主義在以往現身的兩個表徵，儘管它是那麼辭氣激昂，但並不能解決什麼問題。就目前的社會現實而言，可以說什麼都缺，就是不缺任何主義。僅就道德這一維而言，我們所缺的也不是什麼「理想主義」，而是並無理想色彩但卻可以踐行的「規範」。在「失範」日益成為一個嚴重的社會問題時──比如，我們有商業運作，但卻缺乏規範意義上的商業倫理；有政治運作，同樣也缺乏規範意義上的政治倫理；甚至學術界亦有建立學術規範的籲請，此正可見學界也缺乏相應的學術倫理──那麼，在各個領域建立各自的「遊戲規則」，實際上就是在進行道德構建的努力。這種道德是具體的，可以遵循的，而不是空洞的、只流於說教的。可見，在「道德危機」（如果此說成立）的今天，至少有兩條道德建設的思路，一條是形而上的「主義化」，一條是形而下的「規範化」。而我，自然是後一條思路的贊助者。

　　道德如何規範化？在我們這個道德傳統資源如此充分的文明古國，自然不乏前賢可依。僅就儒門而言，可供資取的就有兩徑，一是先秦之儒、一是宋明之儒。我個人認為今天的道德理想主義在話語向度上與宋儒比較接近，而我此刻更為關注的可能倒是先秦之儒，尤其是作為後世儒宗的孔丘。以孔丘為代表的先秦

儒學與宋明之儒有一個很大的不同，前者多表現為生活中的知
識，後者則更多是知識中的學問。孔丘的學說在他自己那裏其實
並不是學說，而是一些為人處世的道德準則。他經常在一些很具
體的小事上諄諄告誡弟子應該怎樣怎樣，因而顯得非常的形而
下，甚至瑣碎。宋儒大概是嫌前人太世俗、太不夠學院派，因此
刻意走反。它承襲了由孟軻始談心性的餘緒，不僅將其發揚光
大，而且更將玄味甚濃的釋、道援引入門，一味地走上行路線，
終於三合一成就了一個以「心性理氣」為主體的新儒體系。在這
個體系裏，先秦的那些道德規範原來是在「社會之中」，此刻已
經成為一種道德理想而在「社會之上」了，並且這種理想又被昇
華到極致，成為一種具有絕對統治權威的「天理」。這一條上行
路線，與其說是道德的升躍，不如說是社會的災變。如果宋儒只
是在學院裏玩玩形而上學的道德遊戲尚無大虞，問題是他們居然
要用這種形而上的「天理」來規範形而下的人間，而這分明又是
兩個不同層面的世界，它們有各自不同的「遊戲規則」，以此制
彼，或者相反，都必然是圓鑿方枘。因此最後的結果，一方面是
「天理」根本不可能在人間得到有效的落實，就連它的炮製者也
不例外；另一面由於「天理」獲得了皇權的支持，從而給人間帶
來了長達幾百年之久的「理想的災難」。這種災難，戴震用四個
字就道個一清二楚，我不再表。那麼現在我就「告別天理」，從
天理往下看，也從宋儒往前看，看看在先秦儒學那裏可否有道德
規範上的表述作為今天的資鑒。

　　在《論語》中，一次子貢問孔丘「有一言而可以終身行之
乎」？孔丘認為有，便以一字相贈，即「恕」。什麼叫「恕」？
孔丘的解釋是「己所不欲，勿施於人」。「恕」這個詞連同它的
解釋在孔丘言論中僅僅出現過兩次，比起《論語》中分別出現過
幾十次乃至上百次的「禮」與「仁」而言的確是微乎其微了。但
這絲毫不能表明它在孔學中的地位並不重要。所謂「要言不

煩」。而「恕」恰恰就是孔門的要言之一，孔丘曾經兩次對他的弟子強調「吾道一以貫之」，曾參介面就道「夫子之道，忠恕而已矣」。按曾參的理解，孔丘一輩子說了那麼多，結果都是由這兩個字串起來的，這的確令人大可玩味。這個恕道流貫至今甚至產生了國際影響。蘇聯的布林拉茨基在其《新思維》中介紹戈巴契夫的新思維時這樣說：「我國領導人講到的。我們加以思考論述的新思維的涵義，恰恰就在於退回到這些最簡單的規範：不殺戮，己所不欲勿施於人，相互幫助……」原來，所謂的新思維實際上就是從「主義」向「規範」退縮。這很好，因為，戈氏的這些規範雖然十分簡意單，但卻比他前任的勃氏、赫氏、史達林氏那些冠冕堂皇的「主義」實實在在要好得多。最近，中國「極品文件」的學界人物季羨林先生也在大力推崇恕道，季老聲稱「大家也知道，宋代趙普以半部《論語》治天下，……我現在感覺到其實用不著半部《論語》，有幾句話就能治天下，例如像大家舉的『己所不欲，勿施於人』，這個想法、這句話能做到，我看不僅中國大治，世界也大治。」所謂一言興邦，原來世界大治，靠「這一句話就夠了」。看過季先生的高論，心裏不免犯嘀咕，知識份子怎麼一天到晚就要治天下？只不過是一則簡單的規範，又何以將世界治亂繫於一身？

　　然而，重讀《論語》，再思「恕道」，這條古典的道德規範在顯出它那合理的一面時，我卻突然「參」出了它那不合理的另一面，而這一面居然又和當下的道德理想主義曲徑暗通。問題很簡單，己所不欲，勿施於人；但如果反過來，己之所欲，又當何如？這個答案孔丘其實有了，當子貢向他垂詢「如有博施於民而能濟眾，何如」時，他的回答是「己欲立而立人。這時再回到剛才曾參的「夫子之道」，方才得到有關「恕」的一個完整的合題。如果不加深究的話，這個合題似乎很不錯。但如果一旦把它

潛在的邏輯給剖出來，那麼它所表白的居然是，我不想要的，不推給你，而我想要的你也得要。

中國知識份子，無論是今天的理想主義者還是昨天的士，都有一種不可救藥的「救世情結」，他們總是在考慮自己如何兼濟天下，而天下也總是讓他們感到這般或那般的不如意，以至痛心疾首。如果注意到孔丘剛才那句話是在回答「博施於民而能濟眾」的問題時，就不難理解，救世的心態和濟眾的願望在中國知識份子那裏是一種多麼悠久深厚的傳統。先不評價這種傳統的利弊得失，而是問如何濟眾，很顯然，中國知識份子總是試圖以他們的道德理想來教化大眾和引領大眾。儘管今天的道德理想主義之「道」在內涵上還不太明晰，但當年孔丘的道德理想卻非常具體也非常堅定，他要讓他所生活的那個時代重新恢復西周那套君臣父子、秩而不亂的禮治。「郁郁乎文哉，吾從周」。孔丘是這樣說的，也是這樣做的；甚至，他不僅是這樣做的，而且還要求別人乃至整個天下都同他一道這樣做。這就是「己欲立而立人」的真正含義，不知是否能從中感受到一種強權意味。知識份子的責任不僅是「立己」，更重要的則是「立人」。人之不立，何以為人。若論孔丘的「立人論」，其動機無疑是真誠的、良善的、向上的，但，危險正在這裏。設若他所追求的一切都是正確的，他是否就因此獲得除他自己之外、還要求別人「從」與「立」的權力？換言之，別人在這種即便是正確的道德理想面前，是否還有自己「不從」與「不立」的自由？

不妨把剛才孔丘的故事轉換為一則現代寓言。

假如有一位道德理想主義者棄絕紅塵、孤身上路，踏上了一條追求理想的「憂憤的歸途」，那麼出於敬意，我願意向這位先驅遠去的背影送上我的注目禮。但出人意料的是，這位理想主義者突然停下腳步，車轉身來，呼喚我們和他一起去朝聖。這時我就有點為難了，我的確很崇敬他，但這並不意味我就打定主意跟

隨他。能不能不從呢？儘管他的選擇很正確。但在一個多元選擇的社會中，我可能還想那樣而並不想這樣。正當我在兩難之際，那位先驅按捺不住了，他大聲地對我們進行道德喝斥，指責我們沒有理想，是沉淪、墮落、可恥。他這一罵，我倒恍然大悟，原來他自視為「上帝的牧師」，而我們在他眼裏不過是一群「迷途的羔羊」，因此，啟蒙我們、引領我們、拯救我們、包括責罵我們，都是他的神聖責任，即「立人」。

　　然而，在一個追求自由與平等的社會中，似乎誰也沒有「立」誰的權力，他只能「立」他自己。我喜歡吃魚，你喜歡吃蘿蔔乾，並不能因為魚比蘿蔔乾更有營養，就要求別人和我一道吃魚。中國民間有句老話「你走你的陽關道，我過我的獨木橋」，思考之下，確乎比孔丘的「立人說」更人道、也更合理。問題是知識份子固有的救世情結和道德衝動使他們一不小心就把自己對某種烏托邦的追求訴諸大眾。在這個意義上，「立己」倒是次要的，更重要的是他們要按照自己良好的願望來「立人」以至「立天下」。顯然，這裏的毛病在於混淆了任何一種理想追求的「群己之界」亦即把一己的個人理想托大為全社會應有的理想。正如羅蒂所說的那樣，知識份子作為知識份子，本來就具有特殊而奇異的希求，比如希求不可名狀、希求崇高、希求超越等，「但是，當他實現這種要求時，我們不應認為他是在為某一社會目標服務」。不能把知識份子個人希求當作一種社會目標來看待，那麼作為知識份子自己也就不宜把個人的希求當作社會目標來推行，尤其是讓人與己一道推行。這就是說，一個知識份子，他應當承認人世間有各種各樣的理想，這其中當然包括一個小老闆今年賺了三萬五，明年要賺五萬這樣的世俗理想。甚至他還應當寬容別人沒有理想，亦即什麼理想都不要，就這麼芸芸眾生。這樣，當他在追求某種道德理想的形而上時，他就會自省，我的追求是正確的，但卻不是唯一的。反之他意識不到這一點，

把正確視作唯一，勢必導致某種專制。盧梭的邏輯：你不自由，就逼你自由，這是自由的專制；同理，你不理想，就逼你理想，則是理想的專制。因此，當知識份子要求別人和他一道追從某種道德的形而上，並且設若整個社會也果真如此一致時，我幾乎可以斷言，一個沒有道德理想的社會比諸只有這樣一個理想道德的社會至少要人性得多，並且也安全得多。

　　由此可見，孔丘的「恕道」乃是真理與謬誤的混合物。所謂勿施於人，的確流貫著一種良知的理性精神：但它那相反相成的另一面──即「立人」卻又顯得如此的不理性。作為一種古典表達，恕道充其量只說出了半個真理，並且對知識份子來說還是非其重要的那一半。因此如若將其作為現代社會的一種道德規範，應當率先對它作一番修訂。經過修訂之後的「恕道」，它的現代表達我以為就不僅是「己所不欲，勿施於人」：而且更重要的是「己之所欲，不施於人」，抑或「己欲立而勿立人」。

　　也許有人並不能對此認同，如果一種道德理想是正確的，為什麼它在成為個人訴求的同時卻不能成為整個社會的訴求呢？的確，我也在問自己，我為什麼偏偏要與道德理想主義反向而動，在它把道德送上形而上的雲端時，我卻希望它回落到並不清潔的地面上來呢？這裏有一個明顯的對比。作為一個「主義化」的道德者，他的立身姿態肯定是積極向上的，他幾乎是以一種焦灼而又渴望的心態在追求他所追求的東西，這幾乎就是一個夸父的形象了，逐日而去，哪怕就是背影都那麼崇高。相反，主張道德「規範化」的人天生就是一幅消極的造型，他不但不豪情滿懷地追求什麼，反而像是在小心翼翼地防禦著什麼、躲避著什麼。從知識份子的浪漫本性來講，這種保守的姿態實在太不能滿足自己的烏托邦衝動了。但在這樣的兩造情景中，十年前與十年後，即使是同一個我，選擇的結果也肯定殊為兩樣。今天的我，出於我所能認識到的理性，即使後者絲毫沒有詩意，我也只能成為它的

守護者。當然這裏有個界限，當道德理想主義只是個人的選擇時，我當然擊掌贊成，但有人欲使它成為一種社會的普遍認同和一致追求時，我則投它的反對票。也就是說，作為一種「主義化」的道德烏托邦，它「烏托」於個人，我可以欣賞；但它一旦「烏托」於邦，我則必須警惕。問題是知識份子果真「烏托」起來，就絕不會僅僅限制於個人，他的救世情結註定了他的「烏托」對象就是「邦」與「天下」（可參以前文季羨林先生關於恕道的豪言）。這裏，並不是烏托邦本身好不好或對不對的問題，而是它能否實現的問題。任何一種烏托邦都不可能轉化為現實。那麼，知識份子作為個人，他把不能實現的對象作為自己的終極追求，在某種意義上說，這就是崇高。但橘逾淮則為枳，如果一個社會也把不能實現的對象作為全體人眾的一致追求，那麼，這個社會非但不能說是崇高的，而且它已經處在危機之中。哈貝瑪斯認為，社會目標應該以合乎和諧化的方式來完成，而不是遠離別人的興趣，以崇高的方式來達成。知識份子認為自己是在為殘破的大地而奮鬥，是在為優美爭取自由，「事實上這是想把知識份子的特殊需求跟社群的社會需要併合在一起」。這種併合我以為十分危險，但哈貝瑪斯卻這樣指出：它「註定要失敗的」。失敗嗎？未必，它甚至可能獲得輝煌的成功。但這種成功極易與專制互為表裏。因為社會的發展本質上是一個「自然過程」，它是由各種方向上的力綜合形成所謂合力的結果：但眾多方向上的力如果為一種哪怕是正確的道德理想所統配，即合力變成了一種力，那麼它起碼就意味著人們已經失去了多元選擇的自由。而一個沒有自由的社會，進步的意義到底又有多大呢？故爾，作為立意向上的知識份子，你既然有選擇某種道德理想的自由，就應當同時意味著別人也有不選擇它甚至反對它的自由。如果別人因為你的選擇是正確的以致不得不選擇你的選擇，抑或你把康德那種

道德理想的「絕對自律」擴大為「絕對他律」，那麼，我就有理由質問，道德理想主義與理想專制主義到底還有多遠？

　　不久前，讀過一篇文章，介紹一位巴黎記者對拉丁美洲某國領導人的採訪。這位領導人習慣穿著一身軍服，並蓄有一蓬大鬍子，他早年也是知識份子出身，並曾獲法學博士學位。這位博士領導人大放厥詞「我企圖按照自己的意願來改造世界，這算不得錯誤」。天哪，這還算不得錯誤！如果人人都要按照他本人的一己之願來改造世界（包括改變別人的生活方式），那麼這個世界將會變成什麼樣子？他聲稱現實離他目標還很遠，並自許如果重新開始，他一定會以另一種方式去幹，「因為我現在有經驗了，可能會做得更好些」。讀了這位國家級理想主義者的自白，我無法抑制憤怒。我不懂他憑什麼要按照自己的意願去改造世界？假如世界按照他的意願獲得改變時，他的意志豈不成了別人的意志乃至全世界的意志？可他又有什麼權力這樣做呢？誰給他的？進步是個理由嗎？何況到底進步沒有？甚至他那種烏托邦式的理想能否實現還是個問題。退一步說，他的理想即使實現了，如果這是以自由作為付出的代價，那又要它幹什麼？此公分明是把歷史當作個人理想的實驗了，他折騰了一輩子還不夠，還要換一種方式繼續折騰，這種雄心壯志委實讓人可怕。更可怕的是，他所做的一切無不以理想和進步的名義出現，因此，反對他就是反對進步和理想。看著他那一身軍服，我無法不聯想到他是否把那個國家變成了一座實現他的理想的軍營。

　　這是又一則現代寓言。如果有什麼知識份子自認為發現了所謂的歷史規律和人類的明天，並據此推演出世界未來的美好前景，在那裏麵包會有的，一切都會有的。作出諸般理想的承諾後，就指引人們上路了。可憐的人總是容易為明天的理想所打動，所以總是輕信。於是個人的烏托邦以歷史的名義就這樣變成了眾人的意志和全社會的行為。但人們走啊走啊，卻發現老是走

不到頭。多年後，又一位具有雄圖大略的「哲學王」要在有生之年親眼看到烏托邦是如何實現。便憑藉手中握有的權力「玩具總動員」，於是我們勒緊褲帶、快馬加鞭、砸鍋賣鐵、一天等於二十年。但人畢竟是人，我們終於發現，麵包並沒有，一切都沒有，除了地平線一般遙遙難及的理想外，就是人們因虛脫而不斷倒下的身軀。終於逐漸明白了，自己全力奔赴的，不是理想的天堂，而是災難的地獄。不知道這是寓言、還是本事。不妨按之以題：「通向地獄的路往往是用理想鋪就的」（哈耶克）

　　正是出於我對知識份子的烏托邦衝動以及本能地具有專制內傾的瞭解（這兩者總是相輔相成，而我也不難於從自己的身上窺知），因此，道德理想主義一出場，我便不由站到了它的對立面（實際上也是站在我自己另一方面的對立面）。因為，當一個常人在義利之類的矛盾中做著權宜的選擇時，正如已故的張中曉先生在《無夢樓隨筆》第七十條中所言：「理想主義（道德教誨主義）和實際主義（功利主義）則把這兩者在思想邏輯上發展到了極端。」功利主義姑不論，道德理想主義則正是把義那種抽象的道德原則極端化，從而作為「天條」對人施以教誨。這種「主義」式的教誨一則使道德理想主義者成為人類的精神導師，二則使人眾成為他的信徒。這種狀況一旦達成，理想和災難也就伯仲之間了。這樣的教訓我們已經見過。所以，我堅持認為，道德在其普適性上不宜「主義化」，正如知識份子不宜「普遍主體」化。否則作為「普遍主體」的知識份子對道德理想的追求天然就具有了普遍性，而所有的「主義」正是借助這種普遍性對並不普遍的、但卻是多種多樣的個人選擇形成了支配。當然，我並非不知道，抑制主義，使道德往規範化的方向上扭轉，太缺乏崇高。但崇高向來是與苦難捉對的，沒有苦難就誕生不出崇高，崇高的高度往往與苦難的深度構成正比（我絕非在一切意義上反對崇高，比如我贊成在反對專制的鬥爭中誕生崇高）。相形之下，規

範的短處即是它的長處。作為一種制約，規範本身，雖不能創造
什麼，但如果人人願意恪守，它就能邂免一些東西。正是在避免
的意義上，我以為「恕道」作為規範在這裏提出，具有一定的針
對性。而況「恕」的本義即「寬容」。寬容一切，尤其是寬容與
自己的道德理想相左的一切（自然不包括違法和損害他人的言
行），那麼，這種社會狀態在知識份子眼中未必理想，甚至平
庸，但你不能不說，它是正常的。至於在正常以外的更高追求，
不妨讓它成為追求者個人的選擇，就像不追求也同樣可以成為個
人的選擇一樣。果如是，在社會這樣一個公共空間中，每一個人
作為自我都可以獲得選擇上的自由，而且是不同的。

「我」還是「們」

——90 年代知識界的一種文化症候

　　《文藝報》在編發陶東風〈文化本真性的幻覺與迷誤〉一文時配發了一則「編者按」，謂曰「90 年代以來，我國學術思想界越來越清晰地表現出建立中國自己的學術思想體系的意識，許多思想討論可以說也是由這一理論情結引發的。這一思潮在文學理論和批評界也有明顯反應，例如關於『重建中國文論話語』、『重返文化精神家園』等提法就可以視為在這一背景下產生的。在一個文化全球化的時代，我們應該以怎樣的理論姿態和立場，去建設自己的學術體系，的確是一個值得認真討論的問題。」

　　我所以在開頭就摘引這麼一段開場白，是因為裏面的意思殊可玩味。「建立中國自己的學術思想體系」，這裏的「自己」是誰？毫無疑問是「中國」，而不是作為說話者的個人。於是我就感到奇怪，任何一個人使用「自己」時，本應指的是個我，它又怎能指代那個遠遠大於自己的民族國家呢？答案也許只有一個，即這位說話者不是站在「個我」的立場說話，而是站在「超我」立場、或曰國家立場的表白。超我的內含總是大而化之的，它既有「我」，又不拘限於我，而是一個以「我」為中心的擴展空間。因此，其下「以怎樣的理論姿態和立場，去建設自己的學術體系」云云，也就有了雙重含義，這裏的「自己」便是從個我走向民族國家的二位一體。

　　我作如上解析，並非說這個「編者按」有什麼問題，它不過客觀道出了「90年代以來，我國學術思想界」所形成的一種「越來越清晰」的「意識」而已。如果這裏有什麼問題的話，那麼，也不是在編者按，而是這種「越來越清晰」的「意識」本身。90年代以來，這種意識也許是從「新國學」的張揚開始的，這是一種以傳統儒學為其本位的學術流向，從此開始，中經以「後殖民話語」為知識背景、用以突出一種新民族精神的「中華性」主張，其後又過渡到另外一種形態的文化建構，即以上所謂的「重建中國文論話語」。這樣一種精神脈向：即從「新國學」到「中華性」復至這裏的「重建論」，三者儘管並不屬於相同的知識譜系；但有一點卻是不約而同的，即除了它們的話語路徑都傾向於民族或傳統之外，並且它們所謂的文化選擇，無不以「自我」為其目又以「超我」實其質。而這種以自我來頂戴超我、又以超我為自我張目的學術現象，在我看來，恰恰就是90年代文化建設中一以貫之的、但又為人們所普遍忽略的一種「文化症侯」。

　　坦率地說，這幾年我最怕聽見也最怕看見的就是那種大而無當的超個人話語了。明明是個人在說話，但發言者偏偏不是站在個人立場而是超越個人以外。這種發言雖然出自「個我」之口，但它的話語指涉卻是「國家」。因此，就像外交部發言人在代表中國政府發言一樣，這樣的發言人彷彿就成了中國文化或中國學術的代表。他們的發言已經形成了一種習見的句式，即總是什麼「建設具有中國特色的××××」。於是我就永遠鬧不明白，一個學者如果要建立什麼特色，也只能是他個人特色，他怎麼敢去爭那個遠遠大於個人的國家特色呢？由於所謂「重建中國文論話語」實質上就是上述那種習見句式的演繹，因此，我同樣堅持認為，如果要建立什麼話語，那純粹是個人的事，也只能是個人的事，而這種話語果如形成，它就是一種打上了主體印記的「個人話語」，卻不是也不應該是什麼「中國話語」或「中國文論話

語」。動輒把話語主體由個人擴張成國家，或者動輒就不自覺地
站在超個人的國家立場說話，在我看來，其潛意識深處，起支配
作用的乃是傅柯所謂的知識權力的情結。

　　為什麼這樣說？中國知識份子歷來以天下為己任，在話語表
達上都著眼於「大敘事」而不習慣於「小敘事」。比如就像「修
身」這樣個己的行為，最終都要抵達「平天下」。這樣一種知識
心志，甚至就是在以後現代為知識背景的後殖民批評中也難以避
免。當這種批評以解構的方式試圖消解那種作為「大敘事」的現
代性話語時，它並沒有按照後現代的遊戲規則走向「小敘事」，
而是直接訴諸另一種形式的「大敘事」──即「中華性」。結
果，以中華性取代現代性，就變成了一種權力意志的訴求，即以
一種話語權力取代另一種權力話語。繼「中華性」而後的「重建
論」，實際上出於相同的知識心態。當它打出的話語口號不是
「個人」而是「中國」時，其權力意識就露出了它的端倪。否
則，並沒有人剝奪重建論者研究傳統文論的權利呀，它為什麼要
這樣大聲疾呼？唯一的解釋便是，重建論者意圖把自己的學術研
究擴展為一種主流性的以國家為其稱名的文化選擇，或者說，它
要把自我在話語選擇上的「權利」變成影響（和規範）他人選
擇的「權力」。設若沒有這樣一種權力動機，那麼，你聲張你
的全球化，我選擇我的民族性，彼此根本就無以構成衝突。反
過來，當這種選擇一旦超越個人而訴諸群體乃至國家時，衝突
也就不可避免了。

　　指出這種衝突背後的權力意識肯定會使重建論者不快，因為
重建論的重建緣由乃出自這樣一種文化現實，即中國沒有自己的
文論話語，亦即在當今的世界文論中，完全沒有我們中國自己的
聲音。哪怕就是中國的學者，也是用西人的聲音在說話，傳統的
聲音失落了。因此，中國文論處在一種「失語」的狀態中。面對
這種情形，到底怎麼辦呢？重建論者認為：「應當積極探尋一條

重建中國學術話語之途，重建我們自己的一套意義生成與表述的
方法和學術規則」。這裏的「我們自己」本應指研究者本人，可
是說話人並不用「我」，而是擅用「我們」；並且這個「我們」
也不僅僅是「我」的同仁們，而是外延推廣開去的一個泛化的對
象。這顯然是有機關的。因為和「我們自己」構成對應的則是上
文中的「中國學術話語」。這時，「我」無形中就成了「們」的
代言人，亦即「我」的選擇由於掛靠了「中國學術話語」，因而
也就成了「們」的選擇。雖然那些「們」並沒有授權於「我」，
但在這個語境中也不由分說地成為被選擇和被代言的「沉默的大
多數」。這種情形之所以發生，蓋在於那個「中國學術話語」，
這是一個金字招牌，否則，「我」又安能以「我」率「們」。我
這樣分析，也許會有人認為是捕風捉影。但我如此斤斤計較
「我」與「我們」的界分，是因為知識份子常常就把本應是
「我」的選擇變成了「們」的選擇。這只能解釋為權力意識的活
躍。這種意識甚至不是話語表述者所自覺的，它更多是一種習慣
上的無意識。重建論即屬此類。因此，面對這類文本，我無法不
根據阿爾都塞的「症候閱讀法」去解讀，即不是看文本說出了什
麼，而是揭示什麼沒有被說出來。

　　從「我」到「我們」以至「我們」就是「中國」，這樣一種
擴展秩序的「大敘事」在當下的文化學術空間中具有一定的侵略
性。因為在既定的空間格局中，你一擴大，別人就得縮小，你一
成為主流，別人就成了邊緣。所以我反對任何形式的「大敘
事」，尤其是以「中國」的名義。把中國之類的大敘事變成個人
的「小敘事」吧！小敘事的話語就是我所謂的「個人話語」。哪
怕你研究的就是中國文論，也不能說「我們中國自己的」，這就
像我如果研究西方文論，卻不必說「他們西方的」的一樣（文化
資產應當全球化）。況且，無論中國文論還是西方文論，對我來
說都不過是外在於我的「他者」，我不會因為我是中國人──在

作學問時我其實已經忘記了自己是哪國人——就覺得我離中國文論近些；相反，我完全可能覺得西方文論在時間上離我更近。但，孰近孰遠都是次要的，重要的是它們只是我的研究對象、或者是我的話語資源，我在它們之中工作，需要研究出我自己的心得，完成我自己的知識建構，由此形成我自己的理論話語。這樣的話語既不是什麼中國話語（我不敢托大），也不是西方話語（亦不必推諉），而是打上了我的「精神的個體性」烙印（馬克思語）的「個人話語」。站在個人話語立場上的「自我」就是地地道道的我自己，它沒有一點超我的成份。為什麼要超我呢？殊不知，當「自我」一旦變成以國自許的超我、或一個放大了的自我，那麼，它必然導致學術空間上的不平等。因為，正像幾年前王小波對弘揚「新國學」的批評：國學最可怕之處就在那個「國」字，而它的誘人之處也在那個「國」字，因為這是一個制高點，誰搶到制高點，就可以壓制一切不同的意見（大意）。我不是說重建論也是要壓制什麼不同意見，但他們矚目和心儀「中國」這樣一個話語制高點，則是毫無疑問的。設若他們果然擁有了這樣的制高點，那麼，其他話語還能夠和它處於平等的學術地位嗎？

　　當然，我未必不知道就現下的學術格局而言，恰恰是傳統文論的研究處於邊緣性的位置。也許，正是這樣一種位置，反激了重建論者試圖走向中心或重建中心的文化願望。因此，讀其文章，不難感到其中有一種重振的雄心在內，它在和當下文論研究中的西學話語較勁。這種較勁未必沒有一點道理，但，我總覺得，學問畢竟不是雄心、也不是較勁，它更多是一種興趣，一種錢鍾書所謂的荒江野屋、三五知己、相互切磋的興趣。雄心和權力有不解之緣，而興趣則與智慧有關。當然，如果有人取消我研究傳統文論的權利，那又當別論；如果沒人剝奪，儘管別人都好西學（這裏也有個自然選擇的問題），我只管我這一攤子的研究

不就行了，何必要以「中國」的名頭來重建呢？甚至，只要我研究得好，自然就有吸附力。所謂桃李無言，下自成蹊，本不煩勞「重建中國文論話語」這種隆重的句式來打旗立號。早在二十年代，魯迅針對當時學界泛起的「整理國故」的文化思潮曾這樣說過：「就現狀而言，做事本來還隨各人的自便，老先生要整理國故，當然不妨去埋在南窗下讀死書。至於青年卻自有他們的活學問和新藝術，各幹各事，也還沒有大妨礙的，但若拿了這面旗子來號召，那就是要中國永遠與世界隔絕了。」（《墳·未有天才之前》）在我看來，各幹各事，就是興趣的選擇；但一旦把自己的事變成「一面旗子」來號召，強勢意識就發作了。當然在那個時代，魯迅還是有自己的傾向的。今天面對這段話，更需要採取馬克斯·韋伯那種「價值中立」（原作「價值無涉」）的立場，不但「國故」不能成為一面旗子，而且所謂的「新藝術」（換成這裏的語言不妨就是「全球化」吧）也不能成為一面旗子。否則就不平等。但，現下的重建論，是不是也「拿了這面旗子來號召」呢？這倒不是要中國永遠與世界隔絕，而是知識份子的「旗子心態」是何其地根深蒂固。

在「重建論」與「全球化」的論爭中，能讓我稱道的是它對「多元文化共生」的主張。由於全球化在客觀上具有難以避免的一體化傾向──在某種意義上，全球化即美國化，是美國的文化價值觀念在全球範圍內的推廣──那麼，對多元的強調無論如何都是一種具有積極意義的話語主張。但，在美國文化價值觀念中，「個人本位」和「自由選擇」無疑在價值上處於優先地位，因此，由這種優先地位的價值所構成的一體化恰恰是多元形成的某種制度性保障或前提。但這裏有一個問題，即多元的不同量級、亦即你是在什麼樣的層面上談論多元。顯然，重建論的「多元」是對應於全球化趨勢那種以民族國家為單位的多元，因為，在它看來，「多樣性和差異性來自何處？毫無疑問，來自不同文

化本身的傳統」。可是多元僅僅到這裏為止卻有可能導致非多元，因為，它沒有把多元落實到這個文化傳統中的個人身上。而多元如果是以民族國家或傳統文化為單位而非個人或個人話語的話，後者則完全有可能不情願地被前者所同化。這就像馬哈蒂爾聲稱的那種「亞洲價值」，看起來是在追求一種西方價值以外的多元，可是，如果亞洲人為了這種多元而只能選擇亞洲價值卻無權選擇其他，那麼，從邏輯上說，這種多元在亞洲範圍內無異於一元。因此，談及話語多元，或意欲把這種多元談到底，它的選擇單位就必須貫徹到每一個可以自由選擇的個體。個體本位和自由選擇，才是文化多元的真正起點。這一點，如果不是借助全球化的推動，它在東方國家事實上很難實現。現下本土知識份子在談及全球化時，往往是從民族化的角度去採取對應的文化策略，從而構成了「全球化」與「民族性」的對立；但在我看來，這未必不是一個誤區。因為能夠真正構成對立／對應的範疇其實倒是「全球化」與「個人性」。也就是說，在全球化浪潮的席捲下，知識份子的文化建構不必要貫穿那種極為強烈的民族情緒，它不妨在淡化民族性的同時，把更多的注意放在個人性的努力上。需要補充的是，這裏既然談的是個人，那就需要注意恪守個人的邊界，不要動不動就給自己披上一件國家級的外衣。

　　寫及此，我所選擇的價值取向也已經清楚了，我把它看作是對90年代「自我」擴張這樣一種文化症候的反撥：即「重返個人」。就像以上談「新國學」還不如談「新子學」、談「中華性」亦不如談「個人性」一樣，這裏與其聲張什麼「重建中國文論話語」，孰若營構屬於我自己的個人話語。因此，在這個問題上，我與重建論的基本立場果如有什麼不同的話，那麼，當它試圖從個人走向國家時，我則希望自己能夠反過來做到「始諸個人，止於個人」。

教育，從「教」字說起

　　約是 96、97 年間，聽一位老師在辦公室談教育問題時，剖析了「教」這個字。按照這位老師的說法，繁體「教」原是甲骨文，左上的「爻」指八卦，表明所教的內容，下面的「子」是指學八卦的孩童，右邊則是手持杖或鞭的象形，即督學之意。這位老師的說法或許有理，但我當時的疑問是（當然是在心裏），甲骨文時代的文字怎能反映後來《周易》中「爻」的內容呢？如果這種超前說不能成立，那麼，至少可以推論「教」不是甲骨文，它或許形成於以後的文字中，比如金篆之類。不過這種說文解字的方式喚起了我的興趣，接著我也即興表述了我對這個字的讀解。

　　我解讀的「教」不是繁體，而是簡體，其解讀路徑不恪守六書，更多是個人體認。就「教」而言，它左「孝」右「文」（反文），是個會意字。這意味著教育是一種文化，那麼，它是一種什麼樣的文化呢？左邊的「孝」表明了它的性質。西漢《孝經·開宗明義章》曰「夫孝……教之所由生也。」可見「孝」和以「孝」為表徵的儒家文化就是傳統中國的施教內容。眾知，儒家文化是一種人倫性質的文化，「孝」所表明的就是人與人之間一種最切近的關係。可是這種關係一旦用「孝」字表現，馬上就出了問題（記得我從認識這個字起，就沒對它產生過好感，無論字形還是音讀，只是說不出原由。也就是在那一天的即興解釋中，我突然才明白自己為什麼反感）。如字，「孝」的構形是上「老」下「子」，這個結構使我本能地感到中國文化中人與人之

間關係的不平等，哪怕是有著最親近的血緣。否則，「老」與「子」為什麼不是並列結構而是上下？我後來回去查了一下，「孝」字最初的寫法，原就是「老」與「子」兩個象形的上下合體，後來「老」才被省化，只剩下了個頭。用我當時的話來說，一個頭就把兒子整個地壓在了下邊。因此，這個字的本義在我看來就是兒子「服從」老子，儘管這種解釋有可能把許慎老先生氣得吹鬍子瞪眼，果如他還活著的話。

　　但，這還並不是「孝」字的全部。儒家文化中的人倫關係是一個由血緣外推的擴展秩序，比如「國家」，就是由「家」而「國」的秩序擴展。既如此，父與子所構成的人倫在「國」的語境中就合理地轉換為「君」與「臣」的關係（君父與臣子）。這關係依然是一種不平等，並且是放大了的不平等。這兩種不平等孔丘用極為精煉的語言概括為：「君君，臣臣，父父、子子」。可以說，這就是儒家文化所嚮往的「禮治秩序」了，孔丘念念不忘「克己復禮」，所要復的就是這個君臣父子之禮。然而，該禮序的不平等是顯而易見的，因為君臣父子之間形成的是一種彼此不得錯位的「差序格局」（費孝通語），而「孝」乾脆就以上「老」下「子」的造字象形了這種差序。它的作用既宜其家，又宜其國，並且更重要的是後者。中國文化家國同構，治國必先齊家，正如《禮記‧大學》所云「其家不可教而能教人者，無之，故君子不出家而成教於國」，家人教好了，國人也就教化了。這倒像我們今天提倡的從我做起，從小做起。因此，「孝」以為教，受教的是我，所為卻是父君。就父君而言，始則是父，終則是君。因此，《大學》一語破的：「孝者，所以事君也」。一個「事」字，將我上段所說的「服從」示露無遺。

　　在這個意義上，我要指出的是，以「孝」為教的中國教育（包括中國的文化）一如它的反文旁，其實是反文化的，儘管世人普遍認為中國文化和中國教育恰恰是「做人」的文化和「做

人」的教育。但，正如費孝通先生所說，文化是人為的，也是為人的，並且歸根到底是為人的。這個「人」不是什麼抽象意義上的人，而是非常具體的「個人」。那麼，我們的教育，其反文化性就在於它不是為人（個人）的，而是要人（個人）為它的。這個「它」不是別的，就是個己之外由父君所體現的一種秩序——「禮治秩序」。在這個秩序面前，教育所以被需要，是因為它教會了個人的服從。

　　直捷地說，「禮治秩序」是一種政治秩序和統治秩序，它由父君為其威權象徵，親親尊尊長長為其威權原則。這樣一種長幼尊卑的秩序（或曰「綱常」），如果得以維持，即天下大治；如果維持不了，則天下大亂。亂生於下，叫「犯上作亂」。由亂而治，不外兩途。一是以法而治，治人，即嚴刑峻法，法家是也。一是以德而治，治心，即禮樂感化，儒家是也。中國政治儒法互用，但法家一途是事後「懲前」，破的是「山中賊」；儒家不然，它的功用是讓人事前「惄後」，破的是「心中賊」。心中賊破，無作亂之心，也就無作亂之行。天下既治，法用何為？所以，儘管互用，但儒法之間顯然儒以為主。它不但是中國文化的主體，當然也是中國教育的主體。因為文化的功用，主要就體現在對人的教化上。「教育」一詞是個現代詞，在中國傳統語境中，一般不用教育，用得更多則是「教化」。何謂教化？即以孝為教，「化性而起偽」（荀子）。這裏的「偽」是人為的意思，並非貶義。荀儒在論人與動物的區別時，其結論是人有義而動物無義。義者，宜也，一個人的行為合度（比如不犯上作亂）即為義。問題是，人由動物而來，本來並無義的觀念，它是人為教育的結果。這樣的結果改變了人原來的本性，從而體現了教化的成功。可見儒家的教化從心入手，一味在人的心性上下功夫，把「孝」從外在的倫理規範變成了道德上的內在自律。這樣，儒家文化和教育就給人以「做人」亦即做一個道德人的表象，但正是

這樣一個道德人才能「自覺」服從作為儒家理想的「禮治秩序」。因此，穿透表象，中國傳統教育的指向是很明顯的，如若套用今天的語言，也就是教育為政治（亦即倫理政治化的「禮治」）服務。

　　說了半天中國的傳統教育，其實並不是本意，本意倒是針對我們當下的教育問題。按照克羅齊對歷史的解釋，一切歷史都是當代史，那麼，傳統教育的問題對我們今天來說就不是「俱往矣」，它毋寧在內深處仍然牢牢地制約著我們，儘管我們的教育看起來是如此現代。

　　我所在的學校，當然也不僅是我所在的學校，每年新生入學，都要軍訓。現在是新生到軍營裏去受訓，前幾年則就在本校的操場上。那幾年，每到 9 月，我都能看到一隊隊穿軍服戴軍帽因而性別難分的學生，頂著依然炎熱的日頭，在操場上一遍遍地隨著口令而動作：立正、稍息、向左轉、向右看齊、齊步走、正步走、立定……。應該說這些動作本無難度，但卻要學生一次又一次、每天乃至幾十次的重複，甚至還連續那麼多天。那麼，如此單調、如此乏味、如此機械並且也如此簡單的動作為什麼要烙餅似地翻來覆去呢？你可以說，是為了學生通過軍訓結束時的驗收，也可以說是鍛煉學生的意志。但我始終以為，這些都不是主要的，主要則在於從體能上養成一種「服從」的習慣。當軍訓業已成為大學教育的一個有機部分時，想想「教」字中由「孝」所會意的內涵吧！這也就解釋了為什麼簡單的動作卻一遍遍地重複，不如此，又何以形成大腦皮層中的條件反射？在這個意義上，我以為，軍訓的「訓」更準確的說法是「馴」，即馴化。

　　當體能的馴化結束後，學生們從操場上走進了教室，這時他們又開始另外一重意義上、當然也是真正意義上的「訓」。這時，「訓」他們的已不是軍人，而是我們。《說文》曰：「訓，說教也」。且不說我們的教育中有多少說教的成分，關鍵是，說

教的實質一如「訓」本字，言之如水，令其從之。如何令其而
從？那就看看我們今天幾乎人人厭之的「標準答案」吧。標準答
案在當下的教育中大行其道，不是沒有原因的。如果僅是一種考
試要求，多少還能理解，儘管無奈；問題是，它甚至成為我們作
教師的一種自覺。98 年時，北大中文系一位教師在中社院文學所
召開的文學理論座談會上這樣聲稱：「真理只有一個」，而且
「不以時間、不以國度為轉移」。他說「我可以告訴學生十個關
於文學本質的見解，但學生總要問哪一個更正確」。可以想見，
這位教師的教學，無非就是向學生宣示這十個見解中作為唯一真
理的那一個，而那一個就是所謂的標準答案了。對此，我想問的
是，一個學生幾年下來，如果學到的東西就是課本上一連串的標
準答案，並且讓它充斥頭腦；那麼，他是否還會用這顆腦袋去思
考這個問題或進行另外的探索呢？答曰：不會。不是不會，而是
不需要。真理的問題已告解決，只要認同就行、只要信從就行，
這樣就可以通過考試了，也就可以畢業了。然而，對學生來說，
那些標準答案最後大都去了該去的瓜哇國，但有一樣東西卻像腳
底的口香糖一樣是難以去掉：對標準答案的信從。這也是一種條
件反射，它是我們作教師的在四年時光中用標準答案式的教學一
次次訓化出來的。只不過這種「訓」不是體能的，而是腦能的；
不是身的，而是心的。

　　好了，四年過後，學生們走出教室，進入社會，他畢業了，
他成人了。可是這是一個什麼樣的人呢？幾年時光，不是體能的
「馴」，就是腦能的「訓」，身心俱被一個「從」字所同化。這
樣的人，可以號稱一個合格的螺絲釘。問題是，培養出一批又一
批被同化的人或螺絲釘，是教育的成功還是相反？那就要看你是
用什麼樣的價值評價體系了。在某種意義上，這種教育十分成
功，因為它要的就是這個效果，或者說，教育的目的就是培養螺
絲釘。然而，正是在這一點上，我以為，我們今天的教育和傳統

看起來是大相徑庭，其實是一脈相承。傳統教育所以叫教化，乃是從心性上把人化育為對「禮治秩序」的自覺信從。今天的教育並沒有走出這個模式，只是傳統的「禮治秩序」由於被賦予某種主義的內涵從而形成了它的現代版。在現代的「禮治秩序」面前，個人只要成為螺絲釘就行了，而教育的任務就在於如何造就。因此，它不僅要像傳統教育那樣養成一種信從，而且更進一步，還要為其培養接班人。我們的教育不是可以化約為這樣一條口號嗎：「為××××培養接班人」，後面慣例還豎著一條感嘆號「！」。

這個感嘆號讓人感歎不已。教育到底是幹什麼的，原來不是為人的，而是培養什麼接班人的。就「接班人」而言，看起來，落點是「人」，其實重點在「班」。在這樣的教育體制裏，「人」是次要的，比「人」更重要的是「班」。因此，教育為「班」服務，而不是為「人」服務。當「班」成為教育的目標，「人」在教育中被灌輸的就是服從「班」的需要。教育不僅使自己成了為「班」服務的工具，而且還要通過教化使人也成其為工具。把「人」視為工具的教育只能是反文化的，因為無論康德、還是馬克思，在人問題上，都強調人本身的目的性。人就是目的，它不可能也不應是人之外的一切對象的工具。落實到這裏「人」與「班」的關係，外在於「人」的「班」如果有，也是出於「人」的需要，而不是相反。一旦反過來就是異化。可是，恰恰是我們教育，認同了人與班的關係的顛倒，並以其教化的方式支援和強化這種顛倒。這樣的教育你說不是反文化的或異化的又是什麼？

異化的教育只會造就異化的人。下面的例子可以看出，由於中國教育，不但傳統，而且現代，都缺乏一種對人（即個體本身）的關懷，故爾造成了對人（亦即「個人」）的事實上的傷害。換言之，經由這種教育所形成的人，不是個體人格意義上的

人，而是類似一個有著標準答案的「同一化」的人。他們的思維是同一化的，感覺是同一化的，語言也是同一化的，在他們身上喪失了（或沒有形成）用自己的大腦來思維來感覺來說話的能力，至少是習慣。

我至今難忘我所交代的一次期中考試，那是 98 年的事。我給自己所教的兩個專科班學生出了一道題，解讀一首美國民歌〈花兒到哪裡去了〉。它的內容大致如下：「花兒到哪裡去了／花兒被漂亮的姑娘們摘去了／漂亮的姑娘們到哪裡去了／姑娘們被大兵帶到軍營裏去了／軍營裏的大兵到哪裡去了／大兵們到墳墓裏去了／那些墳墓到哪裡去了／墳墓上早就開滿鮮花了」。這首民歌，一問一答，樸素簡單，但答問之間卻含蘊著多重複合的意味。我說不清，也道不盡，於是就想集思廣益，看看學生們是如何解說的。題目交代下去了，文章也收了上來。在看之前，應該說，我是有所期待的，畢竟我面對的是幾十個不同的人，而且是年輕人。可是，我很快地就失望了，就如我很快地就看完了一樣。因為，我看到的不是一篇篇文章，而是一篇文章。好像大家約好了似的，至少三分之二的文章思路一致，語言相同。前者不外「愛國」，後者無非「獻身」。我當時的震驚是難以言喻的，我實在沒想到（其實應該想到）學生們會如此一致地從愛國角度解讀這首詩。在我看來，這首詩哪怕與什麼都有關，就偏偏與愛國無關（即就愛國而言，學生們也不知道美國人的愛國方式，比如 60 年代美國青年反越戰的表現）。為了強調愛國，一個女生在文中還這樣寫到：姑娘們到軍營不是為了愛情。天哪，不是為了愛情又是為了什麼？莫非把姑娘當作了慰安婦？多麼可怕的愛國獻身！在這樣一首普通的民歌面前，學生們集體喪失了作為一個人的起碼的感覺能力，只會用一些大而無當的宏大詞語連綴成篇。甚至連對用詞的感覺都那麼麻木，比如「獻身」。我真不知道使用這個詞的女孩子們到底懂不懂什麼叫身體，作為個人的感

官所在，包括那些私密感官，身體，是可以像貢品一樣掛在嘴上獻來獻去的嗎？且不管所獻的對象是誰。果如實在要用這個詞，寧可用「獻生」，也不要用「獻身」呀！

　　上面的問題出在學生身上，但根子卻在我們的教育理念。學生張口就是那些流行的大詞，除此之外，幾乎就失語、就找不到感覺，但這能怪他們嗎？只要想想他們小學加中學那 12 年的教化，再看看他們所用的教材，以及教他們的那些老師，這一切也就不難理解了。所謂教之所施，學之所效，全部問題就在一個「教」。因此，我對學生說，你看，你們每一個人的面貌都不相同，衣服也不一樣，可是你們的思想是一致的，語言也是趨同的，這是為什麼？在你們上學之前，你們反倒是一個一個不同的人，而你們上學之後，卻慢慢成了一個人，思維和語言都被導向一個方向，這不正常，很不正常。現在我教各位，我所教的不是別的，就是「還原」，把你們還原成原來意義上的一個一個的人。我知道，我這樣說，有很多人不喜歡。因為這樣的教育肯定不會是原來那種螺絲釘式的服從教育或非我教育，相反，它強調的恰恰是「我」以及「我」的主體性和非螺絲釘性。這裏的「我」不是別的，就是個體。關於個體，姑且援引一下《手稿》中的馬克思，他說「人是一個特殊的個體，並且正是他的特殊性使它成為一個個體」。「成為一個個體」，這就是我個人所奉持的教育理念了，落實在我自己所從事的人文教育上，並且轉換為我自己的語言，那就是「教人成為個人」，「教個人成為他（她）自己」。

　　然而，路漫漫其修遠兮……

真理不止一個和沒有對話的對話（二題）

一、真理不止一個

　　去年，中國社會科學院文學研究所曾召開了一個有關新時期文藝學 20 年的座談會，根據會議紀要，在所談論的幾個問題中，有一個話題就是文藝的多元化。因為對這個問題感興趣，便注意了下去。原以為，迄今為止，中國學術向來就沒有一個真正的多元化時代（儘管春秋時就有了百家爭鳴之說）。但從紀要看來，今天不僅多元化了，而且多元已經成了問題，它甚至引起了一些學者的擔擾。

　　比如，座談會上，一位教授僅用一句話概括了多元化的正面效應後，就著重對其負面進行了描述。他認為多元化的「負面是多元化形成不同理論的對立，進一步分化，出現偏狹、混亂的情況。各說各的話，把自己的理論體系封閉起來，誇大自己這一元的價值。」這段話無論就其語氣還是內容，都會使人想起春秋時墨子對百家爭鳴的評價「蓋其語，人異義，是以一人則一義，二人則二義，十人則十義。其人滋眾，其所謂義者亦滋眾。是以人是其義，以非人之義，故交相非也。」古時墨子認為百家爭鳴是「人異義」而「交相非」。今天的教授認為多元則難免「偏狹」和「混亂」。可見，今古兩位學者對百家和多元至少是持一種不樂觀的態度。但在我看來，他們所描述的負面性似乎恰是學術格局所應呈的正常性。學術為什麼要一樣？趨同能促進學術的發展

嗎？也許怕的就是沒有「人異義」，至於能夠形成「不同理論的對立」，豈不更好。其中只有教授這一句「誇大自己這一元價值」需要引起學人的自警。但，讓人奇怪的是上述兩種議論為什麼都把「混亂」視為貶義、同時也視其為多元的表徵？不過，想通了，也並不奇怪。只要人異義，則勢必義不一，用韓非的話就是「安得無亂乎」。這實際上取決於你站在什麼立場說話。如果站在「尚同」或「一元」的立場（墨子那段話正是出自他的《尚同篇》）就勢必把多元說成混亂。因此，解決「混亂」的唯一辦法就是取消多元。果然這位教授提出了自己的主張：「從文學理論上看，當這種混亂充分表現出來時，就客觀上要求一種從多元分化走向共同發展目標的系統整合。其實「整合」云云，並沒有什麼客觀不客觀可言，它純然出自作者的主觀，是作者自己所披露出來的一種文化願望。不難看出的是，這個「從多元走向整合」的願望，實質上就是：「範天下之不一而歸於一」。「整合」云云，不過是「一元」的躲躲閃閃的表達而已。多元的標誌就是不合，就是不尚同而尚異。一旦以某種「整」的方式使之「合」在一起，多元勢將不復存在。這位教授在下提出了三種整合的可能，然而，不管實現其中哪一種，都擺脫不了一元的局面。當然，如果這位教授是在個人研究的意義上談整合，那是很正常的，每人都有自己從事整合的立足點，每人也都需要找到自己賴以整合的「元敘述」。但人與人之間的整合之「元」是不必一樣也不能一樣的，否則多元何在。可是，從行文上看，這位教授似乎並不是替自己選擇，而是通過自己在替當下的文藝學作選擇。這無疑是把自己的選擇變為別人的選擇，亦即讓別人的選擇統一於自己的「元」。作者大概忘了，他剛地還在責備「誇大自己這一元的價值」，可是，現在問題恰恰就落在他自己身上。

　　坦率地說，「整合情結」如果從知識社會學的角度看，它顯然是一種權力情結。這裏，不妨把上面的內容按下不表，再看看

這種情結在緊接著的另一位教授發言中的表現。該教授自問「文藝學到底是幹什麼的？是求真，還是求善，求美？」結果他認為地求真，因為「一味求善，求美，就成無序的多元」（依然是對多元的憂慮）。那麼為什麼求真就不會出現無序的狀況呢，因為「真理只有一個」，而且還是「不以時間、不以國度為轉移的」（一元論的知識訴求）。如果照此邏輯，那麼，這個世界上的惟一的真理就是一種超越時空的「絕對真理」了（90 年代的知識「獨斷論」）。然而，這裏的問題是，在一個本來就是由多元所構成的對象世界中，到底憑什麼說「真理只有一個」（敢說這話的人果然有一種「獨斷論」的知識勇氣）。既然只有一個真理，那麼「關鍵是誰發現它」。不言而喻，誰發現了這個（絕對的）真理，誰也就獲得了（絕對的）權力，因為它可以把所有的人都集合在這唯一的真理之下。在這裏，求真意志實際上是權力意志，以真理的名義往往是以權力的名義。春秋時孔墨兩家俱爭「真」堯舜，而他們的弟子又俱爭「真」孔墨，其他諸子亦俱爭所謂「真」道體。所為者何？為的正是那個藏在「真」之後的權力。知識就是權力，真理更是權力。如果真理是多元的，權力也是多元的，而真理如果是絕對的、一元的，那麼，權力也就是絕對的和一元的。這才是「真理只有一個」的個中三昧。該教授在真理問題上所出現的一系列認識上論上的偏差，其原因倒不完全是認識論的，其中含帶一些應由知識社會學才能有所解釋的因素。但該教授對此分明無所覺解，他甚至以教學為由聲稱「我是一個教員，一定要寫個教材。我可以告訴學生十個關於文學本質的見解，但學生總要問哪一個更正確。」如果有十個不同的見解，這正是研究視角多元化，為什麼要在其中欽定出一個「更正確」的呢？有沒有這樣一個「更正確」？如果找出這十個當中的一個作為「更正確」用以囊括其他九個「不更正確」──而其他九個本來就是出自不同的知識背景──這豈不是又把多元整合為

一元嗎。而況像文藝理論這樣有關人類精神現象的知識學科，亦
即所謂的人文學科（注意，不要將其與自然科學相淆），到底有
沒有一個處於人類精神之外的「真」？因此，它很可能就不是什
麼向外求真的問題，而是需要使真不斷地由人類精神而獲得新的
創造的生成。這樣，當學生提出問題時，也許就不急於告訴學生
那十個中哪一個更正確，而是引導學生在這既定的十個之外，去
做另外的思考，亦即去探索有關真的第十一種可能（或「下一
個」）。這種可能當然是豐富的，在某種意義上甚至是無限的，
因為，真理不止一個。

二、沒有「對話」的對話

　　對話乃出於人類交往的一種本能需要，否則語言就無從誕
生；因此，語言從本質上來講是對話的。甚至獨白也是對話的方
法之一，只不過說話與聽話是同一個對象而已。作為一種古老的
文化形式，對話始終受到人們的青睞。中國最早的一代文化宗
師，例如孔孟，他們的文獻就是以對話的形式傳揚下來。今天，
對話的傳統似乎更加發揚光大，九十年代以來，它儼然成了時髦
文體，遍地風流是對話。彷彿一道時鮮，它頻頻出現在各種唾液
飛濺的文化餐桌上。面對如此熱鬧的對話筵席，令人不無擔心的
是，我們是否悟覺了對話的真諦？
　　顯然，對話不是彼此侃大山，也不是綠茶一杯似的清淡，亦
非酒席上一人舉杯眾人應答的唱和。甚至它不是什麼一般意義上
的交流的場所，也不是單純地為了什麼討論的方便，抑或集思廣
益之類的形式──這些，正是我們在已往的對話中比比所見。那
麼，對話是什麼？它是智力的角逐，思想的碰撞，話語的交鋒，
知識的啟動。比如，兩個人的對話就像一局圍棋，黑子與白子的

對立，如同兩種話語的較量。三個人的對話猶如「對鼎」，而鼎的要義是三足並立，因而它的前提便是話語之間的三種不同的立足點。四個人的對話顯然就是「方城之戰」了，它在共同遵守遊戲規則的同時，要在各人有各人出牌的理路。至於五人，且住。五人或五人以上的對話也就不叫對話，它是座談，是流水席，是馬拉松，已經了無對話的機趣。

　　然而，這些只不過是對話的浮皮表象。圍棋也好、麻將也罷，比喻總是跛腳的。但透過這跛喻，我們未必不能窺見對話的真諦之一二。如果都是黑子或白子，這棋也就「圍」不起來。如果每人的出牌路數彼此一致，這「長城」砌得也就索然無味。同理，對話的真精神也正在於對話者之間的話語差異。這一點，巴赫金可以給我們足夠的啟發。我們已經知道，他在研究陀斯妥耶夫斯基的小說時提出了一種「複調理論」，這個複調正是對話的真諦所在：「有著眾多的各自獨立而不相融合的聲音和意識，由具有充分價值的不同聲音組成真正的複調──這確實是陀斯妥耶夫斯基長篇小說的基本特點。」這，難道不也正是所有對話體式的基本特點？如果只是一種聲音，我們還要對話幹什麼。基於此，巴赫金將陀氏的小說稱之為「對話型小說」，用以與古典式的「獨白型小說」相區別。那麼，不是作為小說，而是作為真正的對話，讓我們放眼看一看周圍的形形色色的對話吧！在那急管繁弦、嘈切錯雜的聲音之後，我們聽到的究竟是什麼呢？

　　獨白，真正的獨白。但不是一個人的獨白，而是「集體的獨白」，固然，在最寬泛的意義上，獨白也是一種對話，但由於話語的說與聽合二為一，它實質上是一種自言自語。因此，就像獨白在某種意義上成了對話，對話在某種意義上也可以流變為自言自語式的獨白。而我們目下的對話似乎正是這樣的狀況。一場對話，往往邀約三四同仁，就某種問題，共一個中心，然後各人從不同的角度，使盡渾身解數，作一致的向心運動，從而達成所謂

的共識。其間也可能生發歧義，但那是「殊途」，最後無例外是互補式的「同歸」。從「同仁」到「同歸」，是目下對話的流行式，從頭到尾，它所表達的乃是一種聲音，甚至就是為了表達或顯示這一種聲音，方才組織了對話。有時只要看一看對話的人選，就明白了其中的機關，這樣的對話由於缺乏不同聲音的砥礪與磨擦，因而不但未能顯示其智慧的精彩，反而使它變相為一種圓桌形式、一種俱樂部、一種「脫口秀」（TALK SHOW）。

　　曾於同一時間讀過兩個不同的對話，恰好互有關聯。一個是批判九十年代文化形勢中的世俗化傾向，另一個則是闡述世俗化在當前文化形勢中的某種合理性。儘管兩個對話都談出了各自的道理，但就它們本身來看，卻並未構成真正的對話。由於兩個對話彼此都是異口同聲，話語的趨同使不同的話語主體形成了一面倒，所以對話的複調本義並未在此彰顯。有趣的是，真正的對話倒產生於這兩種聲音之間。因為把它們放在一起才是真正的兩種聲音。但是，這兩種聲音只是對壘，卻難以構成對話，假如真正地讓它們共處一個文本，我們所見到的很可能就不是對話而是對罵了。

　　何以出言刻薄？它可能源於對目下文化形勢的悲觀。九十年代本是一個對話的時代，從八十年代大一統的「宏偉敘事」的獨白話語中走出，九十年代的知識界產生了巨大的精神裂變。不同的意識和不同的聲音春草一般勃然而起，這正是一個對話的時代最基本的條件，但真正的對話並沒有如期發生，發生的倒是不同聲音之間的齟齬與敵意。這樣的例子不難撿拾。當甲方分明反對偽崇高時，乙方卻指責它連真崇高一併都給反了；反過來，當乙方對世風日下表示了一種道德義憤時，甲方卻又影射它是在反對市場經濟。多麼滑稽！誰都認為自己是真理在握，但，誰都忘記了對真理的言說總是有限的。於是對方便成了自己和真理的異己者，於是以真理的名義對不真理的討伐便以各種各樣的對話形式

源源而出。然而，面對這種對話景觀，我們卻凜然感到了一種文化權力的爭奪和顯示。對話不僅未能構成真正的對話，它以團隊出場的儀仗（對話者特意亮出的各種名頭）和集體表態的姿勢，反而強化了獨白的力量。

當對話僅僅成為「話語／權力」的獨白運作時，對話的末日也就幾近來臨。在這裏，獨白並非是一種單純的表達方式，它已然成為知識霸權的一種表徵，鑒於此，讓我們不妨再度重返巴赫金。在他那裏，對話的真諦不僅是各種不同的聲音所構成的複調，而且還是指各種不同聲音之間的相互平等，且聽他說：陀氏小說「不是眾多性格和命運構成一個統一的客觀世界，在作者統一的意識支配下層層展開」，「而是眾多的地位平等的意識連同它們各自的世界，結合在某個統一事件之中，而互相間不發生融合。」就是說，小說作者的意識和小說中主人公的意識是平等的，因此他們之間的聲音才能構成對話。一旦作者的意識壓倒或取代了主人公的意識，那麼小說就只剩下作者一個聲音在獨白了。由此可見，複調與平等，乃是對話真諦的一體兩面。

這時，複調即不同的聲音如果作為我們對一個對話文本的基本要求，那麼，聲音之間的平等則是我們對一個對話時代的基本期望。正是在一個對話的時代彼此喪失了應有的平等意識，我們才在一系列的文本對話中聽到的不是對話而是獨白；也正是從這彼此獨白的聲音中，我們又真切地感知到對話時代中平等意識的缺席。它們是互為因果的。因此，儘管對話的形式依然為人們所看好，對話的作坊依然還在不斷炮製，而且文壇的老將新兵們依然願意在此熱身；但，透過那些「亂花漸欲迷人眼」的現象，人們看到的似乎只是：沒有「對話」的對話。

從「一二・九一代」到「政治公民」（二題）

一、

日前，南京的朋友羅建打來電話，說是《大哉李銳》差不多編校好了，很快下廠，交代我也寫一篇。這是一本慶賀李老米壽的集子，寫作者大都和李老接觸過，而我未曾與李老見過一面，按說是沒有資格寫的。但，沉吟一會兒也就答應了。所以如此，現在想，更多還是出於對李老的敬意吧。

我是從知道李慎之先生時知道李老的，同時還知道了李普先生──這「三李」似乎成了種現象──中國特殊國情下另一種意義上的「老人政治」的現象。那時編《大學人文讀本》時，常聽北京的丁東兄談及這「三李」，當然他談及更多的就是李老。以後陸續看到些有關「三李」的文字，他們的晚年贏得了我這個後輩人的極大的敬意。

我說到「晚年」，是有意和他們的「早年」拉開距離的。按李老自述，上個世紀三十年代讀中學時，「好讀魯迅的書和進步書刊，厭惡國民黨的專制統治，向往民主自由的生活，高二時還寫過生平唯一的一篇左傾小說。」我記得丁東轉述過李老的話：我是讀魯迅的書參加革命的，那時還沒有讀過毛澤東。魯迅的書是能激發年輕人的熱情，激發年輕人對黑暗的憎惡和對革命的向往，但，也僅止於此。因為無論魯迅本人還是李老這樣的受影響者，對黑暗的憎惡卻停留於「正義感」而未遑深入到「正義理

性」（羅建曾這樣評價魯迅）。這樣的正義感導致他們都奉同「改革最快的還是火與劍」，卻未知「以暴易暴還是暴」。因此，對李老這樣的「一二‧九一代」，我個人的情感相當複雜。四十年代後期，胡適告誡當時編《觀察》的儲安平：「要怎麼收穫，先那麼栽」。這意思反過來，就是「種瓜得瓜，種豆得豆」。想到上世紀後幾十年間的國家苦難、自家苦難和個人的無辜殃及，便止不住悲情，這樣的「收穫」，不正是這些魯迅的信奉者們手自栽種的嗎？只憑著理想、只憑著熱情、只憑著良知、只憑著正義感，一言以蔽之，只憑著馬克斯‧韋伯的「意圖倫理」，卻參與到「連自己都不知其後果」的「歷史之誤」中。因此，對近幾年來所謂「兩頭真」的說法（即指「三李」這一代人的早年和晚年），我殊不以為然。甚至想，與其後來「相濡以沫」，還不如當時「相忘於江湖」。

　　但，弔詭的是，也正是以李老為代表的「三李」們，憑著他們多年的理想、熱情、良知、正義感，當然已經遠不僅於此，更重要的是，正如李老在給馮蘭瑞先生的傳記序言中說：「如果說延安時代我們這些人憑的多是青春的激情，今天飽經滄桑的我們，靠的則是理念和成熟了」──這是歷史苦難的饋贈──李老和李老們，終於從「正義感」走向「正義理性」，以他們的成熟的理念，在他們晚年的人生道路上重新出發，而每一步，都搖曳出絢爛的英姿。「關懷莫過朝中事，袖手難為壁上觀」，這是李老詩中一聯（與之相映成趣的是慎之老的「已知諸相皆非相，欲待無情還有情」），此即心聲，亦即寫照。李老晚年生活的重心，一則以體制內上書，一則以體制外文宣，圍繞的都是一個中心：政治體制改革，直言不諱地表明自己的觀點，而且「瘦言無忌」（這也是刻下中國政治現象中的一種特殊景觀），既因了自己在黨內的資望和地位，更因了自己的價值關懷和勇氣。在中國政治民主進程中，真應該充分評估李老以及他們所做的貢獻，他

們以他們的體制內背景，言我們所難言，為我們所難為。這種貢獻不僅是獨到的，他人無以取代的，而且更具有道德價值的意義。當然，李老所謂的「朝中事」並非宮廷內，而是公共領域中的事務。李老對公共事務的自覺承擔，與其出自一個共產黨員，毋寧是作為一個人和一個公民的價值認領。當我讀過李老的「做人與當黨員」後，對這個自稱黨員「不夠格」的老者感佩不已。我很願意徑自把李老視為為未來公民社會而勇於言動的一個年邁而光榮的「政治公民」。在我個人的詞典裏，「政治公民」不妨是一種榮稱。李老作為走出「一二‧九一代」的政治公民，非但夠格，還是榜樣。

⋯⋯⋯⋯⋯

謹以以上為李老賀！為米者壽！

二、「我還是六十七年前提著腦袋找共產黨的那個人」

我早年追求民主自由，因此我加入了中國共產黨。中間陷入個人迷信、個人崇拜之中；這一段相當「左」，有時候甚至可以說很「左」，「左」得可恨、可笑。六十歲以來逐漸醒悟，又走入了追求民主自由的行列。在這三個階段裏，我都是真誠的，沒有作假。

這是八十八歲的李普先生對自己一生經歷過的三個階段的總結。這樣一個「三段論」既是個案，又是典型。至少作為李普朋友的李慎之、李銳二位都可以用它來做大致的概括，它同時又未必不是那一代人的一個縮影。因此，八十八歲的普老不妨是這代人的一個代表。

　　其實，看起來是三段人生，邏輯上只有兩段。因為早年和中年是一個路徑，沒有早年，焉有中年？而晚年才是一種根本性的改弦易轍。但，兩段不同的人生，有一點是共同的，即對「民主自由」在追求上的真誠。這也就是普老這一代人常用來自道或稱許的「兩頭真」。

　　很顯然，「兩頭真」首先是一個事實陳述。就其事實而言，年輕的李普，我願意抱以同情之理解；至於耄耋的普老，我更抱以深摯之敬忱。因為普老和普老們以其「夕陽無限好」的晚年，為中國民主政治的努力勾勒出眩目的光霞。這是一道精神之光，對其後輩有著人格意義上的激勵和影響，比如我。

　　然而，「兩頭真」作為一個價值判斷，我以為，早年和晚年，需要有所分殊。就其早年而言，沒有任何理由懷疑年輕李普的真誠，但這只是動機上的真誠，並不能說明其他。在其他的意義上，可以說，年少時就熱衷左翼書籍的李普走入了一個在他那個年齡無力識破的誤區。那個年齡是一個充斥著簡單正義感的年齡。在這個年齡段人的感覺中，我追求民主自由難道不是正義的嗎？然而，民主自由是什麼？它應當用什麼樣的方式去爭取？年輕的李普卻未必了然。李普先生說，1940 年，「我在周恩來領導的重慶《新華日報》當過記者、編輯、專欄作者，「向國民黨要求民主自由」。這至少說明，「《新華日報》「還辦在了重慶。當年任卓宣就這樣說：什麼叫民主，「《新華日報》「能在重慶辦就是民主。請問，「《中央日報》「可以辦在延安嗎？是啊，就這麼一個簡單的問題，嚮往民主自由的李普未必去思想過。於是，我不得不指出這樣一種弔詭，為民主自由所作出的一切努力，恰恰使我們遠離了它而不是更接近了它。這是人生和歷史的雙重悲劇。

　　真的，年輕時我們不懂什麼是自由和民主。但，也是真的，「近幾年我努力補憲政民主的課，十分用功，這門學問我懂得太

少，年輕時讀書沒這麼用功過。這就是普老的「兩頭真」。在價值評估上，我無疑更欣賞也更認同這晚年一頭的「真」。由於歷史的血淚和人生的教訓，普老晚近的議論常常含帶著他那一代人特有的真知灼見。記得普老在去年談「徹悟」的文章中說：「近年來我逐漸崇奉民主自由，反對『暴力』。用暴力必定離不開軍隊那一套。『軍人以服從為天職』，沒有民主自由可言。」這其實是對自己早年走過的「槍桿子裏面出政權」的道路的否定。槍桿子可以出政權但出不了民主，所謂「種瓜得瓜」，以暴得來的只能是暴，甚至更暴。「徹悟」的最後，普老說：「既然永遠不贊成任何暴烈的行動，那就應當肯定社會只能和平演進，而和平演進是極慢極慢極慢的進。因此第一，千萬不可性急，這點十分要緊。」這要緊的一點普老聲稱是「以胡適為師」。

和平、改良、漸進，這雖然是胡適的道路，但並不表明普老以此為借而消極等待。相反，普老那老當益壯的批判姿態卻更為我所佩。去年趙紫陽先生去世，普老在海外記者的採訪中仗義執言，話語所向，直指當局最高層。也是去年，面對意識形態的日益鉗制，普老的態度沒有絲毫含糊：「我一定要繼續用我的嘴和筆努力反對，努力揭發、努力抨擊，絕不沉默。」並朗聲表示：「我還是六十七年前提著腦袋找共產黨的那個人」。如此有骨節的話，無法不讓人擊節。找共產黨幹什麼？我的解讀是：要民主、要自由、要憲政！

這，就是今年八十有八的普老！

謹以此文，賀普老米壽壽！

歷史往往以進步的名義倒退

啟蒙謠
啟蒙啟蒙
以蒙啟蒙
蒙而未啟
歷史走錯了房間

今年是新文化運動第 90 周年，面對一個獲得過多讚譽並被知識界稱之為「中國啟蒙運動」的新文化運動，我以為，反思比一味的讚譽更切要。

最近就《新青年》上關於戲劇改良的文字作了些閱讀，深感新文化運動問題大在。以新文學運動為主體的新文化運動是在文學進步的名義下發動的，可是，從新文學中的戲劇改良這一面看，胡適等新青年人大力鼓吹進步的同時，自己恰恰就處在「進步論」的蒙蔽之中。正如以上的〈啟蒙謠〉：啟蒙啟蒙，以蒙啟蒙；蒙而未啟，歷史走錯了房間。這裏，不妨以胡適、傅斯年等人有關戲劇改良的討論為個案，看新文化人在進步的名義下所表現出來的文化症候。

自 1898 年嚴復翻譯英人赫胥黎的《進化論和倫理學》以來（嚴復將此書意譯為「天演論」），「進化」不僅成為直到 1917年新文化那個時代的社會意識形態，而且像「淘汰」、「競存」、「物競天擇」、「適者生存」、「自然選擇」等語彙也成了那個時代不脛而走的詞，以致影響了我們一個世紀。這些語彙

的意思很明顯，不進步，即淘汰。這是一種二元對立的選擇，甚至是假借於「天」（自然）的選擇。當然，這裏的「進化」即進步。正如胡適晚年在一次講演中說「所謂進步，所謂演化，並不是整個籠統忽然而來的；是由一點、一滴、一尺、一寸、一分的很微細的變遷來的」。這句話包括兩層意思：一，進化即進步和演化；二，進化本身就是改良。

1918 年《新青年》第五卷第四號是戲劇改良專號，頭條文章便是胡適的〈文學進化觀念與戲劇改良〉。在文學進化的觀念下談戲劇改良，不僅是胡適文章的立足，也是該期整個戲劇號的基本立場。可是，胡適的進化觀或曰進步觀卻有致命的隱患。在「第一層總論文學的進化」中，胡適聲稱：「文學乃是人類生活狀態的一種記載，人類生活隨時代變遷，故文學也隨時代變遷，故一代有一代的文學。」是的，一代有一代之文學（這是王國維的觀點），但問題是，它和文學進步有什麼關係呢？我們很難說代有文學，後代文學就必然是前代文學的進步。固然胡適接著說：「周秦有周秦的文學，漢魏有漢魏的文學，唐有唐的文學，宋有宋的文學，元有元的文學」。這些時代是不同的，反映這些時代的文學也當然不同，但不同不等於進步。我們不能說漢魏文學是周秦文學的進步，也不能說唐宋文學是漢魏文學的進步。在某種意義上，像周秦時代的《詩經》、《楚辭》已經成了一種文學典範（如同希臘神話），它是不可複製的，難以超越的，甚至是難以望其項背的。唐詩宋詞亦如此，唐律是唐代文學的絕唱，宋調是宋代文學的獨步。元曲只是與唐詩宋詞不同而已，但它絕不是唐宋文學的進步。文學可以演化，這種演化是不同向度上的變化，並非以進步的形式出現。各代文學之間，文體有變，路徑不一，它們在優劣上甚至無從比較。胡適認為一代有一代之文學是文學進化的第一層含義，「最容易明白」，「不用詳細引證」。但胡適自己似乎就沒明白，他的文學進化論僅僅是建築在

線性時間的維度上的。然而，進步並非時間上的進步，更重要
的，對進步的考量應該是一種價值維度。就像新的（時間上的）
未必就是好的（價值上的），時間上的進步也不等於價值上的進
步。六朝齊梁間的詩歌，浮詞綺靡，相較於遠在它之前的漢樂府
和古詩十九首，毋寧是一種退步。唐宋元明作為時代的自然順序
雖有時間上的遞進，但它們文體各異，價值不同，彼此之間，何
進步之有？因此，胡適以代有文學而論其進步，這樣的文學史觀
如果不能成立，這樣的進步觀卻更為有害。

　　落實到戲劇改良，它的有害就在於中國傳統舊戲的取消。中
國戲劇從古代「歌舞」起源，到元時發變為說白與唱工並重的元
雜劇，以後沿著這個路徑發展，一直到現代京崑。可是，胡適聲
稱中國舊戲「受種種束縛，不能自由發展，」因此，「這一類文
學的進化史，全是擺脫這種束縛力爭自由的歷史。」這些束縛是
什麼呢？在胡適那裏，就是舊戲中特有的唱工、武打、臉譜等形
式因素。其中唱工尤為胡適等反對：「中國戲劇一千年來力求脫
離樂曲一方面的種種束縛，但因守舊性太大，未能完全達到自由
與自然的地位。」因此胡適的主張是廢唱歸於說白。然而，中國
古典戲劇嚴格地說就是戲曲，曲是中國戲劇的點睛所在，無它則
不成戲（比如前人往往把看戲說成是聽戲）。這不僅在於戲曲本
身就起源於歌舞，而且在長期的戲劇實踐中，曲更是表達人物內
心的一種獨特有效的手段。沒有曲，依然可以是戲，但它肯定不
是中國戲劇了。然而，廢曲或曰廢唱，卻成了新文化同仁戲劇改
良的一個主攻目標。在胡適之前，錢玄同指責舊戲說：「中國舊
戲，專重唱工，所唱之文句，聽者本不求甚解，而戲子打臉之離
奇，舞台設備之幼稚，無一足以動人情感。」另一位新青年的文
化闖將劉半農也表達過類似的攻訐。在這樣的情形下，廢唱遂成
為當時戲劇改良的一個焦點。

　　胡適等人討厭舊戲中的唱本，這本是個人喜好不同；問題在於，他們卻把他們不喜歡的唱視之為「舊」，又把廢唱稱之為「進步」。其所以如此，是胡適等人以西洋戲劇為參照，因為西洋戲劇是廢唱的。胡適說得很清楚：「西洋的戲劇在古代也曾經過許多幼稚的階級，如『和歌』（Chorus），面具，『過門』，『背躬』（Aside），武場……等等。但這種『遺形物』，在西洋久已成了歷史上的古蹟，漸漸的都淘汰完了。這些東西都淘汰乾淨，方才有純粹戲劇出世。」言下之意，中國戲劇因其尚未淘汰唱工、臉譜等因素，還處在一個較低的落後階級上。

　　這裏可以做一個歸謬。中國戲劇的改良必須廢唱。其所以廢唱，因為唱是落後的。之所以落後，因為西洋戲劇是不唱的。戲劇改良在新文化運動那裏有一個預設：西洋戲劇＝進步，中國戲劇＝落後。此一預設顯然來自新文化運動的一個大前提：西洋文化代表進步，傳統文化代表落後。有關文化的一切討論，包括這裏的戲劇，都必須在這個大前提下推演。於是推演到最後，與其說是戲劇改良，毋寧說是包括唱工在內的中國戲劇的取消。

　　這裏可以再看傅斯年的〈戲劇改良各面觀〉。不妨先領略一下傅斯年的語言風格：「就技術而言，中國舊戲，實在毫無美學的價值。」就京戲唱工，「『京調』中所唱的詞句，也是絕對要不得」；而京劇樂曲，「音樂輕躁」，並且「胡琴一種東西，在音樂上，竟毫無價值可言」。至於「中國的戲文，不僅到了現在，毫無價值……」甚至中國傳統戲本身，「自從宋朝到了現在，經七八百年的變化，還沒有真正戲劇！」通讀全篇，文中充斥著「毫無價值」、「絕對要不得」之類的強硬表述，且口氣顯得是那麼肯定、獨斷和絕對。這就是這裏所要剖析的在「進步論」之下的另一文化症候：「絕對論」（或曰「獨斷論」）。

　　絕對論和獨斷論乃一語之兩用。如果絕對論更多是一種思維內傾的話，它的語言表現就是獨斷論。以上傅斯年的表述用英國

學者柏林的看法是「獨斷式的確定感」。柏林是在談歷史上的「目的論」時涉及這個話題的。在柏林看來，一個目的論者「所以會泰然堅信他們一切所作所為，因為目的是合理的，所以行動也都是有道理的，其原因就在於這種『獨斷式的確定感』」。這裏的目的論不妨是進步論的另一表述，進步本身就是目的。如果落後是要挨打的，那麼為了進步，還有什麼不可以呢。在這裏，進步是一種話語制高點，站在進步的立場講話，特別是它面對它所認為的不進步反進步甚或落後時，它的文化優勢使它的話語在充滿優越之外，必然帶有二元對立、一元獨斷的絕對論傾向。

　　無論胡適還是傅斯年，他們的文學進化論其實主要不是在談文學自身的進步，而是在比較兩種文學的高低。這兩種文學（具體而言是戲劇）一中一西，西方代表進步，中國代表落後，因此，進步的含義在這裏就是以西方為參照並向西方看齊。然而，中國戲劇的落後與其是一種實然，毋寧是一種推演。但推演即演繹推理在康德那裏是推不出任何新知的，因為它的結論已經預先蘊含在大前提裏了。如果大前提有問題，則結論更靠不住。落實到這裏的戲劇，情形正是如此。不錯，中國文化的確落後於西方文化。但，問題在於，文化這個概念太大，文化本身也不是鐵板一塊。談文化的進步與落後，需要在文化類別上作分殊。比如，近代以來，中國的物質文化、制度文化遠遠落後於西方，這毋庸諱言。但，如果就文化中的藝術和藝術表現而言，比如中國的音樂、舞蹈、繪畫、戲劇等，就很難說它是進步還是落後。以戲劇論，中國戲劇和西洋戲劇本是兩個不同的表演體系，它們生長於不同的文化土壤，有著各自不同的藝術差異，這樣的差異很難讓人進行優劣比較（它幾類於茶葉與咖啡的比，不同民族有不同的欣賞口味）。然而，我們看到，一旦進入進步論的語境，東西之間的所有差異就不再是差異，就表現為進步與落後之關係。

　　在新文化運動那裏，西方文化在整體上是進步的，中國文化在整體上落後的。因此，正如後來馮友蘭等人的表述：東西文化不是空間關係，而是時間關係；相應地，兩種文化之爭，不是東西之爭，而是古今之爭。前曾指出，新文化運動的進化觀是建築在線性時間的維度上，西方戲劇是新（故進步），傳統戲劇是舊（故落後）。因此，當新文化把兩種不同的文化（或戲劇）納入到時間框架中按照線性邏輯編碼時，本來是空間形態上的「差異」就變成了時間形態上的「落後」。問題嚴重在於，空間是三維的，時間是一維的，亦即，依空間而存在的差異本來是一種多元狀態，但，一旦進入時間之流，多元就被線性為一元，並且是二元對立中的一元。這裏的意思是，時間框架是二元結構，這二元中的兩端，一端是進步，一端是落後，它們兩者不復是空間中的並置關係，而是對立關係。按照達爾文的進化論，這種對立遵循的是「自然選擇」的原則，即你死我活，優勝劣汰，適者生存。二元對立最終變成新的一端淘汰舊的一端的一元獨斷。由此可見，進步論的要害就是「一元論」，這個一元則是以「新」為其表徵的一元。在這個「新」的一元面前，所有的差異都變成了「舊」和「落後」，並因此失去存在的理由。

　　以上便是進步論的邏輯。新文化運動因為新字當頭，這個「新」便成為一種觀念強權和話語強權。傅斯年當時還是一個學生，但其語言表述那麼強橫和獨斷，原因就在於後面有「進步」撐腰。二元對立的結果勢必是一元獨斷。在新與舊之間，如果新是適者生存，舊便是淘汰對象。生物達爾文變成了文化達爾文，文化達爾文則助長了文化激進主義。從多元而二元而一元，徹底剷除中國戲劇，這就是新文化戲劇改良的路線圖（其實，文化多元比文化進步更重要）。在新文化中人看來，中國戲劇根本就不是戲，而是「百獸率舞」。這是周作人的表述：「我們從世界戲曲發達上看來，不能不說中國戲是野蠻。但先要說明，這野蠻兩

個字，並非罵人的話；不過是文化程序上的一個區別詞」。周的文化程序其實就是東西文化在時間上的線性排列。然而，中國戲劇落後而不自知，「反以自己的『醜』驕人：這都是自然所不容許的。若世上果有如此現象，那便是違反自然的事，是病的現象，——退化衰亡的預兆。」周的觀點正是進化論邏輯在中國戲劇中的運用。按照進化論的遊戲規則，這種退化衰亡的對象是要去將淘汰的，果然他的文章的題目就是〈論中國舊戲之應廢〉。

其實，引進西洋話劇，從文化保守主義一方來說並不反對，它們本來就可以並存。不能容忍對方的是文化激進主義。〈再論戲劇改良〉是傅斯年談戲劇的另一篇，傅再度聲稱「舊戲本沒一駁的價值；新劇主義，原是『天經地義』，根本上絕不待別人匡正的」。傅進而表示「舊戲不能不推翻，新戲不能不創造。」（傅斯年）其所以如此，是「舊戲的信仰不打破，新戲沒法發生。」這就是進化論旗幟下的文化激進主義，非得把新與舊人為地變成勢不兩立的二元對立不可。事實上，舊的不去，未必新的不來。考以 20 世紀中國戲劇史，西洋新劇的進來，並不必然導致傳統舊戲的廢棄。話劇、歌劇、京劇、崑劇，一個世紀以來同存共生。即使今天，戲劇整體在走下坡路，但至少看不出京崑二戲的生命力就必然不如當時謂之為新的話劇。在文化領域內，新舊同存，十分正常，並由此構成所謂多元。因此，當年新文化運動為革除舊文學舊戲劇所推銷的「進化論」是一種知識上的偽論，它不是客觀性的知識認知，而是屬於權力運作的知識社會學。當「新」變成一種權力並不能容忍舊時，歷史上出現的便是以「新」的名義的專制。歷史往往是以進步的名義倒退，「進步」和「新」在這裏起了蠱惑人心的作用。

從《新青年》以上的戲劇討論，我們看到，什麼叫文化絕對論，什麼叫文化獨斷主義，什麼叫文化一元，新文化運動現身說法，把自己展示得清清楚楚。這一切都是在進化或進步的名義下

展開。儘管《新青年》標舉新的文化觀念，但這些觀念並非因為
新就沒有問題。因此，打破「新」的神話，反思「進步論」所帶
來的一個世紀的蒙蔽，今天，是到了對新文化運動做清理工作的
時候了。

國家圖書館出版品預行編目

歷史往往以進步的名義倒退：一個知識邊緣人
的思想自白 / 邵建作. -- 一版. -- 臺北市
：秀威資訊科技, 2008.06
　　面；　公分. -- (哲學宗教類；PA0023)
BOD 版

ISBN 978-986-221-035-2(平裝)

1. 言論集

078　　　　　　　　　　　　　97011351

哲學宗教類　PA0023

歷史往往以進步的名義倒退
—— 一個知識邊緣人的思想自白

作　　者 / 邵　建
主　　編 / 蔡登山
發 行 人 / 宋政坤
執行編輯 / 黃姣潔
圖文排版 / 鄭維心
封面設計 / 莊芯媚
數位轉譯 / 徐真玉　沈裕閔
圖書銷售 / 林怡君
法律顧問 / 毛國樑　律師
出版印製 / 秀威資訊科技股份有限公司
　　　　　　台北市內湖區瑞光路 583 巷 25 號 1 樓
　　　　　　電話：02-2657-9211　　傳真：02-2657-9106
　　　　　　E-mail：service@showwe.com.tw
經 銷 商 / 紅螞蟻圖書有限公司
　　　　　　台北市內湖區舊宗路二段 121 巷 28、32 號 4 樓
　　　　　　電話：02-2795-3656　　傳真：02-2795-4100
　　　　　　http://www.e-redant.com

2008 年 6 月 BOD 一版
定價：400 元

讀　者　回　函　卡

感謝您購買本書，為提升服務品質，煩請填寫以下問卷，收到您的寶貴意
見後，我們會仔細收藏記錄並回贈紀念品，謝謝！

1.您購買的書名：＿＿＿＿＿＿＿＿＿＿＿＿＿＿＿＿＿＿

2.您從何得知本書的消息？

　　□網路書店　□部落格　□資料庫搜尋　□書訊　□電子報　□書店

　　□平面媒體　□ 朋友推薦　□網站推薦 □其他＿＿＿＿＿＿

3.您對本書的評價：(請填代號　1.非常滿意2.滿意3.尚可 4.再改進)

　　封面設計＿＿＿　版面編排＿＿＿　內容＿＿＿　文/譯筆＿＿＿　價格＿＿＿

4.讀完書後您覺得：

　　□很有收獲　□有收獲　□收獲不多　□沒收獲

5.您會推薦本書給朋友嗎？

　　□會　□不會，為什麼？＿＿＿＿＿＿＿＿＿＿＿＿＿＿＿＿＿＿

6.其他寶貴的意見：＿＿＿＿＿＿＿＿＿＿＿＿＿＿＿＿＿＿＿＿

＿＿＿＿＿＿＿＿＿＿＿＿＿＿＿＿＿＿＿＿＿＿＿＿＿＿＿＿＿＿＿

＿＿＿＿＿＿＿＿＿＿＿＿＿＿＿＿＿＿＿＿＿＿＿＿＿＿＿＿＿＿＿

＿＿＿＿＿＿＿＿＿＿＿＿＿＿＿＿＿＿＿＿＿＿＿＿＿＿＿＿＿＿＿

讀者基本資料

姓名：＿＿＿＿＿＿＿＿＿＿　年齡：＿＿＿＿　性別：□女 □男

聯絡電話：＿＿＿＿＿＿＿＿　E-mail：＿＿＿＿＿＿＿＿＿＿

地址：＿＿＿＿＿＿＿＿＿＿＿＿＿＿＿＿＿＿＿＿＿＿＿＿

學歷：□高中(含)以下　　□高中　　□專科學校　　□大學

　　　□研究所(含)以上 □其他＿＿＿＿＿＿＿＿

職業：□製造業 □金融業 □資訊業 □軍警 □傳播業 □自由業

　　　□服務業 □公務員 □教職　 □學生 □其他＿＿＿＿＿

To：114

台北市內湖區瑞光路 583 巷 25 號 1 樓

秀威資訊科技股份有限公司　　　收

寄件人姓名：

寄件人地址：□□□

- -

(請沿線對摺寄回,謝謝!)

秀威與 BOD

BOD（Books On Demand）是數位出版的大趨勢，秀威資訊率先運用 POD 數位印刷設備來生產書籍，並提供作者全程數位出版服務，致使書籍產銷零庫存，知識傳承不絕版，目前已開闢以下書系：

一、BOD 學術著作—專業論述的閱讀延伸
二、BOD 個人著作—分享生命的心路歷程
三、BOD 旅遊著作—個人深度旅遊文學創作
四、BOD 大陸學者—大陸專業學者學術出版
五、POD 獨家經銷—數位產製的代發行書籍

BOD 秀威網路書店：www.showwe.com.tw
政府出版品網路書店：www.govbooks.com.tw

永不絕版的故事・自己寫・永不休止的音符・自己唱